# 青岛市南区历史建筑通览

青岛市市南区历史城区保护发展局　编

良友书坊文化机构　编写

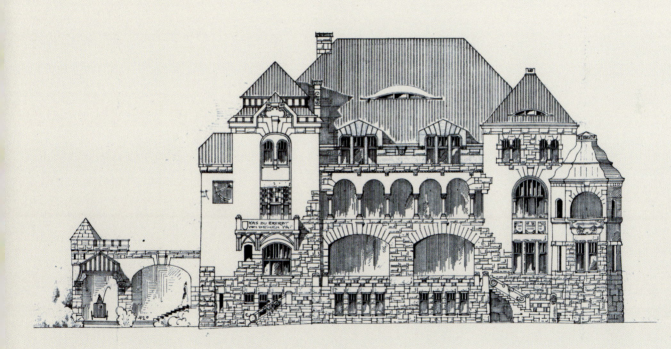

中国海洋大学出版社
CHINA OCEAN UNIVERSITY PRESS
·青岛·

策划出品：臧　杰

文案审校：王　栋

学术支持：陈　雳　金　山

图片支持：任锡海　胡漫雷

编务统筹：冷　艳　杨　倩

图文统筹：杨永辉

序

# 青岛近代建筑的风格脉络

※ 陈雳

青岛市市南区是青岛城市崛起的发源地，也是青岛近代建筑的聚集区和"宝库"。

青岛近代建筑主要经历了德国租借时期（1898—1914）、两次日本占据时期（1914—1922、1938—1945）和两次民国政府管辖时期（1912—1937、1946—1949）。青岛的建筑文化也经历了从单一被动输入外来文化（"德租"时期、"日占"时期）到完全主动吸纳不同的先进建筑文化的过程。建筑风格也从相对单一型向多元涵化型转化。青岛近代建筑主要的风格有古典形式、德意志浪漫主义形式、折中主义形式、青年风格派、中国民族形式、拟洋风、和洋折中形式、和式建筑、现代主义等。这些建筑的形成和城市的变动史相伴随，建筑风格也逐渐形成了更为立体的风貌。

此次对市南区历史建筑的有效梳理，无疑对认识并发现这些变动具有建设性意义。

# 一、"德租"时期青岛建筑的发展

## 1. 近代德国的建筑发展

"德租"青岛之前的一个多世纪，欧美社会经历了建筑史上巨大的变革。德国人后来居上，19世纪末德国的钢产量仅次于美国居世界第二，德国的工业化进程已走在了世界的前列。

普法战争的胜利导致了强烈的民族主义的情绪在德国蔓延，这种情绪一直延续到"一战"之前。民族浪漫主义建筑师求助于他们本民族中世纪前留下的建筑，从中获取灵感，设计出新型的建筑来满足民族心理。这一时期的纪念性建筑物表现得更为突出，如施密特设计的莱比锡战争纪念碑（1898—1913），造型上参照了奥斯托格斯（474—526）国王（493年他在意大利建立了奥斯托格斯王国）的陵墓风格。在19世纪末至20世纪初，德国城市建筑发生重大变革的前夜，许多团体和个人发挥了重要的影响力。

### （1）西特的德国学派

西特（1843—1903）是奥地利建筑师。1889年西特创立了德国学派，他的著作提供了城市建设明确的形式和相关的思想，这些思想在该学派的建筑师脑海中逐渐成形。1889年发表的《遵循艺术原则的城市设计》一书令他享誉盛名，论述了城市规划的主题应是围绕着经验主体的城市空间，西特将生成不规则形的城市结构、留空广场并饰以纪念碑或其他美学元素列为学科的重中之重。德国学派的实践并未仅仅局限在德国，例如大师级人物斯达波恩，由于在科隆的扩建规划中的成就而受到广泛的赞誉，他因此得到安特卫普扩建项目的委托，该学派的影响可见一斑。

### （2）穆台休斯（1861—1927）

穆台休斯，1896—1903年受普鲁士建筑管理委员会的委派去英国考察，深受英国建筑的影响。1904年他回到德国，成为普鲁士贸易委员会智囊团的顾问，负责改革全国应用艺术的教育领域。后来，他成为德意志制造联盟的主要发起人之一。1904年，他出版了《英国建筑》这部著作，极力推广英国式的乡村住宅。该著作对欧洲建筑尤其是崇尚英国的德国建筑师产生了实际的影响。他本身也是一名建筑师，喜欢采用自然的材料、不对称的形式，提倡与自然和谐相处。他称这些设计为日耳曼式。他早期的住宅设计很大程度上追随这种模式。他的出版物增强了建筑师对日耳曼主题的乡村住宅设计的兴趣。

### （3）威廉二世（1859—1941）

威廉时期的建筑经常被称为威廉样式。与威廉二世不同，威廉一世喜欢超尺度的新巴洛克建筑，而威廉二世则对德意志传统建筑很感兴趣，他是一位民族主义者，支持德国传统建筑的恢复和保护工作。威廉二世本身就是一位充满热情的建筑家。他派遣穆台休斯去英国学习建造方法，并且派黑克戴恩去考察美国建筑。威廉二世鼓励成立专业的民族建筑保护组织，提倡在历史保护的名义下对农村建筑进行系统的调查。

威廉二世对古老过去非常崇敬，正是由于他的支持，新罗马风风格迅速发展起来。威廉二世像威廉一世一样希望在首都柏林建造一些与众不同的民族建筑。威廉二世喜好新罗马风风格，仿古的蘑菇石风格影响了柏林的一些政府建筑。

### （4）斯规奇顿（1841—1924）

斯规奇顿是威廉二世的御用建筑师，他和威廉二世的观点对一些市政厅的设计起了重要的作用。1905 到 1911 年间，他为威廉二世设计了巨大的城堡式样的皇宫，平面是不规则形式，外墙是粗削石。建筑东部的主要房间是德国式的观众大厅，大厅的后面是皇帝的寝室，用潘泰列克大理石砌成，墙面上有中世纪 7 位皇帝的壁画，还有 6 座古希腊和斯堪的纳维亚神话中神的雕像。

"一战"之前，欧美国家经历着工业化超速发展时期。20 世纪前后，社会形势的急剧变化导致了谋求解决功能、技术与艺术之间矛盾的"新建筑"运动。于是，当时占主要地位的折中主义思潮逐渐为"新建筑"运动所代替。在欧洲，探求新建筑的运动，最早可追溯到 19 世纪 20 年代。德国著名建筑师辛克尔（1781—1841）原来热衷于希腊复兴式建筑，为了寻求新建筑的萌芽，曾多次出国考察，先后到英国、法国、意大利，并在探新中进行了一些摸索。另一个德国建筑师散帕尔（1803—1879），原致力于古典建筑的设计，后来受折中主义建筑思潮的影响。1861—1863 年他发表了著作《技术与构造艺术中的风格》，他深信一座建筑物的功能要排在它的平面与外观之前，甚至能在装饰构件上反映出来。他认为新的建筑形式应该反映功能与材料、技术的特点。这种创作见解为长期受学院派思想禁锢的建筑师们指出了一条新的道路。

近代青岛建筑风格与当时的欧洲建筑潮流尤其是德国建筑潮流息息相关。德国侵占青岛并将德国的建筑文化带到了青岛，使青岛成为"德意志文化在东方的传播中心"。这是青岛近代建筑风格的一个主要来源。

## 2. "德租"时期的青岛建筑风格

"德租"时期的青岛建筑尤其是欧人区的建筑，主要以单一的西洋建筑为主，其中多是德意志民族特点的新罗马风建筑和青年风格派建筑，除此之外还有少部分中国传统风格的建筑。在讨论"德租"时期青岛建筑风格的时候，需要认识到：由于近代社会正在进行现代化转化，建筑的外在形式并不能被简单地认定为某种风格。当时世界建筑的发展，新技术新材料的出现及应用，折中主义方兴未艾，现代建筑也跃跃欲试，一栋建筑往往在具有某种鲜明的风格的同时，又有其他的形式风格特点，如果单一划线界定，未免以偏概全。

### （1）作为原点的"外廊式"

青岛近代建筑发展的早期，出现了一类建筑，数量颇多，形式丰富，这就是殖民地形式（外廊式样）建筑。青岛近代建筑的外廊时期，是指德租青岛的前期时段，这时此类型样式的建筑在中国的发展已处于晚期，此类建筑在青岛虽出现较早，却也早早销声匿迹。

外廊建筑是中国近代建筑中最早出现的样式，建筑史学家一直将其看成西方建筑的一个支流而不予重视。据说它从印度产生，在中国广州"登陆"，最早的实例是广州的十三夷馆。藤森照信先生曾经将外廊样式在中国的发展分为五个时期：1842 年之前为外廊建筑的发生期，1842—1860 为发展初期，1860—1880 为发展盛期，1880—1900 是晚期，19 世纪末则为尾声。

从时间上讲，德租青岛的时间为 1897—1914 年，属于藤森先生界定的外廊建筑发展的尾声；从具体建筑形式上看，此时的青岛外廊建筑独具特点，式样繁多。其中有早期简易拼装的木构形式，也有由外廊形式发展变异的特殊形式。这些外廊、类外廊建筑包括银行、官邸、商业楼、旅馆、医院、兵营等，几乎覆盖青岛建筑初始阶段的所有类型。人们可以下这样的结论：从某种意义上讲，外廊建筑也是青岛近代建筑的原点。

外廊建筑的出现"除了对付南方的酷热气候外没有别的原因"。德国人开始建设时没有过多考虑气候因素，直接引入了英国殖民地常用的外廊式样。但青岛属于温带季风气候，又具有海洋性气候的特点，温度适中，四季分明，这种气候并不适合热带建筑的形式。于是外廊形式在出现之后很快就有所变化。这种变化就是外廊被玻璃窗罩封改造成日光室，以此来满足北方冬季保暖的需要。

藤森先生认为，"为防暑而设外廊，又为了防暑而使之变成了日光室，这种意味深长的现象不能不说是伴随着外廊北上而产生的必然结果"。青岛的大多数外廊建筑都经历了这种变化，如 1904 年建成的礼和商业大楼。该建筑南侧设有外廊，后来被玻璃窗罩封，栏杆也被灰浆封住。二楼南侧本来在中心段只有廊连相通，没有其他构筑物连接，后来也填充了墙体和屋顶，并添加了外窗。

在中国近代建筑中外廊形式不外乎有单侧外廊、"L"形外廊、三面外廊和四周回廊几种。在青岛近代建筑中，这几种形式都有，最多的形式是单面外廊和"L"形外廊两种。单面外廊后来又有许多变化形式。首先是山花进行装饰性的分隔，在平面中多形成外凸的两翼。山花在立面的构图中形成三种情况：其一两侧翼楼形成，作为长廊的收头；其二山花居中，形成外廊两段划分；其三两段山花或外廊自身形式的改变，形成立面三段划分。这些变化在很多方面类似古典主义的立面三段、五段划分手法。

外廊的另一种变化是内阳台的出现。从外观上看仍然是外廊形式，但内部空间已经被分隔成内阳台，彼此间不能贯通。

在青岛近代建筑中，同是外廊形式，但外廊基本单元的细部处理手法有很大的不同。有的柱廊开间单元是平直的矩形，开间高宽比不定；有的是拱券形式，券的形状或半圆形或一段圆弧；有的以巨柱式分隔两层为一单元。在建筑材料使用上也表现出多样性。

外廊由木构件组成，因为结构的需要，外廊单元并排的两根或三根木质支撑柱作为一簇。一个开间的栏杆多是短木并列构成，形式纤细轻巧。

外廊单元由石柱支撑，有单柱，也有双柱。许多柱两头内收呈梭柱形式，再与券一起组成完整的券柱构图。

红砖的做法色彩鲜艳，砌筑的勾缝也很精细，而且做出多种细部变化，其券柱单元构成的外廊形式，很有南方外廊建筑的特色。

整个券柱与檐口连为一体，只用简单的线脚分出层次，做法简洁实用。有的干脆是干干净净的方形、弧形窗洞。这种做法受到了早期现代建筑思潮的影响。

### 具体实例

青岛较早时期的外廊式建筑与在东南亚出现的英国殖民地建筑没有明显的区别，建筑周正，四面环行外廊；单面外廊及其变化形式与纯粹的殖民地形式相比，已有相当大的变化，外廊形式多是南向一字展开，山墙面饰以山花起到竖向分隔的作用，多具有古典风格的韵味和德意制传统建筑特色；"德租"时期的许多建筑虽有外廊的外观，但其内部彼此分隔，形成较为私密的阳台。该形式在外观上与外廊形式协调呼应，但从严格意义上讲，它们已经不能算是外廊建筑了。以下是几个典型实例：

①**总督临时官邸** 该建筑建于 1899 年，现已无存。由于当时使用要求迫切，但又暂时找不到合适的私人营造者，所以不得已由 F.A. 施密特公司从德国运来可拆卸的木构件搭建而成，该建筑又被称为"瑞典木房"。它的侧面是一座砖砌的塔楼，南侧和西南侧的外廊呈"L"形，其立柱、出挑、栏杆、中心的山花全为木构。

②**德华银行** 该建筑是标准的英国殖民地外廊式样。建筑的基座、券、立柱、围栏等都是由花岗石砌筑，细节处理保留了古典韵味。它的坡顶设有圆形的老虎窗和条形的山花，建筑四周由外廊环绕，后来玻璃窗封住外廊，成为日光室。整体建筑风格端庄古朴。

③ **海滨旅馆** 该建筑呈中心对称形式，南向外廊被中心山花分成两段。整体为砖木结构，外廊单元由双木柱或三木柱支撑。因其面对汇泉湾，外廊成为夏日观海纳凉的绝佳地点。

④**胶澳皇家邮政局** 该建筑外廊互相界隔，成为内阳台。后来，由于

不适合本地气候，内阳台装上玻璃窗成为日光室。

⑤**广西路 9 号住宅**　该建筑为集合式的公寓住宅，外廊单元由花岗岩的双柱支撑。从历史照片上看，该路段除了 9 号住宅之外，连续出现了外廊建筑，可见外廊形式是当时建筑的一种时尚。从外形上看，上下两层均为外廊，但下层隔断不能连通，成为内阳台，上层连通成外廊。由此可见，当时建筑的内阳台形式与外廊形式有一定的关联。

⑥**海因里希亲王饭店**　建筑立面纵向分为五段，两端和中部为实墙和山花，其余两段为木构支撑的外廊，体量虽然庞大，感觉却很轻巧。

青岛"德租"时期虽然有大量外廊特点的建筑，但某些重要的公共建筑如：教堂、法院、车站、警察公署未采用外廊形式。这些标志性的建筑，位于城市街道的结点，又有极佳的视角，代表城市的整体风貌和深层次的文化归属，德国人将这些关键地段的建筑建成造价不菲的德国传统形式（罗马风建筑风格）。直至"德租"青岛的中后期外廊形式变化甚大，已完全无法与英国殖民地式样相同，并对以后青岛建筑的发展起不到传承的作用。"德租"青岛的最初几年确实出现过外廊建筑，它们也曾有过发展变化，但那短短的几年只是青岛近代建筑史上不经意的一瞬间。

**（2）古典主义形式**

在德国建筑历史上，法国大革命（1789 年）对它的冲击非常大，甚至可与中世纪向文艺复兴过渡时期相提并论。法国古典主义建筑语言给了德国建筑师以极大鼓舞。在建筑方面，德国人是法国人的学生。这时德国的建筑大师都秉承了法国的建筑精神，如朗韩斯（1732—1808）、基利父子（David Gilly，1748—1808，Friedrich Gilly，1772—1800）、辛克尔（1781—1841）及生倍尔（1803—1879）等。德国的古典复兴主要以希腊复兴为主。著名的柏林勃兰登堡门（1789—1793，朗韩斯设计）是从雅典卫城山门吸取来的灵感。另外，还有著名建筑师辛克尔设计的柏林宫廷剧院（1818—1821）及柏林旧博物馆（1824—1828）。

1890 年代前后，主要市政项目已经开始建设或完成，多由老一代建筑师设计。柏林是信仰新教的普鲁士人的首都，作为霍享索伦王室政权的形象代表就是新巴洛克风格的皇宫（1900）。皇宫位于市中心，始建于 15 世纪，在 17 世纪被改造过，以后被历代君王所扩建。威廉一世在位期间，主要的政府建筑都被建造为超尺度的新巴洛克风格，就像皇宫一样具有压倒一切的威慑力，象征着国王的权威。威廉二世继续建造威廉一世未完成的一些工程项目，特别是新巴洛克风格的大教堂（1894—1905），还有被称为"博物馆岛"的博物馆建筑——里德里希大地博物馆。一些市政当局建造的新市政厅选用了新古典主义的风格，受到柏林的辛克尔影响。例如，当维兹曼设计的柏林市政厅需要扩建一幢重要的办公楼时，霍夫曼就运用了新古典主义的风格。

①**总督府** 由德国建筑师弗里德里希·马尔克设计。大楼坐北朝南，背靠总督山（观海山），面向青岛湾，遵循严谨的古典建筑的比例，该建筑纵向五段、横向三段处理，屋顶陡峭，覆以红色筒瓦，上有扁形老虎窗。墙体建筑材料为青岛特产花岗岩，打磨精细，并砌筑了竖向构图的巨柱形式，与水平的南向外廊相垂直。巨柱之间是石砌的圆券，外廊内为圆拱或十字拱。建筑靠近基座部分是没有细磨的蘑菇石，材质的不同将横向建筑的第二、三段区分开来。

正对着总督府临海一端是叶世克总督纪念碑，建于 1903 年（1967 年被拆除）。叶世克是第二任胶澳总督，1901 年因患斑疹伤寒殁于野战医院，德国海军部为了表彰他的殖民业绩修建此碑。纪念碑为锥形，形体高挑，分为两段，下段为发券的环形柱廊。该构筑物与总督府遥相呼应，界定广场，形成对景关系。

②**俾斯麦兵营** 俾斯麦兵营平面一字展开，很有气势。立面居中对称分为三段，两侧均有山墙面，对称布置。中心一段向外突出，中心的山墙最为高大，强调中心，统领全局。山墙的形式为两侧逐步内收，中心向上拔起，强化建筑的中心感。山墙面的花饰是该建筑特有的设计，与西欧古典主义的常见山花设计截然不同。屋顶为坡屋顶，向外出挑，简洁大方。南侧外廊单元没有采用居柱形式，而是采用一层券廊，二层券柱形式，单元更加细化，突出了建筑应有的尺度。

### （3）新罗马风建筑形式

罗马风建筑在德国流行较广，时间也比较早，要求发扬个性自由，提倡自然天性，同时提倡用中世纪艺术的自然形式来反对机器生产。"别墅，由于其多样性，相对有限的规模和不受限制的地盘，使对浪漫主义流行的嗜好得以最充分地利用和表现"。德意志传统的郊区别墅被称为"整个时代的建筑典范"[1]。其传统住宅的形式特征是"没有内院，平面布置不整齐，体形很自由。常底层用砖石，楼层用木构架。构件外露，安排得疏密有致，装饰效果很强。屋顶特别陡，里面往往有阁楼，开着老虎窗。圆形或八角形的楼梯间凸出在外，上面戴着高高的尖顶"[2]。

---

[1] 彼得·柯林斯.现代建筑设计思想的演变 1750—1950[M].英若聪，译.北京：中国建筑工业出版社，1987: 23-33.
[2] 陈志华.外国建筑史（十九世纪末以前）[M].北京：中国建筑工业出版社，2004: 164.

青岛的德式建筑几乎是德国本土样式的原样移植，秉承德国传统罗马风建筑风格（也被称为"新罗马风建筑"）。德意志传统建筑尖顶新颖奇特，墙体材料——砖、石、木等变化多端，体形和屋顶的处理手法引人入胜。它们选址多在山坡之上，视野开阔，环境优美，空气清新。花岗石是建筑不可缺少的材料，与德国本土建筑风格一致，建筑体形活泼自然，变化丰富，很有中世纪城堡建筑的风格特点。该类建筑往往以一座塔楼高高耸起，均衡建筑体量。这些建筑也是现今当地建筑师创作的源泉，如青岛基督教堂、伯恩尼克住宅。

①**青岛基督教堂**　青岛基督教堂是典型的新罗马风建筑，塔楼是其重要的标志。塔楼的做法与原设计方案有所出入，原设计高度 27 米，实际的高度为 36 米。在实施方案中它被拔高 9 米，突兀而起，凌驾于建筑主体之上。本来敦厚简化的塔顶，代之以传统的程式化的德式屋顶，使德意志传统风格意味更强了。

②**伯恩尼克住宅**　该建筑有东北、东南向两个主要入口，西南、东南向各有一个次要入口。东向入口有一小过厅和主要楼梯间。楼梯为木制，较为隐蔽。楼梯扶手及门框全是曲线花纹，带有新艺术运动的痕迹。伯恩尼克住宅的最大设计特点是大屋顶的构思，因为地势北高南低，所以在坡顶北侧几乎是一坡到地，角度较陡，达到 55°。该建筑以一座四坡屋顶为主体在南北两侧各贯一坡；西边侧一高一矮两个小尖顶，非常紧凑；东西两侧单坡顶，各自独立，与大屋顶不再相贯。该建筑在南侧设一层露台和一层平台。屋顶的构成关系和屋顶与尖顶的构成关系既丰富多变，又井然有序、一气呵成。

### （4）折中主义形式

折中主义是 19 世纪上半叶兴起的一种建筑风格，19 世纪末和 20 世纪初在欧美盛极一时。它任意模仿历史上的各种风格，或自由组合各种式样，所以也被称为"集仿主义"。折中主义在建筑形式上是多种风格的自由组合，没有固定的风格，讲究比例和形式上的美观。这种风格可以随意模仿历史上各种风格的形式，因此可以打破古典主义和浪漫主义的局限。

在青岛的德国建筑中，很多建筑有意或无意地融入了其他建筑文化的要素。严格意义上说，该时期的所有建筑都或多或少地存在折中的痕迹，如纯德国传统建筑形式融入了青年风格派的要素和各种象征意义的东方符号，总督官邸便是德式建筑为主的多种元素的有机组合。

**胶澳总督官邸** 整个建筑坐落在信号山脚下，依山面海，该建筑气势宏伟，将德国威廉时代的建筑式样与德国青年派手法相结合，又近乎完美地融合多个欧洲建筑风格的装饰元素，是一座难得一见的建筑精品。总督官邸是"德租"时期青岛建筑中折中多种形式特征的经典，它既有复杂变化的红坡屋顶，又有极具特色的山墙面，而且有体量颇大的尖顶角楼。另外，它既有新艺术运动的建筑特征，又有浪漫主义德意志城堡特色。因此，它具有多种个体普遍相似性的特征，是最接近青岛建筑原型的个体。

该建筑形式的最大特点是花岗石的应用，窗台之下全部用花岗石，图案丰富，花样繁多，花岗石用到了红坡顶之下的方方面面。其余的墙面是黄色，饰以浅浅的波纹。整个建筑形体按建筑材料分成三个部分：红顶、黄墙和大理石基座。整个色调对比鲜明：红色（顶）、黄色（墙）、肉红色（大理石）。除了外立面丰富多变，室内设计也很精致考究，木质装饰古朴而温馨。

### （5）青年风格派

"莫里斯与工艺美术运动是现代主义产生的主要根源，新艺术运动是它产生的另一个根源。"[1]19世纪50年代在英国出现了"工艺美术运动"，其后产生的新艺术运动倡导用自然界植物曲线作为装饰，以此来适应工业化的简化装饰，该风格在德国被称为"青年风格派"。德国青年风格派的发展经历了两个时期，1900年以前，其风格十分接近英国的工艺美术运动，采用花卉植物图案，更侧重于自然主义风格。1895至1898年间，德国艺术界的一系列事件促进了青年风格派的成长。1896年，凡·德·费尔德被邀请到德国作演讲，宣传新艺术。两年后，他又应邀到德国的德累斯顿举办展览。在此同时，多种重要杂志的出版将新艺术作品介绍给广大读者。1896年《青年》杂志创刊，次年，《艺术和手工艺》《德国艺术和装饰》和《艺术装饰》相继出版。1900年以后，凡·德·费尔德定居德国，直接推动了德国青年风格派的发展，风格转向更抽象、更富活力的线条，而且这种风格与后来的现代主义设计运动不谋而合。

青年风格派的主要成员有奥托·埃克曼（1865—1902）、奥古斯特·恩代尔（1871—1925）、赫曼·奥勃里斯特（1863—1927）。它们的代表作品有1897—1898年在慕尼黑建造的埃维拉照相馆和1901年建造的慕尼黑剧院。青年派在德国真正有成就的地方是达姆施塔特。1901—1903年举行了一次现代艺术展览会，吸引了各国著名的艺术家与建筑师参加，其中比较著名的有奥别列去与贝伦斯等人。它打破常

---

[1]　彼得·柯林斯.现代建筑设计思想的演变1750—1950[M].英若聪，译.北京：中国建筑工业出版社，1987：23-33.

　　　　　　　　　　　　　　　　　　　　　序·青岛近代建筑的风格脉络

规除了建立一座统一的展览馆外，还在一个公园里让各个艺术家建造自己的房子并自由布置，形成了一个艺术家之村。他们把建筑作为艺术复兴的起点，试图使新艺术和建筑设计紧密地结合起来。

1914年之前，现代主义建筑运动萌芽，在德国和它影响下的瑞士、奥地利等国表现最突出。恩代尔和奥别列去脱离了青年风格派的羁绊走出了新路。甚至到了卢斯、贝伦斯、密斯·凡·德罗、格罗皮乌斯时摒弃了一切装饰，完全走向了现代建筑。[1]但此时青岛建筑中，现代主义的倾向并不明显，直到20世纪二三十年代才出现了真正的青岛现代建筑。青年风格派在青岛有许多典型的实例，曲线的山花和开窗纹样非常丰富。青年风格派建筑在青岛最具代表性的建筑是位于广西路的赍寿药行旧址，装饰大大简化，细部纹样多用自然曲线，整座建筑充满动感。从外观来看，这种风格与德国传统建筑风格有所不同，与古典风格相比更是另类。

**赍寿药行旧址**　该建筑三层，顶端有阁楼层。坡顶中央老虎窗为圆弧状窗楣，紧挨着两侧为两个烟囱外部用砖砌，内有凹槽，形成雕塑感。立面墙面装饰对称设计，两侧二三层由弧形线脚框住，形成大的组合单元，包括二层大开间窗和三层三个一组的组合窗。中间的图案也是窗户呈三个一组布置，表现一定的秩序感。底层两侧小窗设计得自然生动，券形窗洞内分左右两个连续券的窗洞，之间连接的是简化却夸张的爱奥尼柱式，柱身粗矮，两头稍细，中间粗壮呈梭柱样，且整石雕琢，很有趣味。建筑的侧面也很有特点，柔美自然、变化丰富的山花，红砖围砌的大面积的线脚和平实的墙体产生对比。

### (6) 中国传统建筑

青岛开埠之后，除了德国人带来的西方风格建筑之外，还有两座中国传统形式的建筑：天后宫和老衙门。开埠之前青岛只是些普通渔村，没有大规模的官式建筑，再加上德国人要进行大规模的西方式的规划和建设，所剩中国建筑已寥寥无几，天后宫和总兵衙门是中国传统风格的代表。

①**天后宫**　位于青岛前海太平路上的天后宫，是市区内现存最早的宗教建筑。始建于明成化三年（1467年），是青岛市区最早的庙宇建筑。

现在的天后宫，共有殿宇16栋，房80余间。原戏楼、大殿、配殿以及东、西厢房尚存，但双层飞檐琉璃瓦已被换成灰瓦，钟、鼓楼亦被拆除，

[1]　尼克拉斯·佩夫斯纳.现代设计的先驱者——从威廉·莫里斯到格罗皮乌斯[M].王申祐，译.北京：中国建筑工业出版社，1987.

神象已不复存，原来门前一对旗杆被雷击毁，再未重立。天后宫共两进院落，建筑采取中国传统的轴线式布局。周边围墙围合，入口设在面向大海的南侧。前院正中为戏楼，重檐歇山形式，面阔三间。东西设钟、鼓二楼。后院正殿即天后殿，单檐硬山式建筑。两侧辅有东西配殿、厢房等。

②**总兵衙门** 该建筑1959年时被拆除，原址新建了青岛人民会堂。整组建筑依据自然地形面向东南，共分三进院落，两旁还有几个小跨院，是一组典型的中国北方式古典建筑群。建筑门前矗立一座照壁，外加木制的旗杆。该建筑中轴线对称式布局，通过大门，院内则设大堂、后堂各五间，左右厢房各三间。墙体为青砖砌筑，周边为花岗石镶嵌，屋顶着青瓦。体量简单，局部有些装饰。它是早期青岛地区规模较大的建筑群。

纵观该时期青岛的主流建筑，虽然风格多样，但西式建筑占有压倒性的主体地位，德式建筑统揽全局，并且随着城市规划的实施，建筑风格也得以科学地控制，沿街建筑井然有序。应该说此时的青岛建筑呈现出单一有序的建筑风格。

# 二、"日占"时期青岛建筑的发展状况

## 1. 近代日本建筑发展

19世纪中叶，日本在经济、科技、文化等方面采取全盘西化的政策，日本建筑界也面临着西方建筑大量移植的局面，之后日本出现了"拟洋风"式的建筑。这一时期的建筑没有脱离欧洲影响，日本吸收的是英式的折中主义风格。世纪相交阶段，日本人曾提出了"和魂洋才"的口号及进行传统复兴的探索。日本人第一次占据青岛时，在建筑上还没有走出西欧折中主义的道路。日本的建筑还是比较蹩脚的折中式，这与当时日本的建筑发展阶段有关，它拿不出比德国形式更好的建筑来影响城市，当时也是处于探索阶段。面对东西方的差异，这种探索是曲折的，该时期的日本建筑没有鲜明的个性。

## 2. 第一次"日占"时期的建筑风格

### （1）"拟洋风"形式
"日占"时期，保留了德国人原有的城市风貌和建筑风格。日本人在青岛所做的设计大多以仿德国的折中形式为主，数量很大，但质量不高，讲究经济、实用、注重日本人的生活习惯。在中山路、馆陶路等地建设时，日本人考虑了与欧式建筑的协调，许多重要的建筑物沿用大块粗石料的传统。但在细部处理时却走了样，蘑菇石贴面也成了卵石贴面。空间上更加经济实用，层高控制在3米（德式室内高度4~4.4米），已失去了德式风格的大方和明快。如今的中国海洋大学鱼山校区教学主楼就属该类建筑。

**中国海洋大学鱼山校区教学主楼** 由两栋主楼及其他附属建筑组成。大门朝向西南，由两个巨大的花岗岩石柱组成。南侧主楼平面采用了古典建筑的形式，虽呈"E"字形，侧面楼体一长一短并不对称，立面为屋顶、墙体、基座三段处理，但是与西方标准的建筑形式差别较大。坡屋顶铺牛舌瓦，设老虎窗，墙体竖条形长窗，条石分隔，二至四扇为一组，花岗岩剁斧石砌成墙基，灰白色墙面上有波浪纹，正面曲线形山花，区别于欧洲常用的三角形，山墙后侧有一巨大的塔楼，塔楼上覆红瓦四坡屋顶。墙面窗户为长条形，饰以大块花岗岩。塔楼体量庞大，在比例上与欧洲建筑相比稍显笨重。

### （2）和式建筑与和洋折中

日本人为了宣扬自己作为占领者的文化，也在青岛实施了一些纯日本风格的建筑设计，其中规模最大的是处于大庙山上的日本神社。该时期日本建筑师也进行了将东西方建筑风格进行融合的尝试。由于对外观比例掌握不好，再加上各元素符号之间的固有差别，很难融合。普济医院就是这时期的代表建筑。

①**青岛日本神社** 该建筑群是纯和式木构大屋顶，前有鸟居。中华人民共和国成立之后，神社内的建筑物陆续被拆除。目前当年的"青岛神社"尚存樱花路两侧的小型石灯笼的底座，108级石台阶，二鸟居的柱础以及神社派出所旧址。

②**青岛普济医院** 是青岛老城区现存的数座第一次"日据"时期所建公共建筑之一。20世纪10年代末，日本青岛守备军民政署在新町分院东侧的路口处设立普济医院，由建筑师三上贞设计，1919年11月开始运营。

普济医院旧址位于胶州路上海路路口西北角，坐北朝南，初建时楼高两层，西侧部分楼体由于高差形成三层，设坡屋顶阁楼，平面略呈"一"字形，钢筋混凝土结构。正立面三段式划分，中轴对称，檐口起弧线山墙，以花岗岩装饰，屋顶中央设一亭式塔楼。墙基以花岗岩蘑菇石砌成，外墙窗户以花岗岩条石装饰。1935 年建成的施诊所正门面向东侧的上海路，与原普济医院相连接，形成"工"字楼。

# 三、民国时期青岛的建筑发展

## 1. 民国时期青岛建筑发展

1840 年之后，中国进入近代处于承上启下、中西交融的过渡时期，这一时期建筑丰富多彩，尤其是 20 世纪二三十年代直至抗战之前，建筑事业繁荣，上海、南京、天津、武汉、青岛等大城市建筑活动日益频繁。南京、上海分别制订了《首都计划》和《大上海都市计划》的新城市规划，建造了一批行政建筑、文化建筑、居住建筑。建筑技术及施工能力得到了质的提升，许多大型复杂的工程顺利完工使用，部分建筑在设计上和技术设备上已接近当时国外的先进水平。中国建筑师的队伍壮大了，国外留学归国的建筑师纷纷成立中国建筑师事务所，建筑教育也在部分院校开展起来了。1927 年成立了中国建筑师学会和上海市建筑协会，分别出版了专业刊物《中国建筑》（1932 年创刊）和《建筑月刊》(1932 年创刊 )。中国近代建筑在这一阶段不只是单纯地引进西方建筑，而且是结合中国实际创作出一些有中国特色的近代建筑。

从建筑风格来看，19 世纪下半叶到 20 世纪 30 年代，西方国家经历了由古典复兴、浪漫主义，通过折中主义、新艺术运动向现代主义的转化过程，这些丰富的建筑风格——在中国近代建筑中展示了出来。从 20 世纪 20 年代末开始，随着欧美各国现代主义建筑的发展和传播，中国新式建筑也出现向现代主义建筑过渡的趋势。从带有芝加哥学派特点的上海沙逊大厦到模仿美国摩天楼的上海国际饭店，都有清晰的展示，但真正体现现代主义建筑精神的建筑实践还比较少。

此外，近代民族形式建筑的雏形也开始展现。最初出现的是一些新功能、旧形式的建筑，如 1865 年建造的江南制造局机械厂。从 20 世纪 20 年代起，近代民族形式建筑活动进入盛期，到 30 年代达到高潮。由于五四运动以来民族意识高涨，发扬我国建筑固有特色成为当时中国建筑界和社会的普遍呼声。国民政府推行中国本位文化，在当时编制的南京和上海的规划中，均倡导采用中国固有形式。当时中国建筑师的设计思想仍然是以学院派思想占主导地位，他们很自然地会把中国民族形式融入他们设计的建筑中去。这样，在南京、上海、北京等地的各类新建筑中，涌现出一批由中国建筑师和少数外国建筑师设计的不同形态的民族形式建筑作品。

这是中国近代探索新建筑的近代化与民族化相结合的有意义的创作实践，同时涉及引进的国外近代建筑形式和先进建筑技术如何与中国的现实相结合，并在建筑近代化的过程中如何继承、借鉴、发扬传统建筑遗产等问题。

## 2. 民国时期青岛建筑形式

该时期现代建筑运动已经蓬勃开展，青岛在经济、文化方面与世界联系密切，深受国际大趋势的影响。此时青岛政府采取更加开明的政策，实行高度自治，发展成一个完全开放的自由贸易港口，同时它是东西方经济文化交流的重要城市。另一方面，民族主义思想复兴，完全体现中国传统特色的建筑开始兴建。该时期有两方面原因值得一提。

一方面，从西方留学归国的年轻中国建筑师开始登上历史舞台，他们完全有能力与进入中国的国外建筑师一争高下，这些中国的建筑师包括庄俊、罗邦杰、苏夏轩、陆谦受、董大酉等人。许多中国第一代建筑师在青岛留下了作品。

另一方面，沈鸿烈担任青岛市长期间，为青岛的城市建设做了许多有益的工作，他在青岛实施了一套长远的、整体的发展思路，在他的任期内（1931—1937）青岛市的城市建设呈现出前所未有的繁荣。他也是中国传统建筑风格的积极倡导者。

### （1）现代主义风格的建筑

当时青岛建筑的发展紧跟世界潮流，此时出现的现代建筑摒弃一切多余的装饰，注重功能和简洁的形体，典型的实例就是青岛的东海饭店。

**东海饭店** 这是青岛当时最大的饭店和最高的建筑物，也是外国人在青岛设计最早的现代化的大型公共建筑。大楼整个建筑是采用竖向划分、逐间后退的手法。淡蓝色的外粉刷，显得整个建筑体轻盈、活泼，与所处的海山环境融为一体，成为青岛沿海一线的著名风景点。建筑整体采用一体两翼的格局，底层为水平伸展的基座，主入口位于两翼交接之处，两根圆石柱支撑挑台，挑台下两侧有汽车通道。建筑外观简洁明快，形体感觉强烈，从建筑形体上我们可以看到 20 世纪初包豪斯建筑风格的影子。

### （2）中国民族风格的建筑

在 20 世纪 30 年代，中国建筑界的复古思潮同样影响了青岛。这些建筑包括水族馆、鲁迅公园、回澜阁、世界红卍字会青岛分会等。尽管复古思潮对青岛建筑的影响不太大，但它在青岛近代建筑史中占有重要的位置。它是中国文化心理的一种回归，尤其是青岛遭德、日占据 23 年后，人们在心理上的一种需要。

这些建筑物在城市景观设计方面有其成功之处，关键在于它们既"占有"城市优美的景点又避免了与欧式建筑的冲突与碰撞。它们在选址设计时就采取了并不与欧式建筑一争高下而是巧妙融合的方式，故能统一于城市风格之中。但它又占据海滨的关键地点，无形中成为这些地区建筑的点睛之笔，如回澜阁的海上景观，就是以大海为依托，视野开阔，与其他建筑并无视觉上的冲突。世界红卍字会青岛分会的建筑群位于小鱼山信号山间，在苍松翠柏掩映之下自成一体。

①**青岛水族馆**　水族馆建筑吸收了中国古代城门的造型，东西长 31 米，南北宽 15.6 米，高三层，砖石木结构。建筑亦采用了红色粗花岗石砌筑外墙，与周围的红色海滩礁石相协调，城墙垛上方设二层的歇山顶城楼，以青绛紫色琉璃瓦装饰，面向汇泉湾。远远望去，比例和谐，与海滨环境融洽，采取中国古代建筑的形式，气韵不凡。

②**世界红卍字会青岛分会**　建筑群基址原为一条东西宽约 50 米、南北长 250 米的冲沟，建成后的建筑群为一长条形院落，整个院落进深超过百米，分为前院、中院、后院三组建筑。前院、后院为西洋风格，中院建筑为道院，为中国古典宫殿式传统建筑，由近代建筑师刘铨法设计。该组建筑由山门、南北两厢、礼亭、大殿等组成，是整个院落的主体。大殿基座由花岗岩砌筑，重檐歇山屋顶，上覆黄琉璃瓦，面阔九间，周围 28 根圆柱。南北两厢各面阔九间，屋顶为歇山式，上覆绿色琉璃瓦，各有 10 根方形水泥柱。院落中心还设置了一座八角礼亭，似乎是参照曲阜孔庙的形制。刘铨法在设计中采用了预制混凝土构件和水泥制品代替传统木建造的构造方式，并获得了成功。

此外，这一阶段还有很多折中形式的建筑，因为青岛的开放多元性，此时的建筑师不断地吸纳融合各种形式，推出新的折中式风格。这部分建筑数量最大，风格特征也最复杂，集中体现在中小型建筑设计上，八大关建筑群就是代表。

# 小结

青岛近代建筑风格从 1898 年德国占据时，经过第一次"日占"时期和二三十年代的迅猛发展，形成了完整的建筑风格体系。但在迎来 20 世纪 30 年代城市建筑发展高潮之后，1937—1949 年间由于战乱和经济萧条，青岛建筑已无再大起色，仅仅有部分特征的延续而已，这也是城市动荡史留下的烙印，尽管有些遗憾，但也的确无可回避。

胶州湾

大港

昌乐河

中港

小港

长山路历史文化街区

馆陶路历史文化街区

上海路—武定路
历史文化街区

阳信路历史
文化街区

黄台路历史文化街区

台东历史地段

贮水山

无棣路历史文化街区

四方路历史文化街区

观象山

伏龙山

青岛山

太平山

中山路历史文化街区

观象山历史文化街区

信号山

观海山历史文化街区

信号山历史文化街区

八关山

台西历史地段

鱼山

八关山历史文化街区

鱼山历史文化街区

青岛湾

八大关、汇泉角、太平角历史文化街区

团岛湾

汇泉湾

太平湾

《青岛历史文化名城保护规划（2020 — 2035 年）》

图源：青岛市自然资源和规划局

# 目录

**建筑目录称谓备注**

公共建筑、营业建筑称"旧址";历史文化名人居住过的建筑称"旧居";一般历史人物居住或拥有的建筑称"旧宅";产权所有和居住信息不够明确的民用建筑称"住宅";保留花园别墅风格的建筑称"别墅"(集中于八大关、太平角区域)。不沿用"故居"称谓是因为多不具备童年成长信息。

## 信号山历史文化街区

## 鱼山历史文化街区

## 八大关、汇泉角、太平角历史文化街区

414 · 花石楼

416 · 东海饭店

418 · 德霖亨别墅

419 · 雅尔码特霍惟智别墅

420 · 函谷关路 5 号、7 号住宅

421 · 周宇光别墅

422 · 马哈力大·安大斯别墅

423 · 陆廷撰别墅

424 · 柯力司甘高别墅

425 · 荣成路 23 号别墅

426 · 涞比池别墅

427 · 毕流柯夫与奢唯劳夫别墅

428 · 青岛游艇俱乐部旧址

429 · 戈列宾斯克别墅

430 · 汇泉路 6 号别墅

431 · 别尔太别墅

432 · 柏佐吉别墅

434 · 钧利亚别墅

435 · 毕娄哈别墅

436 · 依瓦洛瓦别墅

437 · 尤霍茨基别墅

438 · 杨溯吾别墅

439 · 萨德别墅

440 · 姚协甫别墅

441 · 卜雷鸣别墅

442 · 沈性静别墅

443 · 王崇植别墅

444 · 米罗诺夫别墅

445 · 宁武关路 10 号别墅

446 · 精勤堂别墅

447 · 周钟岐别墅

448 · 耕馀别墅

449 · 高岐峰别墅

450 · 泉修堂别墅

451 · 陈宗光别墅

452 · 张伯诚别墅

453 · 克雷格别墅

454 · 何思源别墅

455 · 袁家普别墅

456 · 宫玉珊别墅

457 · 奇兑如脱别墅

458 · 王正廷别墅

459 · 韩复榘别墅

460 · 高桥商会别墅

461 · 约翰·高尔斯登别墅

462 · 玛丽·达尼列夫斯基夫人别墅

463 · 白少夫别墅

464 · 丁慰农别墅

465 · 欧万仁别墅

466 · 金城银行别墅

467 · 苏联公民协会旧址

468 · 雷华士别墅

469 · 韶关路 32 号别墅

470 · 韶关路 49 号别墅

471 · 韶关路 50 号别墅

472 · 崇德堂别墅

473 · 安藤荣次郎别墅

474 · 栾宝德与林凤歧别墅

475 · 朋其明别墅

476 · 赵亨生别墅

477 · 德国驻青岛领事官邸别墅

478 · 英国驻青岛领事馆官邸别墅

479 · 梅维亮别墅

480 · 李馥荪别墅

481 · 高添多尔别墅

482 · 米哈伊洛夫别墅

483 · 孙介别墅

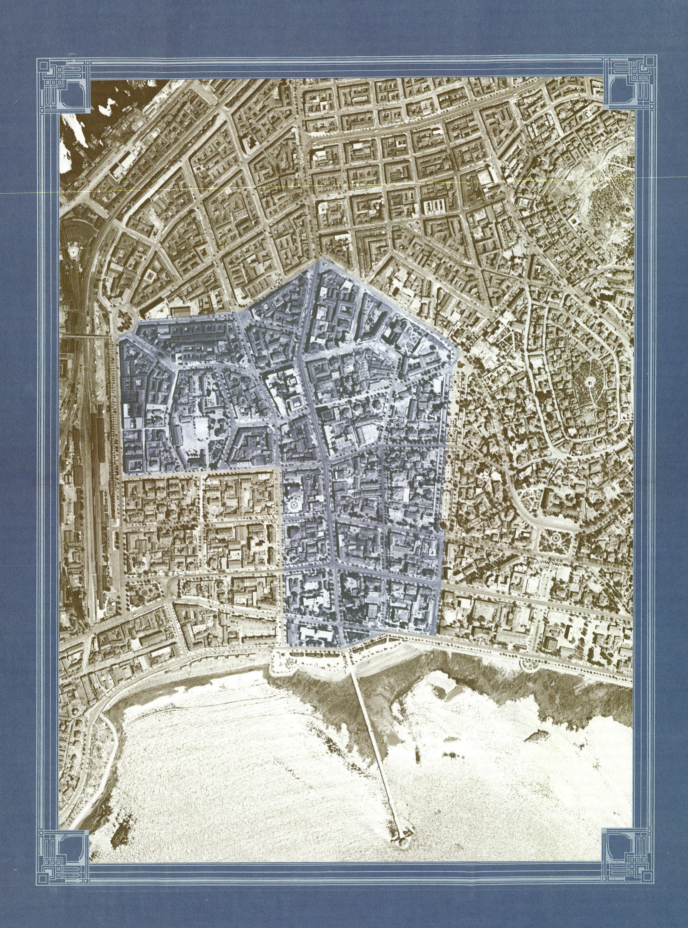

中山路
历史文化街区

# 青岛栈桥及回澜阁

❋ 历史资料图（图源：京都大学附属图书馆）

建筑地址：
青岛市市南区太平路 10 号

建成时间：
1899 年（栈桥）
1932 年（回澜阁）

保护级别：
山东省文物保护单位

建筑规模：
全长约 440 米
宽约 8 ~ 11.5 米

　　**建筑概况**：回澜阁是一座双层八角重檐攒尖的中国传统亭阁式建筑。阁顶最初覆蓝色琉璃瓦，周围设24根圆形立柱。阁内为圆形厅堂，中间有34级台阶盘旋而上。

　　**历史概况**：1892 年，奉旨驻防胶州湾的登州镇总兵章高元于青岛湾内始建为水雷营配套的突堤式"铁码头"，但未及竣工，青岛即被德国占领。"德租"后，"铁码头"进行加固，并于 1900 年竣工，用于临时卸泊运输。"日据"青岛之后，开始将"铁码头"改称"栈桥"。1931 年 9 月至 1933 年 5 月，市政府对栈桥进行改建，在南端增设"个"字形防波堤，堤内新筑八角重檐攒尖亭阁一座，并定名为"回澜阁"。1936 年，由专家和市民共同评选的"青岛十景"中，"飞阁廻澜"为其中的第一景。1949 年后，栈桥经过多次修缮和美化，桥面照明设施改为华灯式，桥栏锁链也由单排改为双排。1984 年 11 月至 1985 年 4 月，栈桥再次大修。根据"在大修中基本保持原貌不变"的原则，对久受海潮侵蚀严重的透空桥进行拆除重建，在长度不变下，将原 34 组墩柱的透空桥重建为 16 组墩柱。

003

＊ 栈桥及回澜阁

＊ 20 世纪 30 年代，栈桥及回澜阁

# 青岛俱乐部旧址

建筑地址：
青岛市市南区中山路 1 号

建成时间：
1910 年

保护级别：
全国重点文物保护单位

建筑规模：
占地面积 3234 平方米
建筑面积 1891 平方米

＊ 历史资料图（图源：历史明信片）

**建筑概况：** 该建筑由德籍建筑师罗克格设计，内部设计由建筑师维尔纳·拉查洛维奇完成，为青年派风格建筑。该建筑为地上二层，并设有半地下室，屋顶开老虎窗，带阁楼。建筑以南面为主立面，呈三段式造型，窗台和檐口用粗花岗石装饰。中部较二层高出许多的红瓦大坡屋顶与凸出的山墙交汇，突出了顶部为露天平台的宽大入口。俱乐部主入口开在楼西侧的边房上，入门后需沿斜线绕进宽敞的长厅，长厅两侧的房间分别设置游戏室、台球厅、有舒适沙发的阅览室、有遮篷座席的露天酒吧和几间办公室。长厅内带有镶金箔的帝国鹰徽蓝色壁炉保存完好。二楼设一座大型餐厅，南面有出挑的大露台。地下室还有一个造型粗朴的酒窖，储存着来自法国和德国的高级葡萄酒。

**历史概况：** 青岛俱乐部初用作服务于德国军官和旅青欧洲人的俱乐部，1914年之后，该建筑成为日本守备军军事法庭。1921 年，在侨居青岛的欧美人士建议下，决定将这座建筑重新作为一座俱乐部使用。1949 年后，于此处成立中苏友好馆，内设图书馆、友好厅和电影场等。20 世纪 60 年代开始，一度由青岛市科学技术协会管理使用。

※ 青岛俱乐部旧址

※ 20 世纪初，青岛俱乐部

# 胶澳警察公署旧址

＊历史资料图（图源：历史明信片）

建筑地址：
青岛市市南区湖北路 29 号

建成时间：
1905 年

保护级别：
全国重点文物保护单位

建筑规模：
占地面积 4000 平方米
建筑面积 不详

　　**建筑概况**：胶澳警察公署旧址坐落于青岛火车站东侧，此地块曾驻扎清军骧武前营。1904—1905 年，胶澳总督府在此新建办公大楼。胶澳巡捕局平面呈"L"形，建筑主体为地上二层，设地下室，高 16.5 米，钟楼六层，总高约 30 米。建筑为新文艺复兴式的教堂风格。正立面采用东高西低的不对称设计手法，以钟楼为构图中心，其上端起四面小山墙，顶部为盔顶。建筑以砖木结构为主，楼板多为钢木结构。外墙以花岗岩粗石勒脚，门窗及墙角以红砖与花岗岩相间装饰，檐口的三角形山墙以花岗岩与红砖砌成仿木构装饰。

　　**历史概况**："日据"青岛后，青岛守备军设宪兵队于此。中国收回青岛主权后，改为胶澳商埠警察厅办公楼。1929 年 4 月是址改称青岛市公安局。1936 年 6 月，又改名青岛市警察局。1938 年 1 月，日军再次占领后，青岛市治安维持会在此设立警察部。1939 年 1 月，改称青岛特别市警察局。日本投降后，国民政府重组青岛市警察局。1949 年 6 月后，胶澳警察公署旧址至今为青岛市公安局。

007

＊ 胶澳警察公署旧址现貌

＊ 20 世纪 10 年代，胶澳警察公署

# 德国海军士兵俱乐部旧址

建筑地址：
青岛市市南区湖北路 17 号

建成时间：
1902 年

保护级别：
全国重点文物保护单位

建筑规模：
占地面积 2391.16 平方米
建筑面积 不详

✳ 历史资料图（图源：德国巴伐利亚州立图书馆）

　　**建筑概况：**德国海军士兵俱乐部旧址位于中山路与湖北路相汇的路口东北侧，该建筑以花岗岩砌筑墙基，主入口设于建筑南侧，穿过前厅可抵中部的楼梯间，长长的走廊与所有房间相连，俱乐部北侧是一座木构拱顶礼堂。面向西南角建有方形攒尖塔楼，造型引人注目，塔楼之下和外廊扶栏处做交错桁架装饰，主入口上方山墙有比较明显的半木构装饰。整体造型起伏变化，富有节奏感。

　　**历史概况：**该建筑最初用作驻防德军士兵与士官俱乐部，建于 1901—1902 年。"日据"青岛之后，改为日侨民会驻地，并延续了俱乐部的部分功能。1923 年 3 月 1 日，改为日侨青岛居留民团。1945 年，成为美国海军俱乐部。1949 年 6 月，该建筑改为山东省民主青年联合会（后为共青团青岛市委和团校）驻地。"文革"结束后，分别由青岛市人民防空办公室、青岛市乡镇企业工贸总公司等单位使用。 2015 年夏秋，进行修复施工，工程于 2016 年 6 月竣工并正式开放，因这里自 1907 年起曾有电影放映活动，更名为"1907 光影俱乐部"。

＊ 德国海军士兵俱乐部旧址现貌

＊ 20 世纪 10 年代，德国海军士兵俱乐部

建筑地址：
青岛市市南区浙江路 15 号甲
（曲阜路 1 号）

建成时间：
1902 年

保护级别：
市南区一般不可移动文物

建筑规模：
占地面积 不详
建筑面积 不详

✻ 历史资料图（图源：德国巴伐利亚州立图书馆）

**建筑概况**：圣言会会馆由建筑师贝尔纳茨设计。平面大致呈"L"形，会馆朝向教堂广场的主立面中间凸出于墙体的挑楼，青石精雕的山花、造型别致的八角窗以及建筑两端造型各异的塔楼，具有鲜明的复古主义特点。在建筑外立面设计上，融入了一些中国传统建筑元素，如低层的清水墙采用了灰砖砌筑，转角处的孟沙式屋顶和塔楼均采用了中式筒瓦。会馆一层设有祈祷室，部分用作圣经教义印刷所；二层是神父和其他神职人员的住所，内院为一个精巧的花园，此外还曾辟为一所男童学校。

**历史概况**：1898 年，圣言会在靠近大鲍岛华人街区一处高地上，无偿地获得了督署拨付的约 3 万平方米土地。随后，由首位来到胶澳的神父白明德（1859—1928）负责建造这处会馆。1914 年日德战争期间，圣言会曾临时作为青岛督署医院的战地病房。"文革"期间，天主教活动停止，圣言会也挪作他用。1982 年之后，会馆逐步交还教会使用。曾由交警市南大队中山路中队使用的小礼拜堂正门附近部分房间已腾退，东侧部分建筑为德县路小学所使用。

＊圣言会会馆现貌

＊20世纪初，圣言会会馆

# 圣心修道院旧址

**❋ 历史资料图**（图源：历史明信片）

**建筑地址：**
青岛市市南区浙江路 28 号

**建成时间：**
1902 年

**保护级别：**
市南区一般不可移动文物

**建筑规模：**
占地面积 4605.52 平方米
建筑面积 7606 平方米

　　**建筑概况：**圣心修道院旧址位于圣言会西侧，建于 1901—1902 年，由建筑师贝尔纳茨设计。建筑原高二层，砖石结构，坡顶屋面。外墙为砖砌体粉刷墙面，墙基以花岗岩砌成，临街立面的窗户大部分为条形窄窗。东南转角处设两座凸出于墙体的八角塔楼，顶部为巴洛克风格塔顶，两座塔楼之间檐口处起阶梯形山花。西南角亦设有一塔楼。

　　**历史概况：**1902 年，圣心修道院在这里创办了一所寄宿制女子学校，招收欧美籍女童，并办有幼儿园，后曾创办孤儿院。1931 年，修道院东侧由二层改建为三层，将原巴洛克式塔顶与山花拆除，增建工程由德国建筑师毕娄哈设计。1949年之后，外籍宗教人士陆续离开中国大陆。1952 年，山东省青岛商业学校迁入修道院内，之后山东省海洋仪器仪表研究所迁入浙江路 28 号修道院旧址。2008 年，该建筑外立面整修，仿照原貌重建东立面的塔楼和山花。2017 年，海洋仪器仪表研究所迁出圣神修道院旧址。该址现用于青岛市历史城区保护更新指挥部。

＊ 圣心修道院旧址现貌

＊ 20世纪初，圣心修道院

# 圣弥爱尔大教堂

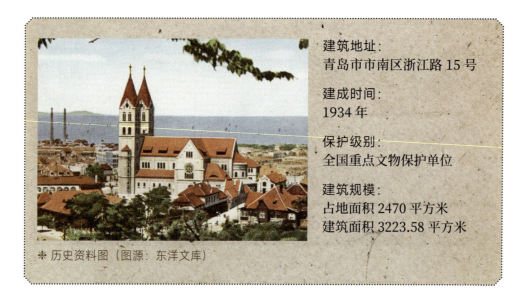

建筑地址：
青岛市市南区浙江路 15 号

建成时间：
1934 年

保护级别：
全国重点文物保护单位

建筑规模：
占地面积 2470 平方米
建筑面积 3223.58 平方米

✳ 历史资料图（图源：东洋文库）

**建筑概况：** 圣弥爱尔大教堂由身在德国的天主教圣言会修士阿尔弗雷德·弗莱波尔设计，由修士克雷曼从德国带来设计图纸，毕娄哈负责施工。该建筑平面为拉丁"十"字形，立面属于哥特式和罗曼式建筑的折中。教堂主入口朝西南，立面采用花岗岩精雕的装饰，大门上方为一巨大玫瑰窗。教堂的两座钟楼塔身高 56 米，顶尖各竖有 4.5 米高，1 吨多重的大十字架，西塔上部悬挂一口大钟，东塔上部悬有三口小钟。教堂内部采用古典圆拱屋顶，面积为 1896 平方米，主厅高 18 米，所有窗户以《圣经》中的故事为题材的彩色玻璃图案拼成。屋顶共装有七盏大型铜吊灯。整座建筑古朴典雅、气势恢宏。

**历史概况：** 1934 年，德国人维昌禄任青岛教区首任主教期间兴建圣弥爱尔大教堂时，由于资金不足，毕娄哈修改了原设计方案，将设计图纸上的巴洛克风格钟楼顶改为四棱锥形钟楼顶。建成之后，圣弥爱尔大教堂成为青岛市区最高建筑，并且在相当的长的时间里一直都是青岛的最高建筑，是青岛城市轮廓线的重要组成部分。"文革"期间，教堂曾关闭并挪作他用，后于 1982 年"复活节"重新开放。21 世纪初，教堂前的空间开辟为广场，是市民与游客热衷的观光游览地。

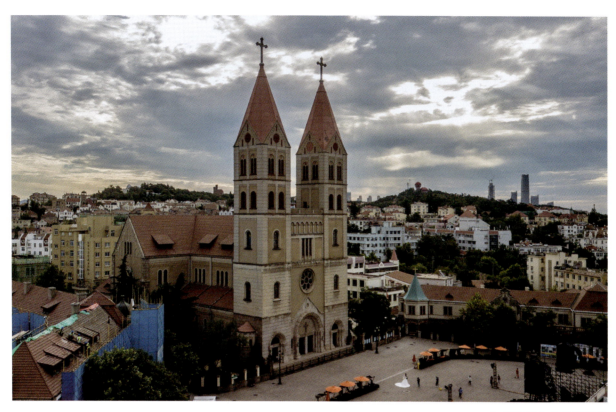

※ 圣弥爱尔大教堂现貌

※ 20 世纪 30 年代，圣弥爱尔大教堂

※ 20 世纪 40 年代，圣弥爱尔大教堂

# 中山路17号商业楼旧址

建筑地址：
青岛市市南区中山路 17 号

建成时间：
约 1904 年

保护级别：
山东省文物保护单位

建筑规模：
占地面积 2233.9 平方米
建筑面积 1784.85 平方米

＊ 历史资料图（图源：历史明信片）

**建筑概况**：该建筑位于今中山路、湖南路路口，建筑为地上二层，有半地下室与阁楼。建筑平面呈"L"形。主入口在北侧，立面以粗石勒脚，转角处其起连边体式拱穹式外饰瓦的装饰性塔楼（原塔楼于 20 世纪 50 年代被拆除，现塔楼为 2008 年未按原样的复建），以塔楼为中轴，向南侧和东侧延伸的立面均为清水墙面，两翼檐口为锯齿纹装饰，起红砖嵌边山花，北侧两座，西侧一座。临街立面的屋檐采用了扁圆券，红砖作线脚的形式，底层临街均为 3 米高的拱形大窗。该商业楼是一幢融合折中风格的复兴古典主义建筑。

**历史概况**：该建筑自建成起，始终被用于出租办公或开设商业设施。1906 年，商人保尔·贝恩斯建造此楼，并开办相宜洋行，并建造此楼，因此这里曾被称作"贝恩斯的房子"或相宜洋行大楼。同年，《青岛新报》编辑部也在此租房办公。1912 年，这座大楼已属于与伊尔蒂斯泉矿泉水公司的合伙人魏尔德。1935 年 3 月，一家名为"环球齿科医院"牙医在此开业，设有"口腔外科、矫正科、保存科、修补科、X 光科、电疗科、小儿齿科"七个科室，院长为留美牙医师薛成九，副院长为牙医师杨冠盛。

017

＊ 中山路 17 号商业楼旧址

＊ 20 世纪初，中山路 17 号附近街景

# 德基洋行商业综合楼旧址

建筑地址：
青岛市市南区广西路 27 号

建成时间：
1905 年

保护级别：
市南区一般不可移动文物

建筑规模：
占地面积 467.7 平方米
建筑面积 776 平方米

❋ 历史资料图（图源：历史明信片）

**建筑概况**：德基洋行商业综合楼为砖石木结构，地上三层，带地下室和阁楼，红瓦坡屋顶，主入口位于南立面西端，内设木制楼梯与雕花楼梯柱。东南转角处开次入口，其门楣上的浮雕花纹刻有房主姓名缩写"GL"。临街的东、南两立面各起一面高大的山墙，山墙中部二、三层局部悬挑凸出，建筑体量竖向感强烈。山墙下方凸出为二、三层贯通的挑楼，两座山墙之间的街角处为塔楼，南侧开有三个造型别致的老虎窗。其外墙装饰复杂多变，具有巴洛克风格。

**历史概况**：该建筑始建于 1901 年，初建时为平顶两层楼房，最初的所有人为德国商人戈特弗里德·兰德曼所创设的德基洋行。1905 年，三楼、阁楼和塔楼建成。兰德曼在此经营一家钟表、光学仪器和珠宝首饰店。德国人弗里茨·奥尔特尔曾租用该楼街角店面开设理发店。兰德曼于 1909 年离开青岛，但并未出卖该地产，1914 年被日军强行没收。该建筑塔楼曾被拆除，2009 年重建，未严格遵循原貌。该建筑现为民居兼商业网点。

＊ 德基洋行商业综合楼旧址

＊ 20世纪初，德基洋行商业综合楼

# 侯爵饭店旧址

建筑地址：
青岛市市南区广西路 37 号

建成时间：
1911 年

保护级别：
全国重点文物保护单位

建筑规模：
占地面积 1396.6 平方米
建筑面积 1474 平方米

＊历史资料图（图源：历史明信片）

　　**建筑概况**：侯爵饭店由建筑师李希德设计。砖石结构，地上二层，有阁楼和地下室。粗犷的蘑菇石勒脚。坐北朝南，南立面设主入口。立面采用非对称布局，南面两层有露台，西南转角处有一圆塔楼，底层用短粗的石柱支撑，牛舌瓦覆折坡屋顶屋面，开有气窗。

　　**历史概况**：建成后的饭店具有优越的地理位置，饭店内设有 40 间客房，被认为是仅次于海因里希亲王饭店的青岛第二大饭店。1911 年 11 月 7 日开业。"日据"青岛后，侯爵饭店改为乙卯俱乐部。1922 年 12 月中国政府接收青岛主权，改为胶澳商埠警察厅第一区警察署。1929 年南京国民政府接收青岛后改用于青岛市公安局（后改称青岛市警察局）市南分局。1949 年后仍为市南分局所在地。2018 年，市南分局迁出该楼，现为观海路派出所。

✳ 侯爵饭店旧址现貌

✳ 20 世纪初，侯爵饭店旧址

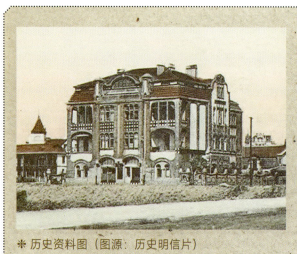

建筑地址：
青岛市市南区广西路33号

建成时间：
1905年

保护级别：
全国重点文物保护单位

建筑规模：
占地面积 不详
建筑面积约1000平方米

＊历史资料图（图源：历史明信片）

**建筑概况**：1905年，德商罗达利洋行委托建筑商广包公司在此建成了一栋三层商业建筑。立面呈中轴对称布局，以中轴线划分为两个互相独立而又互为一体的单元。外墙大部为白线勾边的红砖清水墙，部分为白色清水粉墙。墙基以花岗岩砌成，一层窗户上短粗的承重柱为花岗岩雕成。二、三层中轴线两侧墙面凸出于立面，开有三联竖窗。两侧为券式内阳台，设有铁艺栏杆。楼层间隔处大量嵌有暗红色釉面砖，砖面刻有橡树叶图案。檐口砌以花岗岩条石与花岗岩滴水嘴。屋顶为红瓦孟莎屋顶，屋顶折角处开有小窗，临街面中央开有半圆形老虎窗，其顶部刻有十字蛇杖图案，为医学标志。老虎窗两侧建有砖砌石顶望柱，东西两立面装饰不及正立面细致，但亦有变化丰富的曲线山花等装饰。

**历史概况**：该建筑落成后，罗达利洋行将一层租给药剂师阿达尔贝特·拉尔茨开设赍寿药行，为青岛最早的私营药店。1914年后，药行大楼售予日本商人。1945年后，该楼曾短暂为青岛市财政局驻地。1949年后，该楼划归青岛市轻工业局，曾长期为该局办公楼。20世纪80年代，曾开设"红房子"餐厅。此后该楼被出租给红房子宾馆等多家商户，现为崂山矿泉博物馆。

※ 赉寿药行旧址现貌

※ 20 世纪初，赉寿药行旧址

# 青岛市礼堂旧址

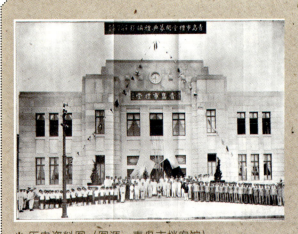

✳ 历史资料图（图源：青岛市档案馆）

建筑地址：
青岛市市南区兰山路 1 号

建成时间：
1935 年

保护级别：
青岛市文物保护单位

建筑规模：
占地面积 2533.34 平方米
建筑面积 2018 平方米

　　**建筑概况**：青岛市礼堂由建筑设计师青岛市工务局技正郑德鹏设计，美化营造厂施工。该建筑为钢筋混凝土结构，平面呈"凸"字形，朝南的正立面为对称布局，具有欧洲古典样式特征。正门为三扇双开的木制包铜皮大门，其前方为六级台阶。三扇大门之间及两侧为石雕壁柱，高两层，柱头雕刻为蝶形纹样。壁柱上方为大理石牌匾，刻有时任市长沈鸿烈所题"青岛市礼堂"五字。牌匾上方为圆形钟表，两侧各有两块凸起的方锥形花岗石作为装饰。正立面两翼各开有三联长窗。墙面整体采用人造石面材，檐口略微内收。

　　**历史概况**：青岛市礼堂于 1934 年开工，1935 年 7 月 14 日竣工，耗资约 4 万元。青岛市礼堂建成后，长期为青岛市最大的公用礼堂。1959 年，青岛市群众艺术馆曾设于此处，后迁至安徽路。20 世纪 60 年代至 90 年代时，青岛市礼堂曾改称市南区礼堂。1994 年 5 月，该建筑改为中国光大银行青岛分行总部行址。现为青岛音乐厅。

＊ 青岛市礼堂旧址现貌

＊ 1943 年，青岛市礼堂

建筑地址：
青岛市市南区中山路 72 号

建成时间：
1907 年

保护级别：
市南区一般不可移动文物

建筑规模：
占地面积约 2000 平方米
建筑面积约 1500 平方米

＊ 历史资料图（图源：青岛市档案馆）

**建筑概况：** 青岛商会旧址由德国商人阿尔弗莱德·希姆森的祥福地产公司设计建造。该建筑由两栋公寓住宅拼合而成，每栋住宅每层各有两套公寓。建筑与街道之间设有花园，由木制花墙隔开。立面采用大量装饰，并点缀以塔楼来彰显其风格。建筑朝向街道的立面整体对称，两个单元中央的楼梯间以塔楼加以强调，两侧内阳台以实墙和洞窗相隔，形成虚实变换、凹凸有致的节奏。在两个单元的拼合处设计有一座带有哥特装饰元素的三角山墙，墙体正中装饰有贯穿两层的壁柱，柱头托起孔雀开屏图案的浮雕。面向曲阜路的立面亦设装饰塔楼，细腻的拉毛墙面搭配凹阳台的平拱窗使建筑彰显出优美的复古风格。

**历史概况：** 1924 年，青岛商会由馆陶路迁入此处。1949 年之后，由青岛市工商业联合会筹委会接收，现辟为中山路城市记忆馆。

\* 青岛商会旧址现貌

\* 20世纪初，青岛商会旧址

# 中国银行青岛分行旧址

＊历史资料图（图源：维基百科）

建筑地址：
青岛市市南区中山路 62 号

建成时间：
1934 年

保护级别：
山东省文物保护单位

建筑规模：
占地面积 1557.34 平方米
建筑面积 4761.42 平方米

**建筑概况：** 中国银行青岛分行由中国银行建筑课课长陆谦受与同事吴景奇设计。该建筑为砖石钢筋混凝土结构，地上三层，地下一层。外立面采用了花岗岩大方石砌筑墙基，凹槽线花岗石贴面。大楼采用了稍稍挑出的平檐口，下方有凸出墙体的"中国银行"字样。建筑师在中山路与曲阜路的路口设计了斜切的转角楼，通过转角楼体量收进与檐口降低烘托建筑的气势。为增加建筑的高直感，主立面二、三层均采用了三组三联窗的形式，一层正中为主入口，前方设有六级石质台阶。进门为一座 18 米的双层通高大厅，顶层为玻璃钢天花板。二层环厅设置成"回"字形，分设会客室、办公室及其他辅助房间。整组建筑立面几乎没有任何装饰，为当时所流行的现代主义风格。

**历史概况：** 中国银行青岛分行成立于 1909 年，位于中山路 62 号的中国银行青岛分行旧址建于 1932—1934 年，1941 年太平洋战争爆发后停业。抗战胜利后，于 1946 年 1 月复业。现为中国工商银行青岛市分行使用。

※ 中国银行青岛分行旧址现貌

※ 20 世纪 30 年代，中国银行青岛分行门前的街景

# 山左银行旧址

建筑地址：
青岛市市南区中山路 64—66 号

建成时间：
1932 年

保护级别：
山东省文物保护单位

建筑规模：
占地面积约 1300 平方米
建筑面积 2234.05 平方米

＊ 历史资料图（图源：京都大学附属图书馆）

　　**建筑概况**：山左银行由建筑师刘铨法设计，福聚兴营造厂施工，砖石钢筋混凝土结构。主立面以大块花岗石砌筑墙基，建筑师设计了六根竖线条饰直通顶层的石柱，并将立面等分为五段，每段均设双窗。建筑顶部被处理为密集栅式山墙，檐口线饰。底层进行了单独设计，朝东的主入口凹面内嵌石门套，两侧外墙采用条形刻线石装饰，上下叠落排列，以示强调。两边橱窗式的开放式设计既有助于底层采光，也与上部双窗形式区别明显。整个建筑庄重大方，线条流畅。

　　**历史概况**：山左银行青岛分行成立于 1922 年 9 月，由山东黄县籍商人傅炳昭、刘鸣卿等人合资创立。抗战期间，山左银行停业，行址被大阜银行占用。1949 年后，中山路 64—66 号曾由青岛市饮食服务公司使用，现为中国银行青岛市分行营业网点。

＊ 山左银行旧址现貌

＊ 20 世纪 30 年代，山左银行门口街景

# 上海商业储蓄银行青岛分行旧址

建筑地址:
青岛市市南区中山路 64—66 号

建成时间:
1936 年

保护级别:
山东省文物保护单位

建筑规模:
占地面积 733.33 平方米
建筑面积 2347.21 平方米

❋ 历史资料图（图源:《青岛早期金融谱系》）

　　**建筑概况:** 上海商业储蓄银行青岛分行由建筑师苏夏轩设计, 公和兴营造厂承建。该建筑为砖石钢筋混凝土结构, 立面采用中轴线式布局, 以大块花岗石砌筑墙基, 立面纵向划分为五段, 中段及两侧稍稍凸出, 水平方向划分与相邻的山左银行持平, 檐口高低起伏与纵段划分形成呼应。采用虚实手法处理窗与墙面的变化, 建筑中段与两翼分设两列和一列竖窗, 窗列纵向设有整体边框, 窗台下方墙面以系列突出条形刻线作装饰。立面中间设计为折角式的欧式山墙, 并装饰简洁图案。中央主入口两侧设有宽大壁柱, 壁柱中央设有装饰带。

　　**历史概况:** 上海商业储蓄银行 1915 年成立于上海, 青岛分行 1931 年 2 月在中山路 167 号开业。1936 年迁入中山路 68 号, 该行内设商业部、储蓄部、仓库部。1952 年 12 月, 上海商业储蓄银行青岛分行加入公私合营银行青岛分行。现为中国银行青岛分行营业场所。

❋ 上海商业储蓄银行青岛分行旧址现貌

# 大陆银行青岛分行旧址

建筑地址：
青岛市市南区中山路70号

建成时间：
1934年

保护级别：
山东省文物保护单位

建筑规模：
占地面积749平方米
建筑面积1582.72平方米

❋ 历史资料图（图源：美国国会图书馆）

**建筑概况：**大陆银行青岛分行由大陆银行建筑师罗邦杰设计，新慎记营造厂承建。该建筑为钢筋混凝土结构，平面呈"L"形，地上四层，地下一层，平屋顶。建筑采用轴线非对称布局，以街角处为轴心沿街展开两翼，肥城路一翼顺地势下落，尽端建有三层附楼。外墙为花岗岩方石砌筑墙基贴面，二层窗台腰线将立面分为上下两部分，两翼上部为水平构图，两扇一组的竖窗与实墙间隔，一层为宽大窗扇。位于街角处的主入口朝向东北，外侧为宽大墙框，上部与腰线相交，中央设装饰方石连接上下两部分。街角主入口上方以嵌套方式将凹凸有致的墙面进行组合，在檐口处形成层叠上升的山墙，山墙中央以简单装饰构件收尾，并设旗杆，强化中轴线。

**历史概况：**大陆银行1952年12月并入公私合营银行青岛分行。此后，该建筑改属山东省食品进出口公司，20世纪90年代以后，该楼用于商铺出租，一楼至今为麦当劳餐厅，二楼曾为山孚集团下属的餐馆。

❋ 大陆银行青岛分行旧址现貌

# 义聚合钱庄旧址

※ 历史资料图（图源：历史明信片）

建筑地址：
青岛市市南区中山路 82 号

建成时间：
1922 年

保护级别：
市南区一般不可移动文物

建筑规模：
占地面积 866.67 平方米
建筑面积约 1000 平方米

**建筑概况：** 义聚合钱庄为砖石木结构，地上三层，地下一层。建筑立面不对称，基础至底层均由花岗石砌筑，主入口两侧各有一根爱奥尼式石柱挑起一座外阳台，阳台上方的主立面凸出于墙体，二楼与三楼的窗户分别设计为拱券单窗和对窗形式，两侧墙体用竖向的条纹进行装，顶部设拱形山墙，中间突出一个三角形的小山花。

**历史概况：** 该建筑最初为中国银行青岛分号旧址。1934 年，当时青岛最具实力的私人金融机构义聚合钱庄购买了该建筑，并由保定路 5 号迁入此处办公。1938 年日本第二次侵占青岛后，钱庄先后被大阜银行、中国联合准备银行占用。1945 年日本战败投降后，义聚合钱庄恢复营业。1949 年之后，钱庄关门歇业。该建筑曾为中信实业银行营业部，后闲置多年。

❋ 义聚合钱庄旧址现状

# 交通银行青岛分行旧址

建筑地址：
青岛市市南区中山路 93 号

建成时间：
1931 年

保护级别：
山东省文物保护单位

建筑规模：
建筑占地 1371 平方米
建筑总面 3814.76 平方米

✳ 历史资料图（图源：京都大学华北交通数据库）

**建筑概况：** 交通银行青岛分行由建筑师庄俊设计，申泰营造厂承建，是一座仿罗马古典风格建筑。建筑采用花岗岩大方石砌筑墙基，凹槽线饰花岗石贴墙，立面为典型的轴线式布局，一字排开四根高约 11 米的克林斯圆柱直通三层，两侧为方形附柱，三层顶部设装饰性檐口，与底部形成完整的构图整体。檐上设四层，中部为大窗，开间分隔处设计四组成对壁柱与主墙面相呼应，中心顶部起山花式墙面形成立面构图的最高点。两侧墙面为粗实的处理手法并配以横向装饰线条，一、二层窗户采用整体式处理，顶部起圆拱，上部设方窗。其设计处理均衡有序，尺度适宜，是同时期银行建筑的精品之作。

**历史概况：** 该建筑 1929 年 7 月动工，1931 年 3 月 16 日落成。建成后部分房间用于出租，20 世纪 30 年代，青岛联益建筑华行曾在大楼内租房办公。1949 年 6 月，该行经整顿改组为支行，行址仍在中山路 93 号。1951 年 3 月，青岛支行迁往济南组建交通银行山东支行，另设青岛支行，1953 年被定位甲等支行。1954 年 10 月，交通银行青岛支行改建为中国人民建设银行青岛支行。该楼此后由建设银行沿用，1965 年后曾为山东省外贸局办公地点，现为中国建设银行青岛中山路支行。

＊ 交通银行青岛分行旧址现貌

＊20 世纪 30 年代，交通银行青岛分行

# 安娜别墅

建筑地址:
青岛市市南区浙江路 26 号

建成时间:
1901 年

保护级别:
市南区一般不可移动文物

建筑规模:
占地面积 870.7 平方米
建筑面积 719.24 平方米

＊ 历史资料图（图源:《安娜维拉时代的日常青岛》）

**建筑概况:** 安娜别墅为砖石结构,地上二层,有阁楼及地下室,孟莎式红瓦屋顶。外立面装饰精细,具有巴洛克风格的特点。该建筑的立面墙体转角处均以花岗岩镶嵌。南立面建有以方柱支撑的阳台,西立面建有洋葱头式塔楼,东、南两立面檐口起山花,其中东立面山花顶端刻有"1901"的字样。东立面二楼窗楣上装饰有人物头像雕塑。室内铺设木质地板,门、窗、楼梯扶手等均为木制,且多有雕饰。

**历史概况:** 1901 年,德国商人、德远洋行开办人在路易特波尔德街(今浙江路)与柏林街(今曲阜路)路口西南角购地并建设了他的私人住宅,并以其母亲的名字命名为"安娜别墅"。1905 年,罗伯特·卡普勒因健康原因离开青岛回到德国,其公司由长子汉斯·卡普勒继续经营。不久,汉斯也离开青岛,赴海参崴从事建材生意,德远洋行由老卡普勒的幼子海因里希·卡尔·卡普勒接手。1914 年 11 月日军占领青岛后,卡尔·卡普勒作为战俘被送往日本关押,而安娜别墅在 1914 年前已被卖给李氏朝鲜贵族、骊兴闵氏的闵泳瓒。1918 年,闵泳瓒将安娜别墅卖给刘子山,刘子山一家便迁居于此。后来,刘子山迁居至孟阴路西侧的一处别墅内,将安娜别墅送给长女刘景隋一家。1949 年后,安娜别墅曾为青岛市房产局所使用,后改为住宅。

＊ 安娜别墅旧址现貌

＊ 20 世纪初，安娜别墅

# 山东起业株式会社旧址

建筑地址：
青岛市市南区中山路 51 号

建成时间：
1931 年

保护级别：
市南区一般不可移动文物

建筑规模：
占地面积 1371 平方米
建筑面积 3814.76 平方米

✳ 历史资料图（图源：维基百科）

**建筑概况**：该建筑由日商山东起业株式会社投资建设，德记建筑事务所建筑师尤力甫设计。初建为四层，后增筑为六层，钢筋混凝土结构，为简洁的现代主义风格。建筑平面为规矩的方形，主立面朝向中山路，屋顶采用大跨度的桁架结构，顶部用女儿墙遮挡。大厦外立面的壁柱与腰线纵横交织，并在几处关键部位应用少量古典装饰元素强化，以建筑的结构。五层的舞厅设有一圈悬挑阳台，成为建筑具识别性的要素之一。大楼总体高度达到 23.5 米，远远超过周边二至三层建筑，成为中山路区域重要的地标和城市天际线的构图重点。

**历史概况**：山东起业株式会社建成后，美商德士古石油公司、万国体育会及几家洋行公司使用多年。1949 年后，大楼改建为中国国货公司青岛分公司，是青岛第一家大型国营百货零售商场。1967 年称青岛百货商店，1988 年改称青岛第一百货商店。

✳ 山东起业株式会社旧址现貌

041

# 山东大戏院旧址

建筑地址：
青岛市市南区中山路 97 号

建成时间：
1931 年

保护级别：
山东省文物保护单位

建筑规模：
占地面积 2160 平方米
建筑面积 1810.66 平方米

＊ 历史资料图（图源：京都大学华北交通数据库）

**建筑概况：** 该建筑为钢筋混凝土结构，地上四层，地下一层，平屋顶。建筑一层临街为虚廊，两侧设有售票处和小卖部。沿踏步拾级而上进入戏院前厅，经两侧走道楼梯可上二层观众席，二层设有安置影视广告的实墙形式。三、四层为办公用房，设规则式圆拱形竖窗，此外在墙面中部留一处设垂直招牌的实墙。整体透出现代、简洁、质朴的格调。

**历史概况：** 1931 年 12 月 15 日，山东大戏院正式开幕。1932 年底至 1933 年初，戏院对戏台等设施进行改造装修，开始上演歌舞戏剧，曾接待过西班牙歌舞团的演出。1934 年 7 月，特邀章遏云、奚啸伯、张云溪等北平京剧团演员来院演出。1938 年 12 月，戏院被改为"国际剧场"，专门上映日本电影。抗战胜利后，国际剧场后由国民党青岛市党部接管。 1949 年之后，该建筑由中国人民解放军胶东军区文工团接管。1981 年更名为"中国电影院"。

＊ 山东大戏院旧址现貌

# 中山路21号商业楼旧址

建筑地址：
青岛市市南区中山路21—25号

建成时间：
1906年

保护级别：
市南区一般不可移动文物

建筑规模：
占地面积1246.7平方米
建筑面积2387.56平方米

＊历史资料图（图源：东洋文库）

**建筑概况：** 中山路21号商业楼是一幢结合了新文艺复兴风格与德国青年派风格的商业建筑。该建筑地上三层，地下一层。主立面朝西，花岗岩砌筑墙基，红瓦坡屋顶，屋顶开老虎窗。南侧二、三楼的拱形大窗与北侧的两组石框三联竖窗形成了鲜明的对比。二层的一组双联竖窗上面，外挑一座用精雕花岗石阳台，其上起山花。北侧嵌入了一座圆顶攒尖塔楼，丰富了立面的变化。该建筑外墙窗套、窗台、窗楣等处均以花岗岩装饰，门窗造型灵活多变，与水刷墙形成对比。

**历史概况：** 这幢商业大楼在"德租"时期最初为伊尔蒂斯泉矿泉水公司合伙人之一的奥古斯特·梅尔所有。1907—1913年用于奥托·罗泽开办的罗斯洋行，罗斯洋行是青岛"德租"时期的主要书店、出版商之一。1914年，伊尔蒂斯泉矿泉水公司仍在此处办公，此后该建筑被多家商户使用。

＊中山路21号商业楼旧址现貌

043

# 新南京理发店旧址

建筑地址：
青岛市市南区中山路86号

建成时间：
约1908年

保护级别：
市南区一般不可移动文物

建筑规模：
占地面积 不详
建筑面积 不详

※ 历史资料图（图源：历史明信片）

**建筑概况：** 该建筑为砖木结构，坐西朝东。地上二层，有阁楼及地下室。抹灰外墙，红色坡屋顶，花岗岩基石。

**历史概况：** 该建筑最初为时任青岛总商会会长傅炳昭开办的源泰号分栈，20世纪30年代，新南京理发店在此开业。由于理发店地处中山路中段，临近山东大戏院、永安大戏院，因此有些来青岛演出的京剧坤旦、话剧女星曾在此理发，新南京理发店逐渐提升了知名度。新南京属于一等理发店，价格高出二、三等理发店许多。青年结婚，许多新人选择在新南京做发型。1949年后，新南京理发店被保留下来且规模有所扩大。1956年公私合营时，新南京理发店合并了中山路其他五家店铺，改名为"国营南京理发店"，1969年恢复"新南京理发店"名称。

※ 新南京理发店旧址现貌

# 中山路92号商业楼旧址

建筑地址：
青岛市市南区中山路 92 号

建成时间：
20 世纪初

保护级别：
市南区一般不可移动文物

建筑规模：
占地面积 170.44 平方米
建筑面积 340 平方米

＊ 历史资料图（图源：历史明信片）

**历史概况：**位于中山路 92 号的祥记行是青岛古籍书店的前身，创建于 20 世纪 40 年代初期，原是一家经营华洋杂货的商贸行，经理王集生。抗战胜利后，很多书店复业，也有不少新书店涌现出来，祥记行是其中影响较大的一家，1945 年，祥记行在中山路门市部开了家书店。祥记行店面只有狭长的一间，一侧售图书，一侧售期刊，主营文艺书刊。中华人民共和国成立后，图书业实行公私合营改造，祥记行并入新华书店改为古旧书店，主要经营现代刊印的古籍。改革开放后，更名为古籍书店，以售卖古籍、书画、文化艺术类书籍为主，兼卖文具画材。

＊ 中山路 92 号商业楼旧址现貌

# 中山路106号商业楼旧址

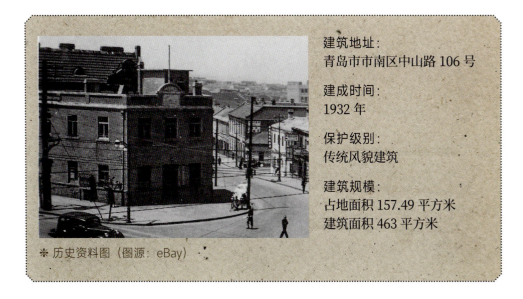

建筑地址：
青岛市市南区中山路 106 号

建成时间：
1932 年

保护级别：
传统风貌建筑

建筑规模：
占地面积 157.49 平方米
建筑面积 463 平方米

✳ 历史资料图（图源：eBay）

**建筑概况：** 该建筑由建筑师王屏藩设计，主入口在东立面，立面构图水平三段式，以花岗岩砌筑墙基，原屋顶为红色牛舌瓦覆盖斜坡式，屋顶上开拱形弧式和三角形老虎窗。门窗为矩形窗，下部设有条形凸起花岗岩。原建筑山花已不存，加建了阁楼部分。

**历史概况：** 该建筑最初为青岛市公安局第二分驻所，现为中山路派出所。

✳ 中山路 106 号商业楼旧址现貌

# 中国实业银行青岛分行旧址

建筑地址：
青岛市市南区河南路 13 号

建成时间：
1934 年

保护级别：
山东省文物保护单位

建筑规模：
占地面积 1837.3 平方米
建筑面积 3370.47 平方米

※ 历史资料图（图源：中国实业银行发行的纸币，上海市银行博物馆）

**建筑概况：** 中国实业银行青岛分行旧址由青岛联益建业华行建筑师许守忠设计，申泰营造厂承建。该建筑为钢筋混凝土结构原地上三层，1987 年接建一层，现为四层。银行正门面西，方形花岗石砌筑墙基贴墙，大门两侧为螺纹形和网扣形贴墙石柱，拱形石雕花饰镶门套，浮雕花铜皮大门，拱门与拱窗两边各附花岗岩石柱。一层螺纹形石柱嵌窗边，二层为长方形石饰线套窗。一层中部为 216 平方米的营业厅，周围为储蓄所及办公辅助用房，二、三层为宿舍、办公用房。

**历史概况：** 中国实业银行青岛分行开设于 1930 年 7 月，行址初设馆陶路。1933 年 5 月 12 日，中国实业银行青岛分行在河南路曲阜路路口东北角奠基，1934 年 2 月建成。1952 年中国实业银行加入公私合营银行，结束营业。其行址后为中国人民银行青岛市分行。

※ 中国实业银行青岛分行旧址现貌

# 高桥写真馆旧址

建筑地址:
青岛市市南区中山路 78 号

建成时间:
约 1908 年

保护级别:
传统风貌建筑

建筑规模:
占地面积 1432 平方米
建筑面积 2893.85 平方米

＊ 历史资料图（图源：历史明信片）

**建筑概况：**建筑立面采用三段式，底层层高较高，贴有红褐色贴面，二、三层贴有黄色贴面，顶层屋顶为平屋顶，主立面上设弧形山墙。建筑窗户主立面采用弧形窗，次立面采用矩形窗。窗户外框设有条形装饰。

**历史概况：**"德租"时期，日商高桥记写真馆在此商营业多年。20 世纪 30 年代，该址开设凌基药房。1949 年后，该建筑交由山东省纺织品进出口公司使用。20 世纪 50 年代末，山东省纺织品进出口公司进行改建，拆除了该建筑的转角塔楼和立面山墙，并增建为三层。2001 年山东省纺织品进出口公司将此房产作抵押。2007 年 7 月 4 日该房产被拍卖。后业主将其中房屋进行出租，2015 年被拆除重建。

＊高桥写真馆旧址现貌

# 湖南路东莱银行旧址

建筑地址：
青岛市市南区湖南路 39 号

建成时间：
1923 年

保护级别：
市南区文物保护单位

建筑规模：
占地面积 4420 平方米
建筑面积 3579.87 平方米

✳ 历史资料图（图源：eBay）

　　**建筑概况：**该建筑由业余建筑师杨浩然设计，主体三层，坐北向南，高耸的四面坡屋顶内设两层阁楼。大楼平面采用方形平面，体量方正，对称式的设计使建筑显得严肃庄重。建筑内有房间 34 间，主厅富丽堂皇，护墙板雕饰花纹。顶层阁楼前有阳台，四角各设石柱凉亭可远眺海景山色。南立面中心起三角形山墙向外突出，建筑主体采用花岗石贴面，敞廊采用多力克柱式予以支撑。

　　**历史概况：**湖南路东莱银行所在的地块最初属于德资建筑公司广包公司。1923年，东莱银行创办者、董事长刘子山在此处建设了东莱银行青岛总行营业大楼。建成后，刘子山一家亦从太平路迁居此处。1926 年，刘子山以东莱银行名义创办安平水火保险公司，办公地点设于东莱银行大楼后侧的一栋两层楼内。20 世纪 20 年代末，东莱银行青岛分行停业期间，该楼出租给青岛宪兵司令部，1933 年该行复业。1938 年 1 月日军占领青岛后，东莱银行大楼被日军占据，东莱银行青岛分行退至院内原安平保险公司址。1945 年日本投降后，该楼改为宪兵第十一团团部。1949年 6 月，该建筑被房管部门接收。1963 年，青岛市档案馆迁入此处办公，1993 年该楼被出让给平安保险公司。2002 年该楼闲置。2011 年 8 月，该楼经整修改为私人博物馆。2018 年又改为东莱美术馆。

﹡ 湖南路东莱银行旧址现貌

﹡ 湖南路东莱银行旧貌

建筑地址：
青岛市市南区河南路 15 号

建成时间：
1934 年

保护级别：
山东省文物保护单位

建筑规模：
占地面积 457.3 平方米
建筑面积 1582.76 平方米

※ 历史资料图（图源：京都大学华北交通数据库）

**建筑概况：**该建筑由建筑师徐垚设计，华丰恒营造厂施工。为钢筋混凝土结构，地上四层，地下一层。立面简洁明快，采用方形花岗岩砌筑墙基贴墙，正门朝西，楼内前后双廊道，木地板，木扶梯。一层窗铁棂上铸大篆"同业"字样。二至四楼临街窗为木质双开窗。

**历史概况：**青岛银行业同业公会成立于 1931 年 3 月 3 日，第一批会员有中国银行、交通银行、大陆银行、中鲁银行、中国实业银行、山左银行、上海商业储蓄银行、明华银行八家银行。1932 年春，青岛市政府将中山路第四公园的土地出售给六家银行及银行公会，并要求在该地块内建设一座公共礼堂，但由于空间狭小且功能冲突，改由公会出资，另于太平路建设青岛市礼堂。公会于 1949 年后解散，现为山东省服装进出口公司青岛分公司办公楼。

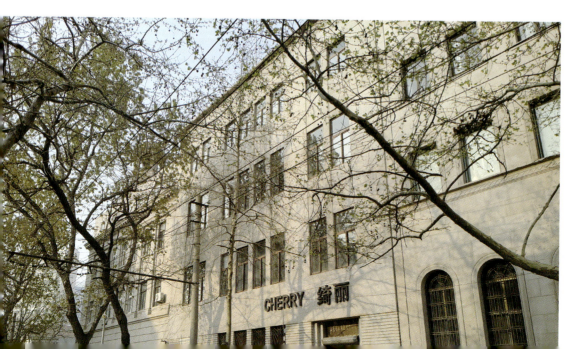

※ 青岛银行同业公会旧址现貌

# 金城银行青岛分行旧址

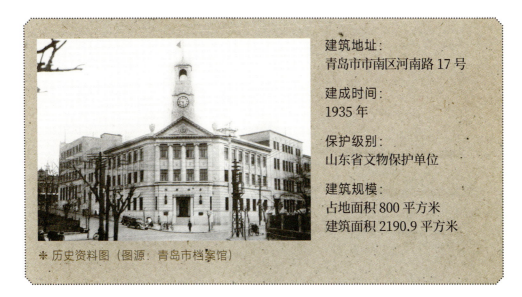

建筑地址：
青岛市市南区河南路 17 号

建成时间：
1935 年

保护级别：
山东省文物保护单位

建筑规模：
占地面积 800 平方米
建筑面积 2190.9 平方米

✳ 历史资料图（图源：青岛市档案馆）

**建筑概况：** 金城银行青岛分行由建筑师陆谦受设计，该建筑为钢筋混凝土结构，地上三层。建筑立面采取了传统的分段式处理手法，底层作基座处理，方形花岗石砌筑墙基，墙体全部用方形花岗石贴面，花岗岩墙裙以横向凹缝作为装饰，墙面配以竖向方窗，檐角有石雕花饰。建筑主入口设在转角处，主入口上部二、三层为五根爱奥尼克式柱承托的三角形山花。其上部设有一个高耸仿欧洲 19 世纪市政厅式钟楼，高约 12 米，既形成建筑体的构图中心，也起到街道的对景作用。

**历史概况：** 该建筑于 1934 年 4 月投入设计，1935 年 9 月 10 日竣工。同年 10 月金城银行青岛分行迁入办公。1949 年后，该行继续营业，并增设国外业务部。1952 年 12 月并入公私合营银行青岛分行。此后该楼曾先后为市南区第一医院、市南区人民医院分院、青岛市商业银行河南路支行所使用，现为市南区中山路街道河南路社区卫生服务中心。

✳ 金城银行青岛分行旧址现貌

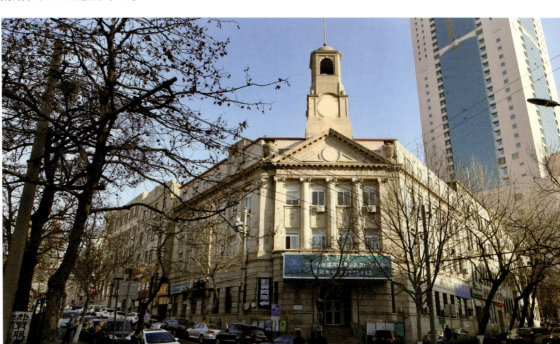

# 肥城路 15—17 号祥福洋行公寓旧址

建筑地址：
青岛市市南区肥城路 15—17 号

建成时间：
1905 年

保护级别：
第二批优秀历史建筑

建筑规模：
占地面积 1896.2 平方米
建筑面积 不详

※ 历史资料图（图源：历史明信片）

**建筑概况：** 该建筑由希姆森的祥福洋行开发建设。两座同年完成的住宅样式完全相同立面设计对称，一层的敞廊采用半圆拱，拱券采用了宽大、精美的线脚；二层的敞廊采用简洁的木结构廊架，并被嵌入由双坡屋顶覆盖的建筑体量当中。两栋建筑分别由两个并排的居住单元组成，四个单元每层各有两个大小相等的房间。厨房和厕所位于北侧垂直于主体建筑的后翼。由于早期土地划分简单，两座公寓所在的地块尺度较大，建筑仅使用了地块的一小部分，房屋与街道之间由木栅栏隔开一个较小的前花园。这两栋建筑延续了青岛早期简易住宅的基本特征，但南侧敞廊与建筑体结合更加紧密。

**历史概况：** 根据《祥福地产公司年度报告》（1902—1913）显示，1905 年，希姆森购买了位于不莱梅大街（今肥城路）、汉堡大街（汉堡大街）路口东北的街区，用于住宅开发。现为住宅。

053

※ 肥城路15—17号祥福洋行公寓旧址现貌

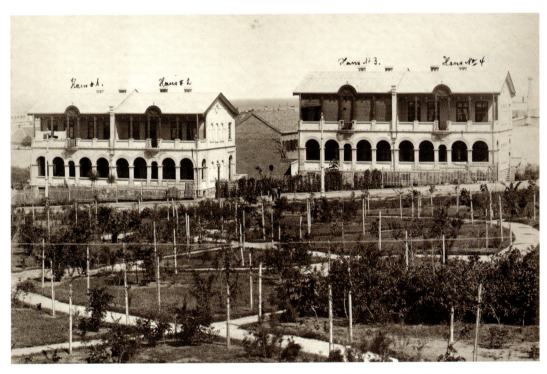

※ 20世纪初，肥城路15—17号祥福洋行公寓

# 广西路39—43号公寓楼旧址

建筑地址：
青岛市市南区广西路 39—43 号

建成时间：
约 1906 年

保护级别：
市南区一般不可移动文物

建筑规模：
占地面积 不详
建筑面积 不详

＊ 历史资料图 （图源：青岛市档案馆）

　　**建筑概况**：该楼为一栋公寓式民居。楼高三层，坡屋顶阁楼，附设半地下室。临街正立面对称布局，花岗岩蘑菇石砌筑墙基，主入口位于中央，窗户为矩形窄窗，墙面装饰以竖直线条为主，辅以部分花纹，檐口中央起曲线山墙，两端为阳台，设有铁艺栏杆。

　　**历史概况**：1913 年地籍图显示，该地及公寓建筑业主为德国人弗里茨·奥尔特尔，该建筑因此被称为"奥尔特尔公寓"。奥尔特尔在该楼不远处广西路、安徽路路口的德基洋行商业综合楼经营一家理发店。1914 年青岛战役后，日军将德国官方及侨民财产全部没收出售。有资料称，20 世纪 20 年代，此处曾为德记建筑行所在地，俄籍建筑师尤力甫曾在该行供职。另有资料称，美国人开设的吉美饭店 1945 年后曾设于此。现为商铺兼住宅。

※ 广西路 39—43 号公寓楼旧址现貌

※ 20 世纪初，广西路 39—43 号附近街景

# 广西路45—47号商业楼旧址

建筑地址：
青岛市市南区广西路45—47号

建成时间：
1955年

保护级别：
市南区一般不可移动文物

建筑规模：
占地面积1650.98平方米
建筑面积1826平方米

✳ 历史资料图（图源：不详）

　　**建筑概况：** 该建筑外墙使用浅黄色涂料抹面，屋顶为红瓦坡屋顶，顶部为仿斗拱造型，采用竖向长方形窗，门窗边角墙面用中国古代建筑要素，低层石板贴面装饰。建筑临街建造，拐角处作弧面处理。

　　**历史概况：** 1954年中国人民保险公司青岛市支公司取得该地地权，申请建设办公楼，同时将原有住户迁出。1958年12月由财政局代管，一层由物资供应公司使用，二层由计划委员会使用，三层由统计局使用。后为青岛市动物卫生监督所办公楼，现为青岛市公安局使用。

✳ 广西路45—47号商业楼旧址现貌

# 广西路42—44 号商业楼旧址

建筑地址：
青岛市市南区广西路42—44号

建成时间：
约1914年

保护级别：
市南区一般不可移动文物

建筑规模：
占地面积 1911.4 平方米
建筑面积 2661.68 平方米

＊ 历史资料图（图源：历史明信片）

**建筑概况：** 该建筑以花岗岩砌筑墙基座，楼体的北、东两面交汇处从二楼开始以圆形塔楼连接，地上三层，宽大的落地门窗，造型简洁明快，大理石雕的花盆立在阶下石座上，门前为厅廊。

**历史概况：** 初为祥福洋行承建的督署职员公寓，20 世纪 30 年代时曾为日本领事馆公寓。现为临街商业网点兼民居。

＊ 广西路 42—44 号商业楼旧址现貌

# 湖北路3号住宅

建筑地址：
青岛市市南区湖北路3号

建成时间：
1906年

保护级别：
市南区一般不可移动文物

建筑规模：
占地面积1682平方米
建筑面积567.3平方米

＊历史资料图（图源：德国联邦档案馆）

**建筑概况：** 该建筑平面为"凹"字形，地上二层，带阁楼及局部地下层。屋顶采用红瓦半四坡屋顶及双坡屋顶的组合式屋顶，并设有高起烟囱体，以及老虎窗。建筑底部以石材砌筑墙基，墙体砂浆抹面，窗洞口为矩形窗洞以及拱形洞口，下有长条石制窗台。建筑西南立面为沿街立面，有三角形山墙以及山墙下有红色半木结构装饰，半木结构间开矩形窗，一层开拱形窗，窗套周围用石材做装饰。建筑东北立面中部有一拱形石材装饰，其中有一矩形窗，石材装饰两侧各有两个拱形窗，带有石材窗套。

**历史概况：** 初为胶澳督署工部局机械师罗伯特住宅。后售予刘坚匏。1936年11月，刘秋枫继承刘坚匏该处房产。1946年7月在地政局登记。1958年6月由代理人刘孟晋申请私改。

＊湖北路3号旧宅现貌

# 安徽路7号住宅

建筑地址：
青岛市市南区湖北路 7 号

建成时间：
约 1908 年

保护级别：
市南区一般不可移动文物

建筑规模：
占地面积 2019.6 平方米
建筑面积 463 平方米

＊ 历史资料图（图源：德国巴伐利亚州立图书馆）

**建筑概况**：该建筑地上三层，中央是一间大厅。建筑以浅褐色花岗石作隅石和勒角，黄色墙面，临街立面设双层拱券凹廊，屋顶为红色铅板。牛舌红瓦，坡屋顶。

**历史概况**：初为德商住宅。约 1911 年，售予徐世昌，后几经易手，1949 年后至今为青岛市房产局办公用房。

＊ 安徽路 7 号旧宅现貌

# 安徽路16号住宅

建筑地址：
青岛市市南区安徽路16号

建成时间：
不详

保护级别：
传统风貌建筑

建筑规模：
占地面积828.1平方米
建筑面积 不详

＊ 历史资料图（图源：德国联邦档案馆）

**建筑概况**：该建筑为砖木结构，地上二层，采用块石作墙基。复折屋面穿插组合处理，屋面形成立面构图的帽顶。建筑外墙采用灰墁，红色涂料粉刷。整体风格上，已经呈现出现代简素的倾向。

**历史概况**：最初为德国籍船舶工程师奥托·施蒂洛及其家庭的私宅。1914年后，施蒂洛在青岛的房产在日军占领青岛后被没收，此后至1940年该楼地产所属不详。1940年，福柏医院医生李绍华、石雪筠夫妇买下这座住宅在此居住，并曾在此开办诊所，直至20世纪80年代两人相继去世。后该楼长期为私人住宅。现为一家私营美术馆。

＊ 安徽路16号旧宅现貌

# 美口葡萄酒厂旧址

建筑地址：
青岛市市南区湖南路 36—38 号

建成时间：
约 1912 年

保护级别：
市南区文物保护单位

建筑规模：
占地面积约 800 平方米
建筑面积约 600 平方米

＊历史资料图（图源：历史明信片）

**建筑概况：** 该建筑平面为"L"形，建筑转角采取弧状形式。底层为花岗岩基座，顶部檐口水平线条明显。部分烟囱管道外露做立面装饰。

**历史概况：** 初为备德洋行投资所建，后德商美最时洋行投资将其发展为美口葡萄酒厂。现为民居及商业网点。

＊美口葡萄酒厂旧址现貌

# 浙江路3号住宅

建筑地址：
青岛市市南区浙江路3号

建成时间：
约1914年

保护级别：
市南区一般不可移动文物

建筑规模：
占地面积1961.1平方米
建筑面积972平方米

﹡ 历史资料图（图源：不详）

**建筑概况：** 该建筑地上二层，带阁楼，后增筑为三层。以花岗岩砌筑基座，红瓦坡屋顶下檐口做水平装饰性线条，部分烟囱管道外露做立面装饰。建筑立面做横向装饰性线条，二、三层开规则的长方形小窗。建筑主入口设在西立面，入口为拱门。建筑西南两侧有石砌敞开式外走廊阳台，二楼东侧另有一小型阳台。一楼阳台前方为一露天阳台，台上有通往庭院的台阶。

**历史概况：** 初为备德洋行所有，现为民居。

﹡ 浙江路3号住宅现貌

# 基督教青年会旧址

建筑地址：
青岛市市南区浙江路9号

建成时间：
约1911年

保护级别：
市南区一般不可移动文物

建筑规模：
占地面积3503.8平方米
建筑面积2661.68平方米

＊ 历史资料图（图源：美国明尼苏达大学图书馆）

**建筑概况：** 该建筑为地上三层，以花岗岩砌筑基座。主楼南面为圆挑廊，中轴线对称，折坡屋顶，东西屋顶有气窗，东南、西南两转角各设一铁皮盔帽式塔楼。主入口设在南立面中部，八级石阶引至门廊，一、二层为敞廊。主入口上部的二、三层五根爱奥尼克柱式承托三角形山花，以此为轴心形成对称布局。

**历史概况：** 20世纪三四十年代，曾为基督教青年会驻地。1949年后改为青岛教工业余学校，1954年青岛教工业余学校改名为"青岛教师进修学院"。1983年改名为"青岛教育学院"，后为青岛五中。20世纪90年代，此楼曾长期闲置，后用作饭店场所，现为民办养老机构。

＊ 基督教青年会旧址现貌

# 湖北路6号住宅

建筑地址：
青岛市市南区湖北路6号

建成时间：
不详

保护级别：
市南区一般不可移动文物

建筑规模：
占地面积 1459.5 平方米
建筑面积 不详

＊ 历史资料图（图源：东洋文库）

**建筑概况：**该建筑为地上二层，以花岗岩砌筑基座，水泥拉毛墙身，一、二层设计矩形竖条窗，此外二层外设凸廊，增加立面变化。屋顶折坡面积较大，并在侧面开启阁楼窗。

**历史概况：**20世纪40年代，该建筑称为"仁寿别墅"。现为民居。

＊ 湖北路6号住宅现貌

# 吴郁生旧居

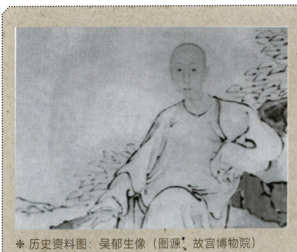

建筑地址：
青岛市市南区湖北路 33 号

建成时间：
约 1912 年

保护级别：
市南区一般不可移动文物

建筑规模：
占地面积 300 平方米
建筑面积 500 平方米

✳ 历史资料图：吴郁生像（图源：故宫博物院）

**建筑概况：**该建筑为砖木结构，地上二层，有阁楼及地下室，红瓦折坡屋顶。花岗岩砌筑墙基，水泥拉毛墙身，南立面有凸出的多边形体量，一、二层开矩形窗，窗台以长条石做装饰，窗洞周围点缀不规则蘑菇石，丰富了建筑立面的变化。该建筑分为前后结构，主入口设于东南角，主楼后另有辅楼一栋。

**历史概况：**最初为吴郁生私宅，1940 年吴郁生去世后，房屋由其子吴云巢继承，被称为"吴公馆"。1958 年，经社会主义改造国家后为民居。现为办公用房。

✳ 吴郁生旧居旧址现貌

# 吉祥里

建筑地址：
青岛市市南区宁阳路 11 号

建成时间：
约 1912 年

保护级别：
市南区文物保护单位

建筑规模：
占地面积 705.5 平方米
建筑面积 1000 平方米

＊ 历史资料图（图源：《世纪光影：照片中的青岛旧事》）

**建筑概况：** 该建筑为砖木结构，地上二层，平面为"口"字形，呈四面环绕封闭式院落。红漆木制回廊、地板、门窗，红色折坡屋顶。中心设有庭院，作为往来、采光、通风的用途。其与东邻的泗水路 10 号原为一体，中间有路相通，具有鲜明的中国四合院建筑特色。

**历史概况：** 吉祥里最初业主为潍县人郭德畴。1936 年登记信息显示，郭德畴时年 31 岁，职业为学生，曾补办丢失的建房执照，向当局重新申领房产证。1944 年，郭将此院售予他人。吉祥里是宁阳路街区保存较为完整的里院建筑。

＊ 吉祥里现貌

# 宁阳路26号住宅

建筑地址：
青岛市市南区宁阳路26号

建成时间：
约1913年

保护级别：
市南区一般不可移动文物

建筑规模：
占地面积697.6平方米
建筑面积286.18平方米

＊历史资料图（图源:《青岛写真案内》神户市立图书馆藏）

**建筑概况：** 该建筑为砖木结构，地上二层，建筑风格特色是中西合璧。一半是欧式别墅，一半是传统里院。

**历史概况：** 业主初为北京官员吴仲南。1928年杜次秋购入该处房产，陆续在院子四周盖了一圈里院，对外出租。

＊宁阳路26号住宅现貌

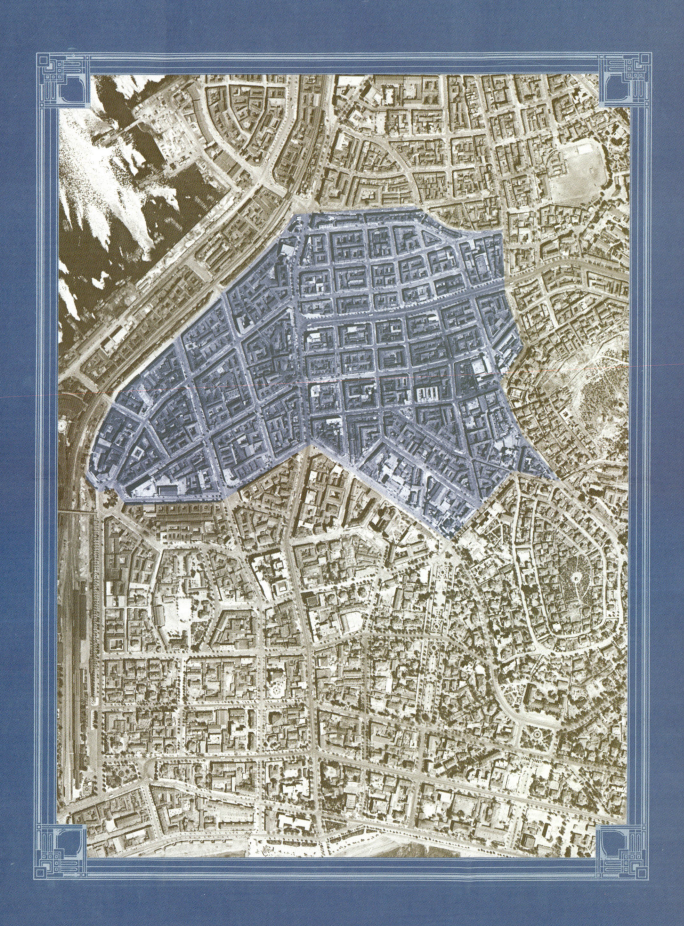

四方路
历史文化街区

# 中山路108—112号商业楼旧址

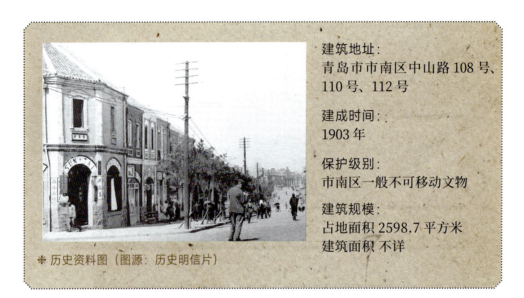

建筑地址:
青岛市市南区中山路108号、110号、112号

建成时间:
1903年

保护级别:
市南区一般不可移动文物

建筑规模:
占地面积2598.7平方米
建筑面积 不详

❋ 历史资料图（图源：历史明信片）

**建筑概况**：该建筑为地上二层，红瓦坡屋顶，平面顺应地势呈"L"形，建筑转角处做切角处理。建筑窗户形式为竖向矩形窗，窗下配以石条装饰，上配层层叠加的线条装饰，沿中山路部分立面做阶梯状山花装饰。整体风格有明显的中西结合特点。

**历史概况**：位于保定路路口北侧的该建筑曾开设新盛泰皮鞋店，1935年在华北铁路展览会上，"新盛泰"鹰球牌皮鞋荣获金奖。1956年公私合营后，新盛泰与隔壁的万德兴等制鞋店都被并入华东靴鞋皮件厂，中山路上的店面也成了皮革厂的门市部。

新盛泰北邻曾是宁波商人董阳华1916年开设的震泰洋服店，最初有员工四人，店铺面积40余平方米，主营来料加工高档毛料西装，兼做少量布装。青岛解放后改为西装店，主要加工中山装、女式列宁服。1956年公私合营，有七家服装店并入改称震泰呢绒服装店。1964年店址由中山路迁至海泊路。

＊ 中山路 108—112 号商业楼旧址现貌

＊ 20 世纪 40 年代，中山路 108—112 号商业楼附近街景

建筑地址：
青岛市市南区中山路 144 号

建成时间：
1922 年

保护级别：
市南区一般不可移动文物

建筑规模：
占地面积 298.67 平方米
建筑面积 441.6 平方米

＊ 历史资料图（图源：京都大学华北交通数据库）

　　**建筑概况**：该建筑为砖木结构，地上二层，有阁楼及地下室。花岗岩砌筑墙基，花色抹灰外墙，罗马拱形窗。正门设在路口转角处，楼层间设有层叠的檐口角线，承托柱头间的檐壁有浮雕装饰。

　　**历史概况**：1924 年，亨得利钟表眼镜公司由浙江人郑章华创建，1956 年公私合营，三山诚、长城、金龙、金星等钟表店都合并到亨得利。前店后厂式经营。20 世纪 90 年代，公司被改称为青岛亨得利钟表眼镜珠宝公司。亨得利在中山路上有多个门市部。

＊ 亨得利现貌

# 春和楼

建筑地址：
青岛市市南区中山路 146 号

建成时间：
1901 年

保护级别：
市南区一般不可移动文物

建筑规模：
占地面积 999.11 平方米
建筑面积 不详

＊ 历史资料图（图源：青岛市档案馆）

建筑概况：该建筑平面呈凹字状，砖木结构建筑，三个沿街设置的外立面早期为中式清水砖白线勾边，中式瓦坡屋顶，底层为橱窗式的拱券窗，窗眉处用砖进行简单装饰或抹白灰用于书写招牌。主入口面向中山路，顶部是一个西式风格的山花，起强调和装饰作用。

历史概况："德租"时期，太芳照相馆曾设于二楼面向天津路的一侧，一楼面向路口处，设有售卖日本商品的杂货店。20 世纪二三十年代曾为景昌号洋服店。自 20 世纪 50 年代起，为春和楼饭店。

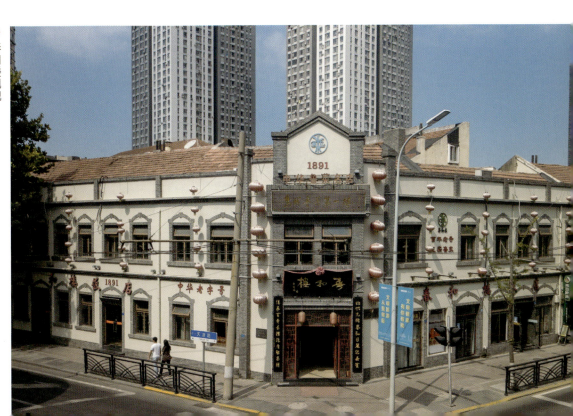

＊ 春和楼现貌

# 洪泰商场旧址

建筑地址：
青岛市市南区北京路 9 号

建成时间：
1932 年

保护级别：
市南区一般不可移动文物

建筑规模：
占地面积 1159.93 平方米
建筑面积 约 7000 平方米

＊ 历史资料图（图源：美国东卡罗来纳大学图书馆）

　　**建筑概况**：洪泰商场由商人李涟溪投资建造，建筑由王海澜设计。该建筑采用钢筋混凝土结构和平屋顶，平面呈"L"形。建筑外立面采用拉毛抹灰，设计较为简单，横向以一层与二层之间的腰线分为两段，纵向采用壁柱和窗列进行均质划分。商场的平面布局极其简单，一层被分割为若干商铺，二层以上则采用柱网平面可以按实际需要划分，上下楼层的楼梯间设于两翼末端厕所则设在北翼中部。

　　**历史概况**：洪泰商场建成后，是青岛第一栋五层高的楼房，青岛人称之为"五起楼"。洪泰商场开业以后生意清淡，于是又在楼旁院内开了露天商场搭以木棚，生意逐渐红火。1949 年后洪泰商场停业，一楼临街成为蔬菜副食品店，二楼以上全是住宅。

＊ 洪泰商场旧址现貌

# 青岛物品证券交易所旧址

建筑地址：
青岛市市南区大沽路35号

建成时间：
1933年

保护级别：
市南区一般不可移动文物

建筑规模：
占地面积1573.46平方米
建筑面积3062.97平方米

＊ 历史资料图（图源：青岛市档案馆）

**建筑概况：** 该建筑由建筑师刘铨法设计，地上五层，平屋顶，为钢筋混凝土结构。平面结合自然地形和道路网布局而略呈放射状矩形。主入口设在西侧，四根方形凹槽贴面石柱，直达五层。入门后的交易大厅高6米，三、四层房间高4.5米，为办公用房。建筑主立面的处理将一至三层作为整体，设与开间大小相同的通窗，三层以上则采用竖向带窗。密实的竖线条划分使之与一、二层形成强烈的对比。

**历史概况：** 为打破日本人垄断青岛的商品和证券交易，1931年9月9日，青岛物品证券交易所在馆陶路13号租定齐燕会馆举行市场开幕典礼，后在大沽路选址建设，1935年12月31日，青岛物品证券交易所才由馆陶路移入大沽路新址。交易所开业后，期货与现货交易并举，迅速成长为国内外颇有影响力的交易所，至1935年达到鼎盛，1937年"七七事变"后，交易所停业。1949年后，该址设为青岛市工业展览馆。现为一家公寓和市南区自助图书馆。

＊ 青岛物品证券交易所旧址现貌

# 天津路东莱银行旧址

建筑地址：
青岛市市南区河南路 86 号

建成时间：
约 1923 年

保护级别：
市南区一般不可移动文物

建筑规模：
占地面积 1054.13 平方米
建筑面积 2478 平方米

＊历史资料图（图源：青岛市档案馆）

　　**建筑概况**：该建筑为地上三层，花岗岩砌筑墙基，覆红瓦双坡屋顶。建筑形体富有变化，立面有层次，造型美观。墙体以砂浆饰面，花岗岩贴面做装饰，砌成壁柱强调建筑转角形体，并沿横向将立面划分成不同的开间，每个开间设装饰长条形花岗岩窗台的方窗。入口所在开间顶部，高起壁柱和拱形花岗岩制山花，并雕刻复合线脚和拱心石作装饰。

　　**历史概况**：天津路东莱银行建成后，东莱银行青岛总行迁至此处。1928 年 11 月，东莱银行青岛分行临时停业，银行的对外办事机构依旧在此办公。1930 年 7 月 1 日，青岛国货陈列馆暨首届国货展览会在东莱银行天津路大楼开张，1933 年国货运动委员会迁入该楼办公。20 世纪八九十年代，该楼为青岛市五金商品批发公司办公楼。该楼现为多个商户使用。

＊ 天津路东莱银行旧址现貌

# 劈柴院

建筑地址：
青岛市市南区中山路 144 号

建成时间：
1904 年

保护级别：
市南区文物保护单位

建筑规模：
占地面积 13907 平方米
建筑面积 不详

＊ 历史资料图（图源：德国联邦档案馆）

　　**历史概况：** "劈柴院"的名字源于这里曾是在大鲍岛村集市上卖木材类的聚集地。"德租"时期，胶澳总督府拆除原有的大鲍岛村，规划建设华人居住的鲍岛区。1902—1904 年，劈柴院除中山路沿街建筑外，外围建筑及内部西端的街巷仍为空地。直到 1914 年，劈柴院的建筑状况才得以完整呈现。20 世纪 20 年代中期，劈柴院的江宁路成了步行街，于是整条江宁路就叫劈柴院了。江宁路有 20 多个院，是商业、餐饮、娱乐集中地区，也是老青岛人逛街的集中去处。现已重修，成为旅游美食一条街。

＊ 劈柴院现貌

# 平康五里

建筑地址：
青岛市市南区黄岛路 17 号

建成时间：
1912 年

保护级别：
市南区一般不可移动文物

建筑规模：
占地面积 1612.7 平方米
建筑面积 2408 平方米

✳ 历史资料图（图源：京都大学华北交通数据库）

**建筑概况：** 该建筑为四层合院式建筑。沿芝罘路和黄岛路建筑采用三段式建筑立面，装饰简洁，外墙底部设花岗岩基座，面向黄岛路开拱形门洞作为入口。墙面采用人造石饰面，方形窗洞顶部采用平拱过梁，底部砌出窗台作装饰，顶部设置挑檐，沿黄岛路立面顶部中央突出山墙做装饰，拱形山墙顶部装饰有线脚。沿济宁支路立面仍采用三段式构图，采用花岗岩制墙基，墙面采用水泥拉毛饰面，方窗排列整齐，砌出窗台做装饰。内院外廊顶层采用木柱、木质斜撑和木质梁板。

**历史概况：** 1911 年 1 月 3 日，建筑商人宫世云购得黄岛路、芝罘路街角地块。1912 年 2 月 23 日，宫世云完成建筑图样绘制，6 月 27 日，建筑主体完工。1914 年 3 月，又对该建筑进行改建。1930 年左右，宫世云将此处房产卖出。此建筑曾有"镇海楼"之称。1934 年 3 月 20 日，该建筑以"平康五里"之名经营妓院。1934 年 9 月，教育局在平康五里设立黄岛路女子补习学校。1949 年后，妓院逐渐被取缔，平康五里改为居民楼至今。

✳ 平康五里旧址现貌

079

# 天津路23号商业楼旧址

建筑地址：
青岛市市南区天津路23号

建成时间：
1931年

保护级别：
市南区一般不可移动文物

建筑规模：
占地面积1238.9平方米
建筑面积 不详

❋ 历史资料图（图源：历史明信片）

**建筑概况：** 该建筑为地上三层，红瓦坡屋顶。建筑立面以竖向壁柱分割，二、三层之间配横条腰檐装饰。建筑沿街立面做三个阶梯形山花。每层设整齐的竖向矩形窗，窗下配以石条装饰。建筑整体形式简洁美观。

**历史概况：** 历史信息不详，现为住宅。

❋ 天津路23号商业楼旧址现貌

# 胶澳商埠电汽事务所旧址

建筑地址：
青岛市市南区中山路 216 号
建成时间：
1922 年
保护级别：
山东省文物保护单位
建筑规模：
占地面积 282.96 平方米
建筑面积 不详

❋ 历史资料图（图源：历史明信片）

**建筑概况**：该建筑平面呈“L”形，为砖石结构。地上四层，带有地下室和一个塔楼。建筑分为南北两部分，南部为四层古堡式塔楼，北部为 20 世纪 30 年代增建的三层三段式办公楼，南北建筑风格相仿。花岗岩大蘑菇石砌筑墙基，拉毛墙面，南部平顶，北部上有绿铜皮复顶的尖塔。正门向东，半圆石条凸石嵌门边，内为鹅卵石和花岗岩边组成扇形装饰，四层塔檐台有蘑菇石饰边，石条嵌外墙门窗套，建筑格调古朴典雅，庄重大方。

**历史概况**：1922 年北洋政府收回青岛后，该建筑成为胶澳商埠电汽事务所。20 世纪 30 年代，建筑北侧按照原风格扩建。20 世纪末时，建筑尖顶曾被拆除，后来仿照原貌重建。1949 年后的产权单位是青岛市电业局，内部曾被先后租给不同商户使用。

※ 胶澳商埠电汽事务所旧址现貌

※ 20 世纪 30 年代，胶澳商埠电汽事务所旧址

建筑地址：
青岛市市南区四方路 10 号

建成时间：
1907 年

保护级别：
市南区文物保护单位

建筑规模：
占地面积 2200 平方米
建筑面积 980 平方米

※ 历史资料图（图源：《接收青岛纪念写真》）

**建筑概况：**三江会馆是一组中国古典式风格的建筑，与广东会馆为邻。整体采用轴线式布局手法，分内外院落。主入口分设两门，中间为一面高约 8 米，宽 20 余米的照壁，两侧竖立高刁斗旗杆。会馆内一进院落设有戏楼，为单檐歇山式屋顶，檐下悬"和声鸣盛"四字。戏台高 3 米，宽 10 余米。二进院落则为议事厅，两侧厢房，做日常办公及客房使用，均为单层斜坡硬山式建筑。此外，尚有一后院，设有厨房、勤杂等房，还辟有一处诊所。整组建筑采用青瓦粉墙，对称式布局。

**历史概况：**三江会馆是江苏、江西、浙江、安徽四省商人成立的同乡会，历任会长有周宝山、丁敬臣等，是当时青岛规模最大的一座会馆，该建筑当时在青岛影响很大，特别是戏楼堪称青岛最早的中国人剧场，不少国内戏曲名伶曾在此演出，青岛京剧票友名社——和声社曾在此驻场。1910 年，青岛华商商务总会在三江会馆成立。1912 年孙中山访问青岛时，曾在三江会馆出席欢迎会。1920 年，三江会馆在馆址内开办了三江旅岛私立小学，是青岛最早的由中国人开办的私立小学。同时经常举办慈善性活动，1949 年后，会馆停止活动。20 世纪 70 年代，三江会馆大部分建筑被拆除，目前仅存议事厅。2018 年，议事厅改为市南区四方路幼儿园址至今。

＊ 三江会馆旧址现貌

＊ 20 世纪初，三江会馆旧址

# 广东会馆旧址

建筑地址：
青岛市市南区芝罘路45号

建成时间：
1907年

保护级别：
市南区文物保护单位

建筑规模：
占地面积1168.7平方米
建筑面积1450平方米

＊ 历史资料图（图源：《胶澳租借地发展备忘录》）

**建筑概况：** 砖木结构，地上二层，有阁楼及地下室。底层作基座处理，花岗石贴面。

**历史概况：** 广东会馆青岛广东籍商人的同乡会组织，由杨瑞芝、古成章等人发起，创办于1906年，并集资于1907年建设广东会馆大楼。1912年孙中山访问青岛时，曾在会馆内座谈，并于与会人员合影。会馆内曾开办广东小学，后改岭南小学。1938年日占青岛后会馆停办，1946年7月31日由卢云鹏、高曰东、张露之接收并恢复，后改组更名为"广东旅青同乡会"，曾聘请范汉杰为名誉会长。1949年后由卢云鹏主持工作，后逐渐停止活动。

＊ 广东会馆旧址现貌

＊ 20 世纪初，广东会馆

# 谦祥益青岛分号旧址

青岛二島於ケル
in Tingtao.

\* 历史资料图（图源：京都大学附属图书馆）

建筑地址：
青岛市市南区北京路 9 号

建成时间：
1932 年

保护级别：
市南区一般不可移动文物

建筑规模：
占地面积 1172.61 平方米
建筑面积 不详

　　**建筑概况**：该建筑为砖石混凝土结构，地上三层，地下一层。该楼兼具中国传统建筑与西方商业建筑双重特色。南（正）立面五开间，以各色图案琉璃砖瓦修饰。两侧的方形附柱，具有欧洲建筑风格。在二、三层间的装饰画格中，采用典型中式建筑门窗分格做法。巨型浮雕藻井以及饰有蝙蝠和荷花的图案极其生动。主入口顶部起"山"字状硬山，室内木板地，中堂高悬"云霞万色"匾额，两侧挂"万华云锦文章富，百福瑶图组织新"楹联。整个建筑集欧、中格调于一身，设计上精心排列组合。

　　**历史概况**：1912 年，孟养轩投资 5.8 万银圆将烟台谦祥益迁至青岛北京路 9 号，经理包希九，初期仅有门市平房五间，员工 30 余人。1932 年，由建筑师王海澜设计，在原址扩建三层楼房，门头字号由前清翰林、法部侍郎王垿书写，以销绸缎、呢绒为主，棉布、百货次之，兼营皮货及金银首饰等。1955 年谦祥益实行公私合营，1966 年成为国营企业。"文革"期间老字号招牌被砸，更名为青岛东风绸布商店，1970 年又更名为青岛绸布呢绒商店。1985 年恢复原店名。

＊谦祥益青岛分号旧址

# 青岛天主堂医院旧址

**建筑地址：**
青岛市市南区博山路 3 号

**建成时间：**
1907 年

**保护级别：**
市南区一般不可移动文物

**建筑规模：**
占地面积 1836.2 平方米
建筑面积 901.35 平方米

※ 历史资料图（图源：德国联邦档案馆）

　　**建筑概况：** 该建筑为砖石结构，地上二层，红瓦坡顶，平面呈"L"形。沿博山路立面中央开拱形门洞作为主入口，山花装饰有壁柱、线脚和雕刻。沿街墙面装饰采用三段式构图手法，墙身底部采用花岗岩制基座和入口台阶，一层采用欧式拱窗，二层采用中式方窗，窗楣部分用红砖和青砖砌出曲线作为装饰，反映出该建筑融合中西的建筑风格。

　　**历史概况：** 1907 年 6 月由德籍神父白明德创建，其业务由方济各女修会圣神修女院承办。该院有楼房 1 栋，平房 11 间，设内、外科及妇产、小儿科，有病床12 张，德籍修女刘约翰任院长，副院长为意籍修女赛卡地纳。1935 年后，由奥籍修女贾淑芳负责，主治医师为维石英和石美德，医药由德国进口，一般对贫苦市民进行免费施诊。1952 年，由青岛市卫生局接办，曾为市立中医院。现为民居。

※ 青岛天主堂医院旧址现貌

# 密斯旧宅

建筑地址：
青岛市市南区德县路 23 号

建成时间：
1904 年

保护级别：
市南区一般不可移动文物·

建筑规模：
占地面积 1933.34 平方米
建筑面积 928.6 平方米

❋ 历史资料图（图源：《胶澳租借地发展备忘录》）

**建筑概况：** 该建筑为两层独栋坡顶建筑，采用三段式立面构图，外墙基座、室外台阶和地下室采光洞口均采用花岗岩砌筑。外墙窗户样式多样，红瓦坡屋顶沿外墙出挑，开方形老虎窗。花岗岩制墙基不着色，外墙以砂浆饰面，木屋顶漆红漆铺红瓦，体现了德式建筑特色。主入口设置在山墙面东侧，二层出挑的室外阳台同支撑它的连续拱券和立柱形成了一层敞廊。东立面和北立面也采用类似构图手法。高大的山墙面顶部装饰有不着色的仿木构线条。

**历史概况：** 1908 年至 1912 年，青岛"德租"时期建筑公司广包公司在青岛的业务经理康拉德·密斯曾在此居住。1913 年地籍图显示该建筑当时已属于前津浦铁路北段总办李德顺。1954 年，将该楼拨予防疫站作为青岛市卫生防疫站办公地址。1993 年，防疫站曾对该楼进行扩建。2009 年 4 月，上海市政工程设计研究总院第七设计院迁入该楼办公。

❋ 密斯旧宅现貌

# 青岛圣功私立女子中学旧址

建筑地址：
青岛市市南区德县路 27 号

建成时间：
1931 年

保护级别：
市南区文物保护单位

建筑规模：
占地面积 4043.3 平方米
建筑面积 2496.03 平方米

＊ 历史资料图（1934 年，青岛私立圣功女子中学教师合影）

**建筑概况：** 私立圣功女子中学由德国建筑师毕娄哈设计。南侧教学楼几乎紧贴德县路建造，而北侧留出较大的操场用地。教学楼平面采用"工"字形的中轴对称设计，地上三层，建筑立面底部为石砌筑墙基座，以平顶覆盖，屋顶设置宽大的带状女儿墙。建筑一层中央设置大门，以天然石材装饰门框。中段设置四列三联窄窗，外围以宽窗框围护，窗框稍稍凸起，并施以浅色粉刷，与整体较深的粉刷形成对比。三层设置窗台檐口，两翼一层与二层教室的窗户设于山墙面，朝向街道为大面实墙，实墙上设置十字架浮雕。大楼内部中央设走廊，南北两侧布置教室及办公室，楼梯设在走廊尽端。

**历史概况：** 1931 年，美国天主教方济各会在德县路创办私立圣功女子中学，是天主教会中心的第二所教会学校，学校西南侧为方济各会早在 1902 年已创办的圣心修道院，作为教会学校招收外籍女生而建成的私立圣功女子中学主要招收中国女生为主。私立圣功女子中学建成之初，一楼用于办公，二楼为教室，三楼为学生宿舍，地下室设锅炉房、厨房、面包房和缝纫室等。该校学制为初中、高中各三年，其课程设置与公立中学大致相同，同时另设家政、缝纫、烹饪等专业学科，且以宗教科目为必修课，注重音乐教育、英语教学，高年级曾采用美国教材。因该校教师水平高、学生成绩优良、生活管理严格，曾一度颇有声誉。太平洋战争爆发后，该校被日军占领，强令其脱离教会。1944 年 8 月 1 日，该校收归市教育局管辖，改名"市立第二女子中学"。1945 年日本投降后，该校于 9 月恢复原名，复由教会管理。1948 年，尤斯特拉修女离青回国，校务主要由校长王景秋负责。1949 年，该校外籍职员陆续离任。1951 年 3 月 10 日，该校由青岛市人民政府接收，1952 年更名为山东省青岛第七中学。

＊ 青岛私立圣功女子中学旧址现貌

＊ 20 世纪 30 年代，青岛私立圣功女子中学教学楼

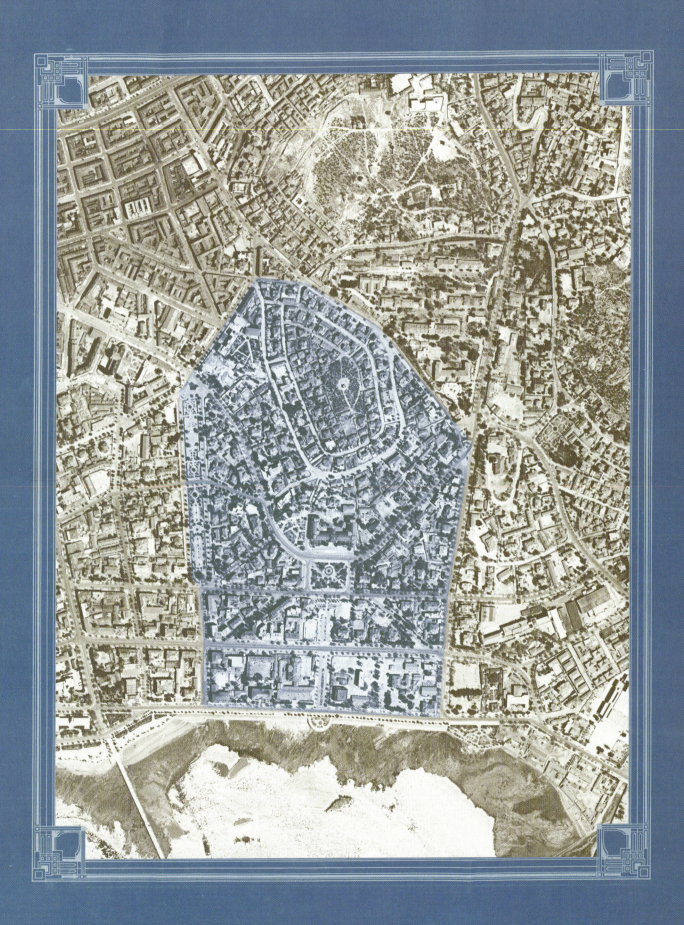

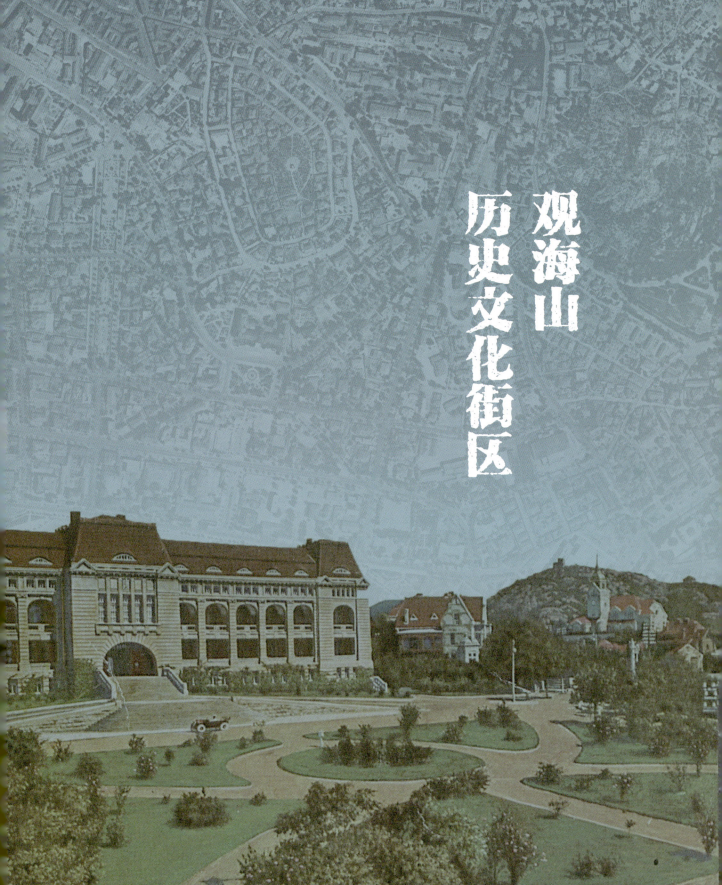

观海山
历史文化街区

# 胶澳总督官署旧址

建筑地址：
青岛市市南区沂水路 11 号

建成时间：
1905 年

保护级别：
全国重点文物保护单位

建筑规模：
占地面积 8749.48 平方米
建筑面积 7132 平方米

CHINTAUSHUBISHILEIBU. 部 令 司 军 備 守 島 青 （景風島青）

＊ 历史资料图（图源：东洋文库）

**建筑概况：** 胶澳总督官署由德国建筑师马尔克设计，该建筑为砖石钢木混构，主体沿中轴线对称，立面使用采自浮山的优质花岗岩砌筑，建筑的四角与中间突出，内设两层开放式的外券廊，两侧各有四根爱奥尼式方形石柱。大楼屋顶为仿孟莎式，上覆红色筒瓦，并设兼有避雷作用的精美铁艺护栏。整幢大楼分四层，主入口设在二层，外有花岗石台阶和弧形汽车坡道，进门是两层式凸出圆拱顶大型门厅。大楼的一层与四层均为较小的辅助性房间，办公室和政府机构都在二三层南向的房间，室内宽敞高大，采光效果极好，具有鲜明的德国建筑特点。这种简约的装饰风格，很好地体现了政府机构的庄严及肃穆。

**历史概况：** 始建于 1903 年，1905 年主体建筑完成，1906 年春交付使用，正式成为德国租借地的总督府，供胶澳总督办公之用。1914 年 11 月，日本驻青岛守备军司令部在此楼办公。1922 年底，改为胶澳商埠督办公署、胶澳商埠局。1929 年 4 月后，相继成为青岛接收专员公署、青岛特别市政府、伪"青岛特别市公署"等机构办公所在地。1949 年 6 月 2 日，青岛市人民政府在此办公。现为青岛市人大常委会和青岛市政协合用的办公楼。

＊ 胶澳总督官署旧址现貌

＊ 20 世纪 10 年代，胶澳总督官署旧址

# 海军陆战营营长官邸旧址

建筑地址：
青岛市市南区沂水路 9 号

建成时间：
1899 年

保护级别：
全国重点文物保护单位

建筑规模：
占地面积 3008.68 平方米
建筑面积 1518.2 平方米

❋ 历史资料图（图源：历史明信片）

**建筑概况：** 海军陆战营营长官邸旧址由广包公司承建。砖石木结构，平面呈不规则形状，地上二层，地下一层，带有阁楼。外墙以花岗岩方形石块砌筑墙基，墙面为多孔拉毛墙面，楼层间镶嵌条石，墙角镶嵌隅石。临街东南面与西南面的凸出部各起一座三角形山墙，东南角与西侧设有木制敞廊。西南角建有一处与转角呈45°的凸窗，其顶部处理成绿色盔顶状。东北角设有八角绿色盔顶塔楼，塔楼及周边墙面以木桁架装饰，屋顶为红瓦坡屋顶。主入口位于东南角的门廊中，楼内中央为宽敞的楼梯间，一楼南侧为书房、客厅，西侧为餐厅，北侧为厨房，二楼有三间卧室、一间衣帽间、更衣室、浴室，东北角的塔楼内为供仆役使用的楼梯，仆役住处位于阁楼。建筑整体具有德国文艺复兴风格。

**历史概况：** 初建时，西侧紧邻胶澳总督府大楼的建设预定地，自建成后即为驻青岛德国海军第三营历任营长的官邸。该建筑的第一位住户为第三营营长约翰内斯·克里斯特少校，最后一位住户为末任营长弗里德里希·冯·克辛格中校。1914 年11 月日军占领青岛后，该楼改为日本陆军青岛守备军军官住宅。1922 年 12 月北洋政府收回青岛后改为胶防司令孙宗先官邸，后来被胶济铁路管理局买下。1928年春至 1930 年，该楼为胶济铁路青岛中学学生宿舍。1949 年后曾为青岛铁路分局第一招待所，现仍由铁路部门使用。。

＊ 海军陆战营营长官邸旧址现貌

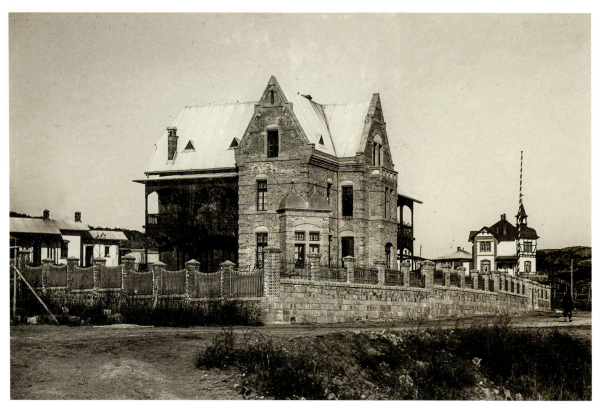

＊ 20 世纪初，海军陆战营营长官邸

观海山历史文化街区

# 路德公寓旧址

建筑地址：
青岛市市南区德县路 4 号

建成时间：
1906 年

保护级别：
全国重点文物保护单位

建筑规模：
占地面积 2700 平方米
建筑面积 1824.73 平方米

✳ 历史资料图（图源：历史明信片）

　　**建筑概况**：路德公寓由德国建筑师罗克格设计，贝泥各公司施工。该建筑地上二层，地下一层，带阁楼，砖木结构。正立面临街，朝向东北，对称式布局。花岗岩砌筑墙基，一楼中央为门庭，其上为木制敞廊，与两侧凸出的墙体形成虚实对比。正立面屋顶中央处开有老虎窗，老虎窗装饰有木雕花纹，强化中轴线效果。室内层高 4 米，木板地面，采光通风良好。一楼有四间带有外廊的客房，北侧为客厅和餐厅，地下室设有厨房，二楼设有两间套房和五个单人间。公寓外南侧为网球场，西侧设有车库。

　　**历史概况**：1905—1906 年，德国女店主海伦·路德在今德县路、湖北路路口建造了该建筑。1922 年 12 月中国政府接收青岛后，曾为胶澳商埠工程事务所办公楼。20 世纪 30 年代，日本医生若槻宽隆曾在此开设若槻医院。1945 年后，改为青岛市教育局办公楼。1949 年后，改用于青岛市卫生局，直至 20 世纪 90 年代，市卫生局迁出。现为国家税务总局青岛市税务局第二稽查局办公地址。

※ 路德公寓旧址

※20 世纪初，路德公寓

建筑地址：
青岛市市南区德县路2号

建成时间：
1914年

保护级别：
全国重点文物保护单位

建筑规模：
占地面积1194.12平方米
建筑面积441.6平方米

✱ 历史资料图（图源：京都大学附属图书馆）

**建筑概况：**胶澳法院旧址大楼主体为地上二层，立面和高度采用了不同的处理手法，南侧因地势而设计为三层，北面转角处则设计为弧状形式，屋顶是不同角度的折坡与孟莎式相结合的方式，顺势附以顶窗。大楼的主入口位于东立面，由粗切的花岗石与精雕纹饰所构成的拱形大门，门楣上有一处雕刻精致的纹饰，窗体为复古的拱形和规整的长方形两种。

**历史概况：**胶澳法院旧址是"德租"时期最后完成的公共建筑之一。"日据"青岛后，日本在法院旧址设立青岛军政署。1916年设立守备军法院。审理青岛的刑事、民事案件，并实行一审终审制。1917年1月，于此设立青岛民政署。1922年12月，中国政府接收青岛主权后，成立胶澳商埠青岛地方审判庭。1929年4月，南京国民政府接收青岛后，审判庭改称青岛地方法院。1935年7月，青岛地方法院分为山东高等法院第二分院和青岛地方法院。1938年1月，日本再次侵占青岛，成立青岛地方法院和青岛高等法院。1946年1月，南京国民政府恢复了山东高等法院第二分院和青岛地方法院。1950年7月11日，青岛市人民法院宣布正式成立。后一直用于司法系统。

＊ 胶澳法院旧址现貌

＊ 20 世纪 10 年代，胶澳法院

# 德国驻青岛总领事馆旧址

**建筑地址：**
青岛市市南区青岛路 1 号

**建成时间：**
1912 年

**保护级别：**
全国重点文物保护单位

**建筑规模：**
占地面积 1408 平方米
建筑面积 1165.4 平方米

✳ 历史资料图（图源：维基百科）

**建筑概况：** 德国驻青岛总领事馆坐落于观海山以南的坡地上，因地基与街道有落差而建有花岗岩护坡墙，坐北朝南，视野开阔，自建筑内可望青岛湾海岸景色。该建筑为砖石木结构，地上二层，带有阁楼和地下室。外立面装饰简洁，花岗岩蘑菇石勒脚。南立面与西立面各起一山墙，西南转角处建有八角塔楼，塔顶为墨绿色折线圆顶，与墙面形成鲜明对比。山墙上增加了纵向凸出线条，以强化建筑高直感，同时与窗底的花岗岩条石、一二层之间的装饰带及东南角的弧形线条，形成虚实对比。屋顶敷以红色牛舌瓦，上开老虎窗。该楼在西南角、东南角、北侧各设有三个入口。其中西南角入口为主入口，以花岗岩拱券装饰，通往走廊，东南角入口通往花房。

**历史概况：** 1926 年 12 月，德国决定在青岛设立领事机构，并租用了这座房子。此后近 20 年，领事馆一直设于此。1947 年，曾任青岛实业银行总经理和银行公会理事长的孔祥勉买下这幢住宅，供自己和家人居住。1986 年，孔祥勉后人将房屋捐赠予政府，并设立"南园孔子纪念馆"。

❋ 德国驻青岛总领事馆旧址

❋ 20 世纪 30 年代，德国驻青岛总领事馆旧址

# 美国驻青岛总领事馆旧址

**建筑地址：**
青岛市市南区沂水路 1 号

**建成时间：**
1912 年

**保护级别：**
市南区一般不可移动文物

**建筑规模：**
占地面积 3871.7 平方米
建筑面积 1108.57 平方米

✳ 历史资料图（图源：Deutsche Fotothek 德国摄影师档案）

　　**建筑概况：**美国驻青岛总领事馆为砖石结构，地上二层，带有阁楼和地下室。建筑主体部分正立面呈中轴对称布局，花岗岩蘑菇石砌筑墙基，墙角等处也以花岗岩蘑菇石装饰，外墙为拉毛墙面。其中段向外凸出，底部设主入口，上方起三角形山墙，开牛眼窗，曲线山花，北侧另开一处入口。屋顶为红色牛舌瓦孟莎屋顶，近檐口处做折坡处理。由于该建筑处于山坡，主入口地面与沂水路路面有近 5 米的高差，其院落筑有花岗岩护坡。

　　**历史概况：**最早为德籍建筑师李希德的房产。李希德在该建筑建造时将其预租给美国领事馆，美国领事馆馆址初期曾设于江苏路美国长老会住宅内，1912 年，领事馆迁往今沂水路 1 号。1949 年 1 月，领事馆将该楼出售给中国银行，此后迁入兰山路 2 号美国海军第七舰队司令部大楼，直至关闭。1949 年 2 月 24 日，青岛卫理公会在沂水路 1 号成立，传教士韩丕瑞夫妇曾在此居住。20 世纪 50 年代，该建筑为中国人民银行幼儿园。

✳ 美国驻青岛总领事馆旧址现貌

# 施迪克弗特别墅旧址

建筑地址：
青岛市市南区沂水路 5 号

建成时间：
1905 年

保护级别：
市南区一般不可移动文物

建筑规模：
占地面积 1999.34 平方米
建筑面积 1506.08 平方米

＊历史资料图（图源：历史明信片）

**建筑概况**：施迪克弗特别墅一改早期建筑传统的半木构形式，平面和立面均变得清晰、简明，给人以清新流畅的感觉。除底层以粗石装饰外，建筑的外立面已无任何嵌石和木雕构件。建筑的屋顶红瓦折线，并重视屋檐变化。南、西面分别起山墙，为增加建筑的视觉高度，设计师还将主立面的窗户处理为"高直式"。虽然别墅在整体上已经开始具有某些近代建筑的风格与意味，但在主入口、明廊以及几座拱形大窗的设计上还体现出复古的传统特色。

**历史概况**：最初为维林公司的筑港工程师约翰·施迪克弗特的别墅，约 1910 年，施迪克弗特离开青岛，将别墅卖给哈利洋行董事汉斯·克里斯蒂安·奥古斯特森。1914 年 11 月"日据"青岛后，别墅被日军没收。1925 年麦加利银行买下这栋住宅，并将其作为经理住宅使用。1949 年后，该楼先后为青岛市建设局、青岛市公用事业局、青岛市城市管理局、青岛市市政公用局办公楼。

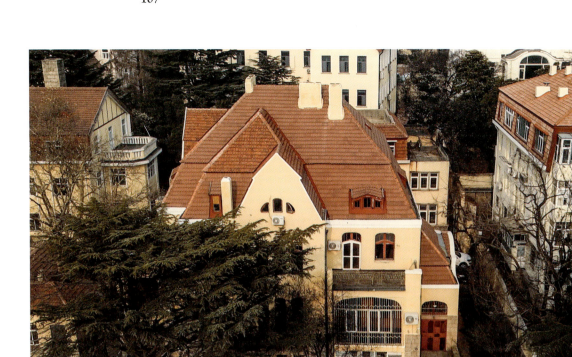

※ 施迪克弗特别墅旧址现貌

※ 20世纪初，施迪克弗特别墅旧址

# 格尔皮克·科尼希别墅旧址

建筑地址：
青岛市市南区沂水路 3 号

建成时间：
1899 年

保护级别：
市南区一般不可移动文物

建筑规模：
占地面积 1995.34 平方米
建筑面积 637.5 平方米

＊ 历史资料图（图源：历史明信片）

**建筑概况：** 该建筑地上二层，有阁楼和地下室，多折坡屋面，覆红色牛舌瓦，上开圆形、方形和三角形老虎窗。建筑立面底部以花岗岩石勒脚，墙体大量使用复古风格的半木架结构，墙角嵌浮雕隅石。建筑屋顶出檐很深，浸染着一抹南欧风情。建筑西南角耸起一座高约 20 米的新哥特式塔楼，攒尖式塔顶上装有铜制风向标。建筑北立面设主入口，该别墅院落的坡地与南侧道路采用花岗石砌筑护坡墙。

**历史概况：** 格尔皮克·科尼希别墅是青岛现存最早的"德租"时期建筑之一。该别墅最初为胶澳总督府房产，供高级官员居住，胶澳皇家法院首任大法官保罗·格尔皮克在此居住至 1900 年。1902—1907 年，督署医院主治医师哈利·科尼希在此居住。1914 年后，该别墅曾为日本陆军少将山田良水的官邸。1949 年后，该楼为青岛日报社使用。1953 年，改为青岛日报社幼儿园，20 世纪 60 年代初关闭，后改为日报社职工宿舍楼，现为民居。

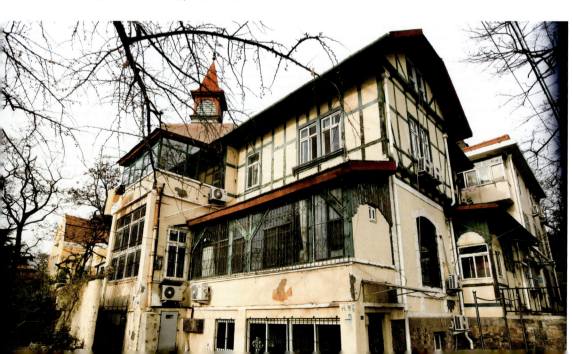

＊格尔皮克·科尼希别墅旧址现貌

# 捷成洋行别墅旧址

建筑地址：
青岛市市南区沂水路 7 号

建成时间：
1903 年

保护级别：
市南区一般不可移动文物

建筑规模：
占地面积 3246.68 平方米
建筑面积 1001.59 平方米

＊历史资料图（图源：德国巴伐利亚州立图书馆）

**建筑概况：** 该建筑为砖木结构，地上二层，地下一层，建有阁楼。外立面墙体变化丰富，花岗岩砌筑墙基，外墙大部分为红砖，与浅色墙面形成对比，阁楼窗外及屋檐下等处以仿木桁架结构装饰，局部为"德租"时期早期建筑常见的"X"形桁架。东侧窗边墙面以釉面瓷砖镶嵌装饰，主入口位于东侧，临街立面原有塔楼，现已不存。屋顶为红瓦坡屋顶，局部开老虎窗。楼内铺设木制地板与护墙板，设有绿色瓷砖壁炉。整座建筑装饰华丽，具有复古风格。

**历史概况：** 初为捷成洋行高级职员别墅。1933 年，中鲁银行买下此处别墅，供经理张玉田与襄理居住。1949 年后，曾为青岛市建设局、青岛市建材局所用，现为青岛市建筑材料工业总公司所用。

＊捷成洋行别墅旧址现貌

# 德华银行青岛分行旧址

**建筑地址：**
青岛市市南区广西路 14 号

**建成时间：**
1901 年

**保护级别：**
全国重点文物保护单位

**建筑规模：**
占地面积 8306.71 平方米
建筑面积 562 平方米

✳ 历史资料图（图源：历史明信片）

　　**建筑概况：** 德华银行青岛分行由铁路工程师、山东铁路公司总办锡乐巴设计，为砖石与钢木混合结构，地上二层。临街立面呈不对称布局，设双层拱券敞廊，入口设于一楼中央。外立面支柱、券拱、墙基、屋檐、装饰线及顶部的细方石均采用花岗石砌成，转角处以石料镶边，并设计成凸凹状规则堆砌的形式。其屋顶为大坡度的孟莎屋顶，覆以黑色铅板，在青岛的建筑中尤为独特。其内部楼梯间顶部有一个巨大的天窗用以采光。该建筑整体为典型的意大利文艺复兴风格。

　　**历史概况：** 1898 年 10 月，德华银行在青岛的首次土地拍卖中置下了临海的一块地产，并于次年开始建造分行大楼。1901 年，德华银行青岛分行大楼建成，工程共耗资 8.1 万金马克。1914 年 11 月日本占领青岛后，分行大楼改为青岛守备军司令部水道部所在地，1918 年改为守备军司令部民政部下属的土木部水道事务所。1922 年 12 月中国政府收回青岛主权后，德华银行青岛分行旧址成为日本驻青岛总领事馆馆址。1949 年 6 月后，德华银行青岛分行旧址被接收为军产，改为居民楼。

＊德华银行青岛分行旧址现貌

＊20世纪初，德华银行青岛分行

# 德华山东矿务公司旧址

建筑地址：
青岛市市南区广西路 14 号

建成时间：
1902 年

保护级别：
全国重点文物保护单位

建筑规模：
占地面积约 594 平方米
建筑面积 不详

✳ 历史资料图（图源：维基百科）

**建筑概况**：德华山东矿务公司旧址为砖石木结构，红瓦坡顶。山墙上原砌有一石板，上饰德国矿工的行业标志——两把交叉的铁锤。建筑立面是封檐、抱角，券拱则为清水墙粉面，花岗石砌体。几处高墙上饰以木桁架建筑式样。东立面上突起一座花岗岩石挑楼，使相对封闭的立面富有主体感。朝海的南立面上一层设有拱廊，二层设双柱敞廊。门窗呈半圆形，室内设旋转木楼梯，地面兼用瓷砖和木地板。建筑西侧后有接建。

**历史概况**：德华山东矿务公司成立于 1899 年 10 月，总部设于青岛。统管德国在山东的矿产事宜，其主要任务就是在胶济铁路沿线勘探、开采煤炭、金属、石油等矿产资源，主要经营坊子、淄川煤矿和金岭镇铁矿。所采煤炭主要供应驻青岛的德国军队，所获利润按比例交付政府，用于兴建青岛港、政府费用和市政建设费用。1913 年因经营不善被山东铁路公司兼并。1914 年后，被日本人接收。1922 年后，两座办公楼及附属建筑为日本领事馆警察署所用。1945 年后，被国民政府接收。

＊ 德华山东矿务公司旧址现貌

＊ 20 世纪初，德华山东矿务公司

# 海因里希亲王饭店旅馆部旧址

TSINGTAU    Hotel Pri

※ 历史资料图（图源：历史明信片）

**建筑地址：**
青岛市市南区太平路 31 号

**建成时间：**
1912 年

**保护级别：**
市南区一般不可移动文物

**建筑规模：**
占地面积 2592.8 平方米
建筑面积 2989.42 平方米

　　**建筑概况：** 海因里希亲王饭店旅馆部由哈利洋行投资建造，建筑师李希德设计。该建筑为钢筋混凝土结构，地上三层，地下一层。临街的南立面为石基粉墙外廊式，中轴对称布局，中轴临街处开大门，顶部起曲线山墙，山墙上雕刻花草纹饰。墙基以花岗岩粗面石砌成，并开有拱形半地下室窗，地上楼层各窗多为长方形，窗台以花岗岩条石砌筑。正面东西两端各设一凸出的阳台。

　　**历史概况：** 海因里希亲王饭店，又译为亨利亲王饭店、亨利王子饭店，始建于1899 年，以时任德国海军东亚分舰队司令普鲁士亲王海因里希命名，先后建有饭店、音乐厅、旅馆部三座建筑，为青岛第一座大型饭店。日本占领青岛后改为日资青岛大饭店的一部分，抗战以后各建筑逐渐改为政军机关办公楼，改革开放后旅馆部旧址恢复饭店用途并保存至今，而饭店与音乐厅旧址于二十世纪九十年代末期拆除。

＊ 海因里希亲王饭店旅馆部旧址现貌

＊ 20 世纪 30 年代，海因里希亲王饭店

# 英国驻青岛总领事馆旧址

建筑地址：
青岛市市南区沂水路 14 号

建成时间：
1910 年

保护级别：
市南区一般不可移动文物

建筑规模：
占地面积 不详
建筑面积约 1027.2 平方米

＊历史资料图（图源：历史明信片）

　　**建筑概况：** 英国驻青岛总领事馆为砖石木结构，地上二层，地下一层，有阁楼。该建筑外立面整体简洁，大致为对称布局，外墙以花岗岩蘑菇石砌筑墙基，拉毛墙面，折坡屋顶，开有阁楼窗，铺设红色牛舌瓦。正立面向南，二层有一挑窗作为构图中心，旁边开有凹廊，以丰富墙面变化，中部起山墙。

　　**历史概况：** 最初为德籍律师、公证人曼弗雷德·齐默尔曼的住宅。1914 年青岛战役后，齐默尔曼被日军俘虏、押往日本。20 世纪 30 年代至 1951 年，英国领事馆设于此处。1951 年 4 月，该楼由青岛市人民政府接收，后曾用作幼儿园，现为住宅。

❋ 英国驻青岛总领事馆旧址南立面和西立面现貌

❋ 英国驻青岛总领事馆旧址北立面现貌

# 祥福洋行公寓旧址

建筑地址：
青岛市市南区广西路 11—13 号

建成时间：
1902 年

保护级别：
市南区一般不可移动文物

建筑规模：
占地面积 2098.5 平方米
建筑面积约 2400 平方米

❋ 历史资料图（图源：历史明信片）

**建筑概况**：祥福洋行公寓为地上三层，地下一层，外墙通体为清水红砖墙。该建筑东侧平面以临街的主体建筑与伸向后院的两翼组成，正立面基本呈对称布局，临街为连续拱券敞廊，主入口设于一层中央，设有砖雕装饰与立柱，花岗岩柱头上刻有中式太极图纹样，檐口中央起三角形小山墙，屋顶为歇山顶。接建的西侧部分正立面大部分亦为拱廊，而西端为矩形长窗，窗眉以花纹精美的砖雕装饰。

**历史概况**：1901—1904 年，德国人阿尔弗雷德·希姆森创办的祥福洋行地产公司在广西路莒县路路口的 E 街区建设了两座三层商住建筑，位于地块东侧的 2 号楼建于 1901—1902 年，其西侧为建于 1903—1904 年的 1 号楼（1993 年冬被拆除，原址新建住宅）。该建筑此后半个世纪内长期为商住用房。有资料称俄侨米维斯基夫妇曾在该楼二楼开设米维斯基图书馆，还有资料称犹太人协会（犹太总会）、世界语协会、世界语学校曾设于此楼内。1949 年后改为住宅至今。

＊ 祥福洋行公寓旧址现貌

＊ 20 世纪初，祥福洋行公寓

# 胶澳邮政局旧址

建筑地址：
青岛市市南区安徽路 5 号

建成时间：
1901 年

保护级别：
青岛市文物保护单位

建筑规模：
占地面积 2546.47 平方米
建筑面积 1491.6 平方米

❈ 历史资料图（图源：历史明信片）

**建筑概况：**胶澳邮政局为砖木结构，地上三层，地下一层，附设阁楼。该建筑立面沿街展开，呈非对称布局，花岗岩砌筑墙基，外墙大部分为红砖清水墙，粉线勾边，拱券周围等局部为浅色清水粉墙，二、三层为连拱敞廊。建筑临两个道路交叉口的转角处建有尖顶塔楼，塔楼底部的出挑以及檐口处理赋予建筑城堡般的古典主义色彩。两塔楼之间的檐口起曲线山墙，东西两端各起一座小山墙以强调建筑两翼。屋顶高陡，临街一面坡度较大，铺设红瓦，设圆形老虎窗。

**历史概况：**1900 年，德国邮政局与罗达利洋行商定建造邮局大楼，邮局大楼选址于广西路、安徽路与莒县路路口，由广包公司承建，1901 年 5 月 16 日建成开始营业。邮政营业厅设于大楼一层，二、三层为职员宿舍。邮局以每年 2 万马克的价格从罗达利洋行租用该楼。1910 年 11 月 22 日，邮局以 25 万马克将该楼连同 2563 平方米的地块一并买下。1910 年 11 月，邮政署出资 25 万马克买下这座大楼的所有产权。"日据"时期，日本陆军野战邮便局迁入大楼。 1922 年 12 月，中国政府接收青岛主权后，设立胶澳商埠邮务总局，安徽路 5 号改为广西路第一邮务支局。1929 年 5 月，南京国民政府接管青岛，大楼又改为青岛一等邮局广西路支局驻地。1949 年 6 月，改为青岛市邮电局广西路支局。20 世纪 70 年代，青岛市邮电局对大楼的外立面进行修缮，用一层青灰色的水刷石覆盖了原有清水墙，改变了大楼半个多世纪来的固有形象。2009 年 6 月，产权单位中国联通青岛分公司对大楼进行了重新设计装修，并于次年开辟为邮电博物馆对外开放。2012 年，良友书坊门店在一楼东侧开办门店。

＊ 胶澳邮政局旧址现貌

＊ 20 世纪初，胶澳邮政局

# 毛利公司旧址

建筑地址：
青岛市市南区莒县路 2 号

建成时间：
1902 年

保护级别：
市南区一般不可移动文物

建筑规模：
占地面积 不详
建筑面积 917 平方米

✳ 历史资料图（图源：历史明信片）

**建筑概况：** 该建筑地上二层，带阁楼。正立面向北临湖南路莒县路路口，花岗岩砌筑墙基，主入口位于西端，一层外墙开券窗，二层开有拱券阳台，以圆柱支撑，檐口两端起山墙，门窗、檐口均以花岗岩条石镶嵌，石柱及窗饰纹样精美。屋顶为红瓦坡屋顶，上开老虎窗。

**历史概况：** 德国人毛利于 1898 年来到青岛，并创办毛利公司。其在青岛购买的第一块土地位于今莒县路 2 号，他于 1902 年在此设计建造了一座公寓楼。1922 年 12 月北洋政府收回青岛后，该建筑被改为土地测量队宿舍。1924 年 8 月，胶澳商埠公立通俗图书馆成立。馆舍最初有书库两间、阅览室一间、演讲室一间。1938 年 1 月，日军再次占领青岛后，图书馆由青岛治安维持会接管。1940 年，青岛特别市市立图书馆开馆。1950 年改名青岛市人民图书馆，图书馆后迁往广西路 14 号。现为民居。

123

＊ 毛利公司旧址现貌

＊ 20 世纪 10 年代，毛利公司全貌

# 圣言会旧址

建筑地址:
青岛市市南区广西路 5 号

建成时间:
1904 年

保护级别:
市南区一般不可移动文物

建筑规模:
占地面积 1243.5 平方米
建筑面积 1367.79 平方米

❋ 历史资料图 (图源: 青岛市档案馆)

**建筑概况:** 该建筑为砖石木结构, 地上二层, 地下一层, 设阁楼。建筑坐北朝南, 正立面为对称布局, 正门前方为双门洞门廊和 6 米宽的 10 级台阶, 二层中央为阳台, 两侧为凸出的山墙, 一、二层以水平腰线分割。窗户为半圆券式, 整体结构严谨明快。

**历史概况:** 最初为天主教圣言会, 于 1903—1904 年间投资建成。1941 年, 芬兰驻青岛领事馆租用该楼作为馆址, 1948 年 11 月迁出。芬兰领事馆迁出后, 曾为天主教意大利籍神父姬宝璐住宅。1951 年 8 月, 山东省军区青岛市人民武装部成立后设于该住宅内, 1953 年 1 月 14 日撤销。1963 年, 青岛市武装警察大队改为青岛市公安大队, 设于该建筑内, 后扩编为支队。 1964 年 7 月 25 日, 青岛市公安支队改为山东省军区独立团, 仍驻此处。该建筑后改为住宅至今, 现为青岛天主教爱国会使用。

❋ 圣言会旧址现貌

# 俄国驻青岛领事馆旧址

建筑地址：
青岛市市南区江苏路 6 号

建成时间：
1901 年

保护级别：
市南区一般不可移动文物

建筑规模：
占地面积 1286.4 平方米
建筑面积 1064 平方米

＊ 历史资料图（图源：Deutsche Fotothek 德国摄影师档案）

**建筑概况：**该建筑为地上二层，地下一层，外加一层阁楼。各立面均采用三段式构图，外墙底部石砌筑墙基座，墙身采用砂浆抹面，墙体转角处做锯齿状棕色竖向装饰石材。矩形门窗洞口排列整齐，底部设条石窗台。南立面层窗洞周边条状装饰略突出墙面。北侧局部山墙面突出屋面，顶部波浪状，开有半圆窗。

**历史概况：**最初为顺和洋行青岛分行经理赫尔曼·罗伊特尔的住宅。1907 年，汉堡—美洲航运公司驻青岛分公司职员汉斯·克罗帕切克租下该住宅。1908 年 4 月 4 日，俄国驻青岛领事馆开馆，馆址设于其住宅。馆址曾经历改建，增建了塔楼。1914 年青岛战役爆发后，俄国驻青岛领事馆闭馆。现为民居。2009 年，业主将建筑改造，原有四坡屋顶和山墙被拆除重建。

＊ 俄国驻青岛领事馆旧址现貌

# 李德顺旧宅

建筑地址：
青岛市市南区江苏路 12 号

建成时间：
1904 年

保护级别：
市南区一般不可移动文物

建筑规模：
占地面积 1666.68 平方米
建筑面积 808.11 平方米

✳ 历史资料图（图源：历史明信片）

**建筑概况：**该建筑平面呈不规则状，外立面也采用不规则的自由布局，装饰丰富、变化多端。外墙以花岗岩砌筑墙基，大部分以红砖砌成，门窗边缘及屋顶附近辅以部分浅色墙面，以形成对比。正门设于六角形凸出部之内，临街正立面中央建有高大的三角形山墙，以仿木桁架结构的线条装饰。西南角设有木结构阳台。屋顶形状随墙体的凹凸起伏而变化，铺设牛舌瓦。建筑内部以独户别墅的功能设计，设有客厅、舞厅、餐厅、卧室等房间。室内为木板地面，楼梯扶手、门窗等均做艺术化处理。房间内设有壁炉。建筑整体装饰复杂华丽，其风格接近德国 19 世纪末的建筑样式。

**历史概况：**约 1909 年售予前津浦铁路总办李德顺，曾为李氏家族私人住宅。1922—1945 年，该建筑为三井物产株式会社青岛支店支店长住宅。1947 年，该楼成为青岛保安总队队长高芳先住宅。1952 年改为青岛市人民检察院办公楼，现为青岛市交通运输监察支队办公地。

127

＊ 李德顺旧宅现貌

＊ 20 世纪 10 年代，李德顺住宅

# 贝泥各洋行公寓旧址

建筑地址：
青岛市市南区湖南路 23 号—25 号

建成时间：
1910 年

保护级别：
市南区一般不可移动文物

建筑规模：
占地面积 不详
建筑面积 不详

＊ 历史资料图（图源：德国联邦档案馆）

**建筑概况**：该建筑主立面朝向南侧，呈规则的前后叠错式，设宽大的内阳台。墙面开启条形木窗，东侧悬挑雨斗，附花岗岩台阶。巨大的山墙，顶部呈复曲线状逐渐收缩。建筑底部为花岗岩蘑菇石砌筑墙基，墙面有水纹墙石，屋面为折坡瓦顶，设气窗。

**历史概况**：最初为德商贝泥各公司所建。贝泥各公司为德国人赫尔曼·伯恩尼克与卡尔·波特尔所创办，二十世纪初青岛大港建设期间承包了大量土石方工程，后来在市内建设了数座公寓。1909 年，伯恩尼克与波特尔结束合作关系，离开青岛，波特尔继续经营公司，直至 1914 年青岛战役爆发。波特尔最终病逝于日本战俘营。现为民居。

＊ 贝泥格洋行公寓旧址现貌

# 魏斯旧宅

建筑地址：
青岛市市南区湖南路 22 号

建成时间：
1903 年

保护级别：
市南区一般不可移动文物

建筑规模：
占地面积 470.8 平方米
建筑面积 763 平方米

＊ 历史资料图（图源：历史明信片）

　　**建筑概况：** 魏斯旧宅为砖石结构，地上二层。建筑主立面为三段式对称布局，花岗岩砌筑墙基，临街一、二层为嵌石边券形窗，局部有向日葵花束装饰。建筑两翼有巴洛克式山花，山花上为阳雕的 "CW"，可能是早期业主的姓名缩写，西端山花上写有建造时间 "1903"。东一楼、二楼临街都为敞廊，共设八跨，东西两立面端各有一入口。

　　**历史概况：** 初为罗达利洋行德籍经理卡尔·魏斯住宅，后来该建筑与同地块的莒县路 5 号一同被卖给德籍商人克里斯蒂安·布洛。现为民居。

＊ 魏斯旧宅现貌

# 湖南路26号住宅

建筑地址：
青岛市市南区湖南路 26 号

建成时间：
1926 年

保护级别：
市南区一般不可移动文物

建筑规模：
占地面积 不详
建筑面积 1970.5 平方米

❋ 历史资料图（图源：东洋文库）

**建筑概况**：该建筑为砖石结构，地上三层带阁楼，地下一层，花岗岩基座，竖向矩形长窗，红瓦坡屋顶带老虎窗，东侧入口两侧有方形壁柱装饰，上部突出为楼梯间，墙面为暗黄色，外刷水泥，檐口有水泥块装饰呈凹凸状。原山墙上有狗熊手持建造年份雕塑，因此被称为"狗熊楼"。

**历史概况**：1943 年 6 月 24 日，本房产由东洋拓殖株式会社卖与松苍末雄，后卖与大桥庆次郎，历经几次转手。1958 年列入社会主义改造，除自留房外，其余全部归为公有。现为民居。

❋ 湖南路 26 号住宅现貌

# 裴哈利洋行旧址

建筑地址：
青岛市市南区广西路9号

建成时间：
1903年

保护级别：
市南区一般不可移动文物

建筑规模：
占地面积1139.2平方米
建筑面积800平方米

＊ 历史资料图（图源：维基百科）

**建筑概况：** 该建筑砖木结构，地上二层，有阁楼及地下室。屋顶坡度相对舒缓，上开拱形老虎窗。建筑中轴对称，面街的南立面设计为通透的敞廊，以五连券勾画空间，表现出新文艺复兴建筑对柱廊的喜好。两边山增适度前凸，山花、檐口及线脚均强调立体感，造成审美力度的加强。内部空间流畅走廊中可见精美的圆拱和券花装饰。

**历史概况：** 最初为德国人卡尔·皮卡特所创办的裴哈利洋行的地产。约1910年，该建筑被卖与青岛特别高等专门学堂教师阿图尔·格尔拉赫。1910年，德商备德洋行曾在此租用商铺。现为民居。

＊ 裴哈利洋行旧址现貌

# 开治酒店旧址

建筑地址：
青岛市市南区湖南路 16 号

建成时间：
1913 年

保护级别：
市南区一般不可移动文物

建筑规模：
占地面积 639.9 平方米
建筑面积 1260.29 平方米

✳ 历史资料图（图源：德国联邦档案馆）

　　**建筑概况**：该建筑为砖石木结构，地上二层，地下一层，有阁楼。花岗岩蘑菇石砌筑墙基，水纹墙石，折坡屋顶开有气窗。主楼正面朝南，阳台宽大。楼体中间平檐两翼各有弧顶山墙，券形嵌有贴面石膏。南面入口处有雨棚式挑台，二层东南有弧形内阳台，室内松木地板，旋转式木制扶梯，天花板有雕花藻井和线饰。东边门前有雨棚式门厅和花岗岩阶梯，楼内为红漆地板。酒店除设大小宴会厅、厨房、储藏室、浴室、车库外，二楼北大厅内还有壁炉、提饭窗和楸木拼花护墙板。

　　**历史概况**：初为美国人威廉·开治所开办的酒店，由广包公司设计并承建。抗战胜利后，该建筑成为中国银行高级职员住宅。1949 年后长期作为民政局办公楼使用。2013 年翻修并成为一家中医院，2016 年再次被改造并成为一家旅馆。

❋ 开治酒店旧址南北立面现貌

# 湖南路15号祥福洋行公寓旧址

建筑地址：
青岛市市南区湖南路15号

建成时间：
约1910年

保护级别：
传统风貌建筑

建筑规模：
占地面积1123.35平方米
建筑面积 不详

＊ 历史资料图（图源：希姆森家族相册）

**建筑概况**：该建筑地上二层，设有阁楼和地下室。建筑平面呈"凸"字形，建筑南立面为沿街立面，除中部一层为矩形窗以及右侧山花下窗为矩形窗洞，其他均为拱形窗，窗下有长条石制窗台，窗四周一圈线条为白色，底部石材砌筑墙基，白色檐口较为精致，有多层线脚。建筑北立面中部有两部室外楼梯，以及立面有后开窗，加建遮挡部分立面。屋顶采用红瓦歇山屋顶组合半四坡屋顶的组合式屋顶，屋顶高起烟囱体，并开有老虎窗。

**历史概况**：该建筑为德国人阿尔弗雷德·希姆森创办的祥福洋行地产公司在湖南路的17街区建设的一栋双联公寓楼。第二次"日据"时期，曾为青岛"盐务管理局"。现为民居。

＊湖南路15号祥福洋行公寓旧址现貌

# 广西路 **7** 号祥福洋行住宅

建筑地址：
青岛市市南区广西路 7 号

建成时间：
约 1910 年

保护级别：
传统风貌建筑

建筑规模：
占地面积 912.2 平方米
建筑面积 不详

＊ 历史资料图（图源：希姆森家族相册）

**建筑概况：** 该建筑为地上二层，以花岗岩砌筑墙基，覆孟莎屋顶，屋顶东西及北侧各开两单坡老虎窗，南侧开两双坡老虎窗。建筑南立面中部凸出一弧形体量，建有四根贯通二层的壁柱与三组窄长窗，上部做攒尖顶。该建筑与祥福洋行其他公寓相比，建筑风格更为简洁。

**历史概况：** 祥福洋行于 20 世纪 10 年代初在总督府规划的 19 街区建设了两座花园住宅，分别为 1 号楼（今广西路 7 号）与 2 号楼（今湖南路 14 号）。常年在青岛经营药店的德侨奥托·林克曾在 1 号楼的西侧居住。1914 年日军占领青岛后，祥福洋行地产被全部没收。位于北侧湖南路的 2 号楼已被拆除，现门牌号为广西路 7 号的 1 号楼保存至今，现为住宅。

＊ 广西路 7 号祥福洋行住宅旧址现貌

# 里特豪森旧宅

建筑地址：
青岛市市南区湖南路 11 号

建成时间：
1901 年

保护级别：
市南区一般不可移动文物

建筑规模：
占地面积 2000 平方米
建筑面积 1260.29 平方米

＊ 历史资料图（图源：《胶澳租借地发展备忘录》）

**建筑概况：**里特豪森住宅为砖石木结构，地上二层，局部三层，对称布局。该建筑以花岗石砌筑墙基，主立面设主入口，入口两侧分别设有双圆柱，挑起上部的外突墙体作为门廊。二层墙面做折角塔形处理，中间设拱窗。顶部起弧形山墙，屋面为红瓦折坡，两翼平檐。转角处各有一尖顶饰柱。一、二层均起券拱窗，上嵌石套。该建筑顶部，装饰有八根花岗石尖顶装饰柱。

**历史概况：**奥托·里特豪森于 1898 年到达青岛，开设进出口公司大森洋行。1932 年，西医姜如心在此开办了如心医院。1949 年后，为青岛市市南区机关幼儿园。2018 年改名"青岛市市南区江苏路幼儿园"。

＊ 里特豪森旧宅现貌

# 波特尔公寓旧址

建筑地址：
青岛市市南区德县路 7 号

建成时间：
约 1906 年

保护级别：
市南区一般不可移动文物

建筑规模：
占地面积 2521.2 平方米
建筑面积 不详

＊ 历史资料图（图源：《胶澳租借地发展备忘录》）

**建筑概况：**波特尔公寓为地上二层，带地下室，屋顶局部加建红瓦四向坡顶。平面基本呈方形，西北角设圆形塔楼。淡色砂浆抹面，底部毛石砌筑墙基，立面用白色涂料粉刷出装饰条，层与层之间凸出白色多层线脚装饰条。建筑立面装饰丰富，窗洞样式多为拱形尖券。二层窗扇样式精美，拱形窗上部带波浪花纹。东立面坡屋顶凸出老虎窗，中部一层凸出门斗，石砌台阶连通建筑室内外，上部红瓦覆盖，门口两侧设红色木柱。

**历史概况：**初为德国建筑商卡尔·波特尔所建的出租公寓。20 世纪 30 年代曾为兴发社副社长井上美畅住宅。1949 年后，为青岛市人民代表大会常务委员会办公用房。

＊ 波特尔公寓旧址现貌

# 橡树饭店旧址

No. 6. TSINGTAU. „Die Eiche."

Restaurant zur Eiche

＊历史资料图（图源：历史明信片）

建筑地址：
青岛市市南区莒县路 4 号内

建成时间：
1901 年

保护级别：
市南区一般不可移动文物

建筑规模：
占地面积 821.34 平方米
建筑面积 1384.15 平方米

**建筑概况：** 该建筑地上三层，地下一层。建筑各立面均采用三段式构图，外墙底部石砌基座。南立面底层有较多加建，破坏原有立面风貌，立面窗户部分为拱形窗。西立面阳台现已封闭使用，北侧一层窗洞做弧形、半圆券装饰，其中一个为拱形窗洞，三层两个拱形窗洞，南侧突出矩形体量做水平线脚装饰。

**历史概况：** 初为德国建筑商大丰洋行的约瑟夫·贝尔曼公寓。约 1902 年，贝尔曼将其公寓西南侧增筑的平房出租给保罗·穆勒，后在此开设了橡树饭店。1908 年，保罗·达克塞尔买下橡树饭店，并将其改名为"普绍尔啤酒餐厅"。1911 年，达克塞尔新建的侯爵饭店开业，达克塞尔遂将普绍尔啤酒餐厅卖给格奥尔格·瓦瑟曼。约 1913 年，瓦瑟曼将普绍尔啤酒餐厅卖给路易斯·巴瑟，1914 年，巴瑟将餐厅改回"橡树饭店"。1945—1949 年间，该楼曾为青岛市卫生局所在地。现为民居。

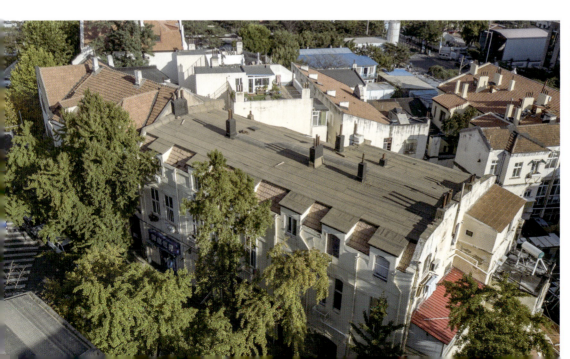

＊橡树饭店旧址现貌

# 馥香洋行旧址

建筑地址：
青岛市市南区莒县路 1 号甲

建成时间：
1901 年

保护级别：
市南区一般不可移动文物

建筑规模：
占地面积 258 平方米
建筑面积 601.65 平方米

※ 历史资料图（图源：历史明信片）

**建筑概况：** 该建筑为地上四层，"C"字形平面，北侧有一单层双坡顶建筑，围合内院。西侧体量较高，屋顶为红瓦双坡顶，东侧为平屋顶。建筑外墙底部石砌基座，墙体转角处做竖向白色线条，一、二层间做白色水平线脚。一层有两个拱形窗洞，砌弧形券，二、三层出挑阳台，二、三层矩形门窗洞口排列整齐，大部分窗洞底部设条石窗台。顶部做一拱形窗，边缘呈曲线形三角形山墙。

**历史概况：** 1899 年，德国人弗朗茨·兰纳与马丁·兰纳兄弟赴青岛经商，并于1900—1901 年间在莒县路购地建房。兄弟二人开设的馥香洋行经营进出口业务，并在黄岛拥有一处砖瓦厂，1907 年，二人又在台西镇新开设一处工厂。现为民居。

※ 馥香洋行旧址现貌

# 罗林洋行住宅旧址

建筑地址：
青岛市市南区德县路 3 号

建成时间：
1902 年

保护级别：
市南区一般不可移动文物

建筑规模：
占地面积 1140.5 平方米
建筑面积 530 平方米

＊ 历史资料图（图源：《胶澳租借地发展备忘录》）

**建筑概况：** 该建筑为三段式砖木结构，基座与墙角局部为花岗岩。富于变化的立面使用了大量复古风格建筑元素。西立面起造型别致、富于变化的折角式山墙，以仿木结构装饰墙面，红瓦坡面上设有老虎窗。建筑底层设具有欧洲特色的明廊主入口位于西北侧，二楼东立面设有全木制阳台。罗林洋行住宅旧址是德国文艺复兴复古形式在青岛最具典型的代表建筑之一。

**历史概况：** 由德国商人哈拉尔德·克列纳在德县路兴建用于出租。1902 年 4 月 1 日，同善会传教士威廉·舒勒出任督署牧师，从远离市中心的同善会住宅迁到这里，由督署出资，在克列纳公寓租房居住。1904 年，舒勒辞去督署牧师一职。后克列纳前往济南府发展，遂将该楼转售他人。1914 年后，这栋公寓曾被作为一所私人医院。1949 年收归国有，曾为青岛市劳动局办公地。现为民居。

141

＊罗林洋行住宅旧址现貌

# 福柏医院旧址

Faberkrankenhaus.

**建筑地址：**
青岛市市南区安徽路 21 号

**建成时间：**
1907 年

**保护级别：**
山东省文物保护单位

**建筑规模：**
占地面积 8432 平方米
建筑面积 1116.63 平方米

＊ 历史资料图（图源：历史明信片）

　　**建筑概况：** 该建筑为砖木石结构，地上三层。以花岗岩砌筑墙基，水泥拉毛墙面，拼花水磨石地面，建筑平面呈自由式布局，沿街的立面起山墙，建筑内部为拼花水磨石地面，房间内为木地板，装有护墙板，双层门窗，顶部设半圆状双窗，在西门入口处墙壁间镶嵌有 1907 年建成时的钢制模型。

　　**历史概况：** 医院建成后，以 1899 年病逝于青岛的德国汉学家、同善会传教士花之安的名字命名为"福柏医院"，主要为欧美侨民提供医疗服务。1914 年 11 月"日据"青岛后，仍由德国侨民管理。1934—1935 年，医院在主楼东北侧以相似风格扩建新建筑。1946 年冬，由于用火不慎，医院发生火灾，屋顶被焚毁，次年改建为平顶三层。福柏医院于 1950 年 1 月被青岛市卫生局接管，1951 年 12 月改名为"青岛市人民医院"。1978 年 3 月，原福柏医院南侧临建成一栋门诊大楼。2005 年 1 月，人民医院并入青岛市市立医院，现为青岛市皮肤病防治医院。

＊福柏医院旧址现貌

# 贝恩旧宅

建筑地址：
青岛市市南区江苏路 8 号

建成时间：
1900 年

保护级别：
市南区一般不可移动文物

建筑规模：
占地面积 1048.63 平方米
建筑面积为 571.47 平方米

❋ 历史资料图（图源：维基百科）

**建筑概况**：贝恩住宅为砖石木结构砖石结构，地上二层，地下一层，附设阁楼。外墙由花岗岩砌筑墙基，窗户多为券窗。建筑主入口位于临街的东侧，上方设木制雨棚，最上方的檐口起山墙，并起挑檐。东南角建有六角塔楼，顶部为盔状塔顶。东立面二楼北侧原设有青岛早期建筑常见的木制阳台。南、北两立面顶部起三角形山墙，南立面二楼设挑窗。屋顶为红瓦坡屋顶，其所使用的红色牛舌瓦样式比较少见。

**历史概况**：初为顺和洋行董事罗兰德·贝恩的住宅，广包公司承建，早期只建成了东半部分，西半部分约 1903—1904 年建成。1913 年，该建筑被卖给前津浦铁路北段总办李德顺。1946 年，第八军军长李弥购得此宅以居住。20 世纪 50 年代初至 1965 年，曾为中国民主同盟青岛支部所在地。1963 年，青岛市计量标准局迁入该建筑，该局 1980 年改称青岛市标准计量局，1992 年改称青岛市技术监督局，后迁出此楼。现为青岛市质量技术监督局市南分局办公楼。

❋ 贝恩旧宅现貌

# 美国长老会旧址

建筑地址：
青岛市市南区江苏路 10 号

建成时间：
1901 年

保护级别：
市南区一般不可移动文物

建筑规模：
占地面积 1113.33 平方米
建筑面积 1175.23 平方米

※ 历史资料图（图源：德国巴伐利亚州立图书馆）

**建筑概况：**美国长老会住宅为砖石结构，地上二层，设地下室和阁楼。外墙以花岗岩大石砌筑墙基，墙角镶嵌隅石，窗户多为券式，阳台下方嵌有绿色釉面瓶状栏杆柱，屋顶设老虎窗。临街东立面采用不对称布局，北侧向外凸出，顶部起山墙，顶部檐口做抹角处理，上方设有塔尖状装饰物。建筑细部处理精细，各处细节各有不同，被认为是"德租"时期建筑的经典之作。

**历史概况：**最初为美国长老会地产，登记在长老会牧师卑尔根名下。后美国驻青岛领事馆曾设于此处。1940 年，长老会将该楼赠与美国基督教青年会。1949 年后由青岛市房管局接管。现为民居。

※ 美国长老会旧址现貌

# 田耕莘旧居

建筑地址：
青岛市市南区广西路1号乙

建成时间：
1937年

保护级别：
传统风貌建筑

建筑规模：
占地面积不详
建筑面积不详

＊ 历史资料图（图源：Google 艺术与文化 _LIFE Photo Collection）

**建筑概况：** 该建筑地上三层，地下一层。建筑平面呈矩形，北侧中部内凹一矩形体块，南侧外凸一半八边形体块。建筑底部以石材砌筑墙基，墙体为砂浆抹面，矩形窗洞下有长条石制窗台。屋顶采用红瓦四坡屋顶，顶部檐口为简洁白色条状。南立面设主入口，入口门厅上部有凹槽形成线条装饰，其上为露台。北立面部分窗封闭，西立面有一处悬挑露台。

**历史概况：** 其地块最初为天主教圣言会地产。1942年，中国籍主教田耕莘调任青岛教区主教。1943年前后，周学熙及其子周志俊化名"隋福德堂代表人隋述庄"为田耕莘承租此住宅。田耕莘在此居住直至1946年。1949年后，作为中国民主建国会青岛市分会委员的周志俊将此处地产捐出。1967年7月，青岛市物资局（1994年改为青岛市物资总公司）迁至此处办公至2000年前后。2020年，该楼经过翻修改为青岛政协文史馆。

＊ 田耕莘旧居现貌

# 安治泰主教公寓旧址

建筑地址：
青岛市市南区湖南路 8 号

建成时间：
1899 年

保护级别：
市南区文物保护单位

建筑规模：
占地面积 1083.34 平方米
建筑面积 2397 平方米

＊历史资料图（图源：德国联邦档案馆）

**建筑概况：** 安治泰主教公寓是一栋双拼式公寓，分为东西两个相对独立的部分。该建筑为地上二层，地下一层，有阁楼。外墙采用中式灰砖墙面，墙角处以花岗岩镶嵌装饰，窗户为矩形，以花岗岩条石嵌套，灰砖与花岗岩形成了较强的材质对比。东西两侧凸出部分设入口，门楣上方嵌有石碑，上刻"1899"字样。凸出部分上方采用抹角切边处理，以丰富立面效果。顶部建有欧式尖塔，曾于 20 世纪后半叶被拆除，2009 年仿照原貌重建。南立面设外廊，有精美的木雕装饰。屋顶最初铺设中式灰瓦，不久即改铺红色板瓦至今。楼内为木制地板地面及木制楼梯，天花板以石膏雕花线脚装饰。

**历史概况：** 该建筑的设计者可能为曾设计过圣言会会馆、圣心修道院的建筑师彼得·贝尔纳茨，为青岛现存最早的"德租"时期建筑之一。1899 年，圣言会把公寓分别出租给了德华银行青岛分行和德华山东矿业公司，20 世纪 20 年代，该建筑的东半部为刘子山名下的东莱银行所有，西半部分从 1927—1937 年则为一所德国学校使用。现为民居。

※ 安治泰主教公寓旧址现貌

※ 20世纪初，安治泰主教公寓旧址现貌

# 青岛商品检疫局旧址

建筑地址：
青岛市市南区平原路 74 号

建成时间：
1929 年

保护级别：
传统风貌建筑

建筑规模：
占地面积 324.4 平方米
建筑面积 不详

❋ 历史资料图（图源：《市南人文历史研究》第 39 期）

**建筑概况：**该建筑为三层合院式，建筑形体沿用地边界展开，围合三角形内院。建筑以花岗岩砌筑墙基，面向道路转角的立面一层设置入口，入口两侧用壁柱做装饰，二、三层开长条形窗，中央均设置悬挑阳台，花岗岩制支撑用曲线装饰。入口立面顶部向上突起三角形山墙，山墙为云纹造型。外墙顶部叠涩挑出檐口。内院立面采用木质外廊，廊柱两侧有雀替和垂莲柱作为装饰。

**历史概况：**1929 年，时任工商部注册科科长牟钧德抵达青岛着手创建商品检验局。不久他将青岛口岸贸易调研情况上报工商部，是年 6 月 6 日，工商部批准设立青岛商检局筹备处。牟钧德选定平原路、安徽路街角的三层公寓式里院建筑作为办公楼。7 月 6 日，工商部正式颁发文件成立青岛商品检验局，牟均德任局长、王斌兴任副局长。7 月 20 日，工商部青岛商品检验局正式挂牌开办业务。

❋ 青岛商品检疫局旧址现貌

# 德县路12号住宅

建筑地址:
青岛市市南区德县路12号

建成时间:
不详

保护级别:
传统风貌建筑

建筑规模:
占地面积561.7平方米
建筑面积 不详

＊历史资料图(图源:历史明信片)

**建筑概况:** 该建筑为地上二层,红瓦组合坡屋顶。红色木结构檐口环绕,拉毛墙面,一、二层窗间用横向白色多条石膏线分隔装饰立面,底部石砌筑墙基。南立面凸出多边形体块,做拱形门廊,拱门上部设楔形券心石和半圆形白色格子窗,二层为白色石膏线装饰的封闭阳台。南立面右侧次入口用白色装饰条装饰拱门。东立面中部凸出三角形山花。

**历史概况:** 历史信息不详,现为民居。

＊德县路12号住宅现貌

# 明水路2号甲住宅

建筑地址：
青岛市市南区明水路2号甲

建成时间：
约1914年

保护级别：
市南区一般不可移动文物

建筑规模：
占地面积 不详
建筑面积 不详

✳ 历史资料图（图源：东洋文库）

　　**建筑概况：** 该建筑地上二层，局部地下一层，带阁楼。屋顶主体为红瓦四坡顶，东南、西南侧局部穿插三坡顶，西北侧局部穿插双坡顶。各立面均采用三段式构图，外墙底部设石砌筑墙基座，墙身采用砂浆抹面，矩形门窗洞口排列整齐，部分窗洞口底部设条石窗台。建筑西北立面左侧突出一层矩形体量，二层露台被后期加建覆盖，屋顶上设蘑菇形墙面，右侧为山墙面，一层开设拱券形窗户，二层开设两个矩形窗，山墙顶部为木板组成的墙面，山墙面一、二层中央设置水平条石装饰，形体转角处装饰有交错砌筑的石材，在山墙面右侧有一石砌墙面，该墙面一层设置菱形窗洞，二层开设拱券形窗洞。建筑东北立面除矩形窗洞外右侧一层有部分加建。

　　**历史概况：** 历史信息不详，现为民居。

✳ 明水路2号甲住宅现貌

151

# 观海一路6号甲住宅

建筑地址：
青岛市市南区观海一路6号甲

建成时间：
不详

保护级别：
市南区一般不可移动文物

建筑规模：
占地面积 1620.38 平方米
建筑面积 不详

❋ 历史资料图（图源：东洋文库）

**建筑概况：** 该建筑平面较为规整，整体呈现矩形，建筑北立面偏东有一矩形体块外凸，南立面中部有一"凸"字形体块，东立面外凸一矩形体块。建筑共四层，其中包含一层地下层和一层阁楼层。立面三段式构图，白砂浆抹面，屋檐下墙面抹灰凸出，拱形及矩形窗洞整齐排列，窗下有长条窗台，底部石材砌筑墙基，檐口为石材与红色木材组合式檐口，屋顶采用红瓦四坡屋顶及双坡顶组合的组合式屋顶，屋顶高起烟囱体，并开有眉形老虎窗。建筑整体以曲线为其特点。南立面中部外凸体块顶为曲线形屋顶，入口处有一曲线型雨篷，前有一部石制楼梯。曲线形屋顶上有一处梯形山墙，山墙下有两个矩形洞口。

**历史概况：** 20世纪40年代末期，知名医生杨枫及其侄儿、青年诗人杨唤曾居住于此。现为青岛大学附属医院办公用房。

❋ 观海一路6号甲住宅现貌

# 沈鸿烈旧居

建筑地址:
青岛市市南区观海一路8号

建成时间:
约1932年.

保护级别:
市南区一般不可移动文物

建筑规模:
占地面积1285平方米
建筑面积 不详

※ 历史资料图（图源：美国福音派路德教会档案馆）

　　**建筑概况：** 该建筑地上二层，带地下室与阁楼。建筑立面为三段式构图，砂浆抹面，墙面有石材装饰，底部石材砌筑墙基，檐口较为简洁仅有红色木质檐口外加白色横向落水管，屋顶采用红瓦半四坡屋顶组合双坡顶的组合式屋顶以及平屋顶结合，东南立面左侧屋顶形式类似伞状，屋顶高起烟囱体，并有老虎窗。建筑东南立面左侧有一露台，现已封闭，原露台栏板有石材装饰，立面上有一处梯形山墙，山墙有残留部分半木结构装饰。建筑东立面有一处梯形山墙，建筑北立面有一处露台，上部搭有临时性棚子，右侧有一处梯形山墙。

　　**历史概况：** 1931—1937年，沈鸿烈在青岛执政期间，在此居住过一段时间。沈鸿烈，湖北天门人，字成章。1932年任青岛市市长。在青期间，主导修建了青岛船坞、青岛体育场、青岛市礼堂、栈桥扩建等工程。

※ 沈鸿烈旧居现貌

# 观海台

建筑地址：
青岛市市南区观海二路
观海公园内

建成时间：
1927 年

保护级别：
市南区一般不可移动文物

建筑规模：
占地面积 不详
建筑面积 不详

✳ 历史资料图（图源：Google 艺术与文化 _LIFE Photo Collection）

**建筑概况**：该建筑为钢筋混凝土结构。四角设四个方形柱，柱子下部为石材砌筑的柱基，柱子带有横向划分的线条装饰，白色砂浆抹面，柱子上部有带有多层线脚的柱头，线脚有弧线角与直线角组成，样式简约。建筑中部有一部楼梯直通上部平台，一层地板铺有红色地砖。露台使用大理石板铺装，四周设有栏板，中部内凹面有凹槽排列，上部加有灰色铁质栏杆。栏板四周有长条座椅，座椅上铺有木板。

**历史概况**：1927 年，胶澳商埠总办赵琪在视察了观海山之后，即决定在山顶增修一座四方形"观海台"，以供游人观光。"观海台"建成之后，市民纷纷登台观览风光。《胶澳志》载："当市内之中央，遍山植松，山巅有观海台，登山遥望海西胶州湾之曲折，了如指掌。"

✳ 观海台现貌

# 蔡元培旧居

建筑地址：
青岛市市南区平原路 12 号

建成时间：
不详

保护级别：
市南区一般不可移动文物

建筑规模：
占地面积 1461.82 平方米
建筑面积 不详

※ 历史资料图（图源：《青岛画报》2019 年 4 月上旬刊）

建筑概况：该建筑共四层，局部三层。建筑东南立面三层露台后期被封闭，屋顶高起混凝土栏板围合，西南立面四层建筑形体转角处采用带分格的人造石饰面装饰，一层位于半地下，外墙装饰为石砌墙面，二层开设拱券形窗户，窗户顶部带分格的人造石窗楣，中央高起梯形石块，三、四层开设矩形窗洞，窗洞底部设石窗台，顶部装饰有大小不同菱形和梯形石块，整体对称呈锯齿状。屋顶檐口突出于墙面，屋顶有混凝土栏板围护。建筑西北立面无窗洞开设，与相邻建筑相接。

历史概况：1929 年，蔡元培任国立青岛大学筹备委员会委员，他来青岛时住在大学路的校舍里，后短居于此。

※ 蔡元培旧居现貌

# 张铮夫旧居

建筑地址：
青岛市市南区平原路 8 号

建成时间：
1924 年

保护级别：
市南区一般不可移动文物

建筑规模：
占地面积 776 平方米
建筑面积 453.46 平方米

＊ 历史资料图（图源：京都大学附属图书馆）

**建筑概况：** 该建筑地上三层，屋顶主体为平屋顶，外围有一圈石质女儿墙。屋顶突出外墙面，凸出部分由三角弧形镂空构件支撑。外墙底部以花岗岩砌筑墙基，墙身采用淡色洒毛灰，矩形门窗洞口排列整齐，窗洞口底部设条石窗台，形体转角处有交错砌筑的石材做装饰。东南立面左侧突出矩形体量，中央突出两层矩形体量，转角处有圆形石柱支撑，下部有线脚装饰，后期顶部有加建。东北立面右侧突出半六边形体量，三面都有矩形窗户，屋顶有多层线脚装饰。西北立面设有悬空木质走廊连通一座二层单坡屋顶的中式小楼。

**历史概况：** 张铮夫旧居有西式楼和中式楼两栋建筑，为张铮夫的母亲主持建成，张铮夫母子住在西式楼上，佣人及家眷住在中式楼里。张铮夫，又名鉴祥，亦称镜芙，是山东著名的藏书家。他的藏书以目录学著作为主，另专门收藏明、清两代山东人著作。藏书斋称"千目庐"。现为民居。

＊ 观海台现貌

建筑地址：
青岛市市南区观海二路 49 号

建成时间：
1923 年

保护级别：
青岛市文物保护单位

建筑规模：
占地面积 856.3 平方米
建筑面积 不详

＊ 历史资料图：王统照家人在寓所合影（图源：《王统照全集》）

**建筑概况：** 该建筑为砖石木结构，地上一层，红瓦坡屋顶，灰色水泥外墙，有三角形山墙，建筑平面呈"F"形。院落位于观海山西侧，背依山体，有着较好的自然环境。

**历史概况：** 1923 年，王统照家在此置地筑屋，1927 年，王统照迁居于此。在这里王统照创作了《山雨》《青岛素描》《这时代》等。王统照，字剑三，笔名息庐、容庐。现代作家。山东诸城人。1924 年毕业于中国大学英文系。1918 年办《曙光》。1921 年与郑振铎、沈雁冰等发起成立文学研究会。曾任中国大学教授兼出版部主任，《文学》月刊主编，暨南大学、山东大学教授。中华人民共和国成立后，历任山东大学文学系主任，山东省文教厅副厅长、山东省文联主席等职。

＊ 王统照旧居现貌

建筑地址：
青岛市市南区观海二路 13 号甲

建成时间：
1923 年

保护级别：
青岛市文物保护单位

建筑规模：
占地面积 568.2 平方米
建筑面积 300 平方米

❋ 历史资料图：王献唐像（图源：1929 年《中央训练部部务汇刊》）

**建筑概况：** 该建筑为砖混结构，地上一层，红瓦坡屋顶，位于观海山山体东北侧，外墙为水泥抹灰墙面，开有矩形窗。

**历史概况：** 1923 年，王献唐建此住宅，并长居于此。王献唐，字献堂，号凤生，以字行。山东日照人。11 岁来到青岛礼贤书院就读，文科结业后插修德文班。17 岁入青岛特别高等专门学堂学习。1927 年，到南京任国民党中央党部秘书。1929 年 8 月 2 日，任山东省图书馆馆长，并创建山东省图书馆协会。

❋ 王献唐旧居现貌

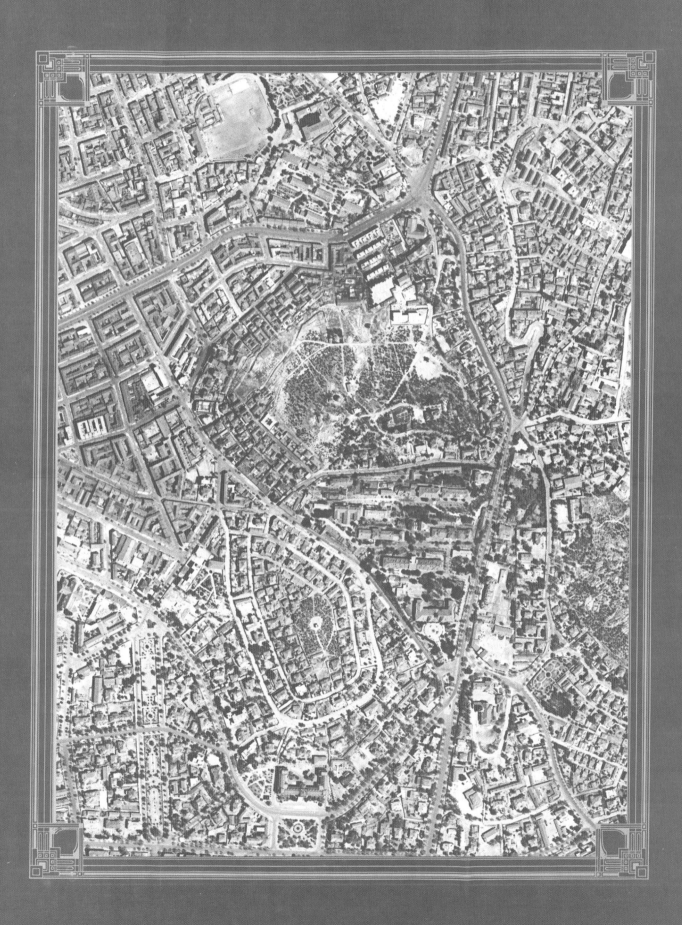

观象山
历史文化街区

# 青岛观象台旧址

建筑地址：
青岛市市南区观象二路 15 号

建成时间：
1912 年

保护级别：
全国重点文物保护单位

建筑规模：
占地面积 不详
建筑面积 不详

✳ 历史资料图（图源：维基百科）

**建筑概况：** 青岛观象台由德国海外舰队联合会捐资，汉诺威建筑师舒备德设计。建筑主体三层，塔楼七层，高 21.6 米。其外墙全部为花岗岩蘑菇石砌筑而成，屋顶为牛舌瓦大坡屋顶，塔楼顶部的女儿墙砌成雉碟状，整座大楼形似一座欧洲古堡。观象台楼内设计有办公室、实验室、图书馆、公共阅览室、存放时钟的恒温地下室、装有双取暖设备的仪器温度系数测定室、金工车间及其他附属房间。建筑内部一层为紫红色釉面砖地，楼层之间以石条阶梯相连通。当时观象台的任务，除了预报风暴和天气情况，还对地震、地磁、天文、潮汐以及海港测量等多个项目进行观测。

**历史概况：** "日据"青岛后，青岛观象台更名为"青岛测候所"，开展山东全省以及沿海气候的调查。1925 年，中国气象协会在观象台成立。1931 年，青岛观象台建成了中国第一幢自行建造的大型赤道仪圆顶观测台，内置法国造物镜口径为 33 厘米、焦距 3.5 米的标准天图式赤道仪，是当时中国最先进的天文望远镜之一。1951 年，观象台由海军接管，并命名为"海军青岛基地观象台"。1978 年，青岛观象台被裁撤，1983 年恢复。

＊ 青岛观象台旧址现貌

＊ 20 世纪 10 年代，青岛观象台

# 中华人民共和国水准原点

建筑地址：
青岛市市南区观象山公园内

建成时间：
1954 年

保护级别：
市南区一般不可移动文物

建筑规模：
占地面积 不详
建筑面积 不详

＊ 历史资料图（图源：维基百科）

**建筑概况：** 该建筑为全花岗岩四面坡攒尖顶小楼，四面装饰拱券山墙。屋内则是一口 2 米深的旱井，井中间有一个拳头大小的球型水袋玛瑙，玛瑙上一个红色小点，标志着此高度是海拔 72.2604 米。

**历史概况：** 中华人民共和国水准原点建成后，全国一切海拔标高均以这里为测定原点。

＊ 中华人民共和国水准原点现貌

# 观象台台长官邸旧址

建筑地址：
青岛市市南区观象二路 10 号

建成时间：
1912 年

保护级别：
市南区一般不可移动文物

建筑规模：
占地面积 688.54 平方米
建筑面积约 500 平方米

＊历史资料图（图源：维基百科）

**建筑概况：** 该建筑位于观象台东南侧的山坡上，为一栋二层住宅建筑，附设阁楼及地下室。地基以花岗岩蘑菇石砌成，外墙为浅色墙面，装饰简洁，窗台铺设花岗岩条石装饰。屋顶上覆牛舌瓦，开波浪形老虎窗。官邸与观象台之间有一条小路连接。

**历史概况：** 官邸的第一任居住者为皇家青岛观象台台长布鲁诺·迈尔曼博士，1914 年日本占领青岛，迈尔曼作为战俘被押往日本。1924 年中国政府收回青岛观象台，气象学家蒋丙然任台长并居住于此。1929 年，地球物理和气象学家王应伟任青岛观象台气象地震科科长，也入住此处。蒋丙然住在二楼，王应伟住在一楼。1949 年后改为民居至今。

＊观象台台长官邸旧址现貌

# 观象山地磁房旧址

建筑地址：
青岛市市南区观象山公园内

建成时间：
1905 年

保护级别：
青岛市文物保护单位

建筑规模：
占地面积 166.2 平方米
建筑面积 43.8 平方米

❋ 历史资料图（图源：抗日战争与近现代中日关系文献数据平台）

**建筑概况：** 该建筑为一层红瓦坡顶平房，高约 4 米，院墙由石灰石、木材、铜钉、铅活页等不含铁的材料组成，墙厚半公尺，建筑五金件全部采用铜制，且周围绝对禁止含铁物质的存在，以确保工作的准确性。室内安装磁力仪、俯度仪和自动记录磁偏等仪器。

**历史概况：** 该建筑最初属德国在青岛设立的气象天测所，与气象台主楼同为天测所 1905 年迁址观象山后所建，为中国最早的地磁观测室，主要用于青岛及山东沿海地区的地磁观测和开展相关研究，具体观测项目包括磁偏、磁倾、平磁力及垂磁力等。其正规地磁观测始于 1910 年，至 1957 年 3 月因业务移交中国科学院而终止。

❋ 观象山地磁房旧址现貌

# 望火楼旧址

建筑地址：
青岛市市南区观象一路西端

建成时间：
约 1921 年

保护级别：
市南区一般不可移动文物

建筑规模：
占地面积 不详
建筑面积约 170 平方米

\* 历史资料图（图源：京都大学附属图书馆）

**建筑概况：** 望火楼为三段式建筑，砖石结构，花岗岩斧垛石台基，高约 3 米，波纹水泥墙饰，大门向西，以花岗岩垛斧石嵌饰，小窑孔窗。楼高 18 米，海拔高度 77 米，顶部为八角形露天阳台，以八根水刷石柱支撑盔帽式塔顶。室内为花岗岩旋转石梯，由大门直达顶层。

**历史概况：** 建成后长期用于发现火灾、观察火情，1930 年开通电话报警后逐渐被取代，1940 年代初封闭弃用。1949 年后，望火楼曾作为市南区房管局龙华路房管所仓库使用，1975 年曾经历一次维修，后长期闲置，现为重建而成。

\* 望火楼旧址现貌

# 督署医院旧址

Tsingtau.　　Gouvernements-Lazarett.

建筑地址：
青岛市市南区江苏路 16 号

建成时间：
1904 年

保护级别：
市南区一般不可移动文物

建筑规模：
占地面积 58956.92 平方米
建筑面积 7282 平方米（1906 年）

❋ 历史资料图（图源：历史明信片）

**建筑概况：**督署医院 1898 年 5 月开工建设，由城市规划建筑师马克斯·克诺普夫设计。建成后的医院共有各类建筑近 20 栋，大多数建成于 1903 年以前，且大部分为单层建筑，一些建筑如三座病房楼部分单层部分两层，办公楼则为两层孟莎屋顶。建筑群中规模最大的 III 号病房楼位于街区中央，其南侧为花园，东侧为大门，北侧为先期建成的 I 号、II 号病房和其他附属建筑。所有建筑基座均为花岗岩砌成，外墙为白墙，屋顶覆盖各式红瓦（最初为铁皮屋顶），立面多为三段式或五段式对称划分，外墙以花岗岩、桁架、巴洛克式山花与纹路装饰，其中办公楼的风格尤其带有巴洛克风格的特色。

目前，督署医院建筑群仅剩五栋建筑，包括规模最大的 III 号病房楼旧址（曾为检验楼，现更名为"德华楼"）、江苏路大门门房、临江苏路的一栋平房（曾为青医附院医学美容中心，现为儿童保健科）、医院东北角的病房楼（曾为皮肤科、中医科病房，现名"德馨楼"）、医院西北角临平原路的一栋平房。

**历史概况：**1899 年 12 月，1 号病房楼竣工投入使用，设有病床 39 张，同时投入使用的还有大药房、两处附属建筑与两处医护人员住房。2 号病房楼于 1899 年开工，1900 年建成，可容纳 35 张病床，并设有外科手术室，同时建成的还有车库和洗衣房。1903 年冬，3 号病房楼建成，设有眼科、耳科、精神病等专科病房。1904 年，医院的建设最终告一段落，整个建筑群耗资约 198 万马克。1914 年后，医院被日军占用并改为青岛陆军病院。1916 年 6 月，青岛病院设立。1927 年，医院由同仁会接管，改称同仁会青岛医院。1946 年，国立山东大学接管该医院并建立国立山东大学附属医院。1956 年，山东大学附属医院改为青岛医学院附属医院。1993 年，医院改为青岛大学医学院附属医院，2013 年又改称青岛大学附属医院。

※ 督署医院旧址现貌

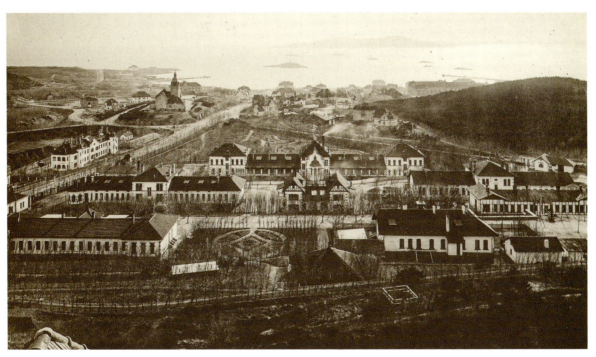

※ 20 世纪 10 年代，督署医院全貌

建筑地址：
青岛市市南区观象二路 1 号

建成时间：
1940 年

保护级别：
青岛市文物保护单位

建筑规模：
占地面积 2225.34 平方米
建筑面积 1481.95 平方米

＊历史资料图（图源：青岛市立医院档案室）

**建筑概况：** 圣保罗教堂由白俄建筑师尤力甫与丹麦建筑师艾术华联合设计。其典型的意大利罗曼风格式样明显参考了 1925 年落成的上海圣公会诸圣堂。教堂外立面的清水红砖外墙和 26 米高的钟楼细部，带有典型的哥特复兴风格特征。高耸的长方体钟楼为是整个教堂立面的构图中心，楼上覆红瓦的四面缓坡，屋顶的中心立有十字架，钟楼外立面用砖砌方式装饰出罗曼风格的连拱纹，面向路口的侧山墙檐口相呼应的设有券齿装饰。钟楼顶部的四面设三联拱券窗，并以简化的多力克式柱体分割，内部有 60 级台阶通往楼顶。因教堂位置显著，并处于地势的高点，建成后也成为附近多条街道的对景建筑。

**历史概况：** 1958 年，内地新教教会实行联合礼拜，青岛市区近 50 处教堂被合并为七个聚会点，该教堂为其中之一。1966—1976 年，教堂遭到破坏。后部分改为民居，部分被分割为二层，作为市北税务局办公楼使用。1990 年重新开放为宗教场所，钟楼顶部的十字架重新安装，但是原教堂的两个大堂仅开放了南侧的一个，另一侧为民居。

＊ 圣保罗教堂现貌

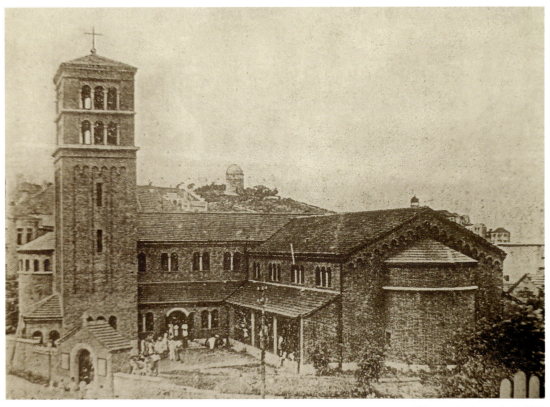

＊ 20 世纪 40 年代，圣保罗教堂

# 浸信会礼拜堂旧址

建筑地址：
青岛市市南区济宁路 31 号

建成时间：
1923 年

保护级别：
青岛市文物保护单位

建筑规模：
占地面积 934.43 平方米
建筑面积 1693.43 平方米

✳ 历史资料图（图源：《青岛近代建筑 1922—1937》）

　　**建筑概况**：浸信会礼拜堂位于济宁路东侧，由信徒于墨林出资兴建。浸信会礼拜堂的主立面仿照希腊神庙进行设计，一层由粗石贴面，正面设六个墙垛，放置六根爱奥尼半圆壁柱，柱头撑起一面三角形山墙。主入口分居一层中轴线两侧，二层三层为三个开间分设三列窗户，前方设宽大台阶，15 级踏步。楼内一层为大厅和辅助用房，二、三层为通高两层的圣堂，内部几乎没有任何装饰。

　　**历史概况**：该堂建成后，先后有美国传教士崔怡美、道哲斐、纽敦、孙约翰和华人传教士高德政、王之仆任牧师。1941 年太平洋战争爆发后，被日军接管。1942 年 5 月，当局将该堂发还给教会，聚会又得以恢复。由王之仆任牧师。抗日战争胜利后，孙约翰重回该堂任牧师。1948 年，王矶法任该堂牧师，直到 1965 年。1958 年该堂为联合聚会点，1965 年停止聚会。现为一家青年旅舍和西餐厅。

＊ 浸信会礼拜堂旧址现貌

# 观象一路11号甲住宅

建筑地址：
青岛市市南区观象一路 11 号甲

建成时间：
不详

保护级别：
市南区一般不可移动文物

建筑规模：
占地面积 不详
建筑面积 不详

　　**建筑概况**：该建筑地上两层，局部地下一层。建筑上部做平屋顶，平面整体呈矩形，局部突出。檐口向外挑出，屋顶沿主墙有矩形烟囱体凸出。建筑立面形制简洁，地下层与一层下部采用石砌筑墙体，上部做淡色抹灰，立面做矩形门窗洞，窗下做条形窗台。建筑南立面左侧一层突出，上部做阳台，阳台栏板做条形镂空，立面中部主入口处做一券型门廊，外接"L"形转折楼梯，楼梯栏板做条形镂空。建筑南立面形制简单，与整体风格统一，立面中部做一条形竖窗贯通一、二层。

　　**历史概况**：为日伪时期四方铁路工厂厂长唐蜀眉建造。曾在此开办中九医院。抗战胜利后该建筑没收充公。唐蜀眉曾任太平洋会议山东代表、青岛青州满族联谊会会长，"日据"青岛时期曾任四方铁路工厂厂长。

＊ 观象一路 11 号甲住宅现貌

# 观象一路15号住宅

建筑地址：
青岛市市南区观象一路15号

建成时间：
1934 年

保护级别：
市南区一般不可移动文物

建筑规模：
占地面积 620.1 平方米
建筑面积 不详

＊ 历史资料图（图源：美国海军历史和遗产司令部档案）

**建筑概况：** 该建筑地上二层，部分半地下层，带阁楼，平面整体为矩形，局部突出。建筑上部采用红瓦四坡屋顶，多处开老虎窗，檐口处排水沟挑出。建筑立面下部采用石砌筑墙基，上部为粗面抹灰。南立面中部做弧形山花隆起，山花两侧做叠涩式线脚与挂落装饰。入口处做踏步通向院落，券型门洞上侧做弧形阳台，阳台采用分格式样栏板，下部用爱奥尼石柱支撑，左右两边做矩形窗洞，现被后期悬窗遮盖。北立面及东西立面皆做矩形窗洞，下部设条形窗台装饰，部分窗上做叠涩式灰塑窗楣装饰。

**历史概况：** 历史信息不详，现为民居。

＊ 观象一路15号住宅现貌

# 观象一路21号住宅

建筑地址：
青岛市市南区观象一路21号

建成时间：
1931年

保护级别：
市南区一般不可移动文物

建筑规模：
占地面积309.4平方米
建筑面积 不详

＊历史资料图（图源：美国海军历史和遗产司令部档案）

**建筑概况：**该建筑平面整体呈方形，地上二层，带地下室。上部主体为一红瓦四坡屋顶，局部凸出红瓦三坡顶，檐口处后加挑檐沟，南侧部分开四个单坡老虎窗，西侧与北侧做两双坡老虎窗，沿北侧与中部主墙有烟囱体凸出。建筑立面整体下部做石砌筑墙基，上部做淡色抹灰，立面做矩形门窗洞口，窗洞口下嵌条石窗台。建筑南立面中部凸出，一层处原为门廊，两侧做爱奥尼式圆柱支撑上部阳台，阳台栏板上压条石，顶部有弧线型山花高高隆起，现一、二层皆加建外墙封闭使用，南立面左侧有一门洞作为建筑入口。一层左侧有加建矮房。

**历史概况：**历史信息不详，该建筑现为民居。

＊观象一路21号住宅现貌

# 观象一路23号住宅

建筑地址:
青岛市市南区观象一路23号

建成时间:
不详

保护级别:
市南区一般不可移动文物

建筑规模:
占地面积800.6平方米
建筑面积 不详

\* 历史资料图（图源：美国海军历史和遗产司令部档案）

**建筑概况：** 该建筑平面整体呈方形局部凹凸，整体地上二层，局部三层。上部屋顶主体为两红瓦双坡顶相交，檐口处外包红色破风板，主体屋顶东西两侧开单坡高窗，沿主墙处有方形烟囱体耸立。建筑立面以石砌筑墙基，立面开矩形门窗洞口，窗下嵌条石窗台。屋檐下墙面做红色仿木架装饰，立面中部凸出一梯形体量，立面右侧原一层为外廊，二层为阳台，阳台栏板上压条石，现一、二层皆加窗封闭使用，立面左侧凸出一三坡顶矮房，上部二层檐口下做石子镶面装饰。建筑西立面形制简洁，三层为阳台，阳台栏板上做方石装饰，阳台内有加建矮房，立面左侧原来有楼梯处现亦加筑二层矮房遮挡。

**历史概况：** 历史信息不详，现为民居。

\* 观象一路23号住宅现貌

# 观象一路51号住宅

建筑地址：
青岛市市南区观象一路 51 号

建成时间：
1929 年

保护级别：
市南区一般不可移动文物

建筑规模：
占地面积 467.3 平方米
建筑面积 不详

**建筑概况：** 该建筑地上二层，红瓦坡顶为四坡和双坡顶组合屋顶，东北角和中间屋顶上部各设一个烟囱。建筑被院墙围合，院门位于建筑东侧，建筑西北立面与院墙之间被后期封闭。建筑南部接一层加建建筑，加建建筑为平顶，建筑东南侧建有独立一层单坡建筑。建筑西南立面左侧突出客厅空间，并在墙面上突出半六边形体量，三面都有矩形窗户，左侧底部为主要入口空间，入口前廊上部作为二层居室的阳台使用。

**历史概况：** 历史信息不详，现为民居。

＊观象一路 51 号住宅现貌

# 观象一路9号住宅

建筑地址：
青岛市市南区观象一路9号

建成时间：
1930年

保护级别：
市南区一般不可移动文物

建筑规模：
占地面积700.3平方米
建筑面积 不详

＊ 历史资料图（图源：维基百科）

　　**建筑概况：** 该建筑平面整体呈凹字形，地上二层，带阁楼和地下室。屋面为红瓦双坡屋顶，东西两侧凸出部分做复折式屋顶，北侧屋顶开多处单坡老虎窗，沿东西侧外墙处有烟囱体耸立。建筑南立面形制繁杂华丽，中轴对称，建筑立面下部整体为石砌筑墙基，东西两侧凸出部分上部墙体做清水砖墙；立面中间部分一层处原为开场外廊，下部以方柱支撑，柱间做带有特色雕饰的栏板，柱上檐板做"回"字形灰塑雕饰，雕饰上方做叠涩线脚，现方柱间皆加窗将廊封闭，一层中部开一门洞作为建筑主入口，外侧做扇形踏步通向院落内；立面外廊二层为阳台，阳台外做十字形镂空栏板，二层中部做一阶梯形山花高起，山花上做六边形雕刻装饰，山花中部开一门洞进入建筑内部。

　　**历史概况：** 历史信息不详，该建筑现为民居。

＊ 观象一路9号住宅现貌

# 陈干、林济青旧居

建筑地址：
青岛市市南区观象一路5号

建成时间：
20世纪30年代

保护级别：
市南区一般不可移动文物

建筑规模：
占地面积494.4平方米
建筑面积约239平方米

＊历史资料图（图源：美国海军历史和遗产司令部档案）

**建筑概况：** 该建筑平面整体呈方形，地上两层。屋顶东侧为一红瓦双坡顶与一红瓦双坡复折式屋顶相交错，西北侧有一红瓦双坡顶凸出，主体屋檐外包红色破风板。建筑墙体下部为石砌筑墙基，立面整体做矩形门窗洞口，窗洞下方做条形窗台。建筑东南立面二层复折屋顶下开一半圆形洞口，二层中部向外挑出一阳台，阳台外侧做铁艺栏杆，阳台下部为入口门廊，现被外侧加建建筑遮挡。建筑东北立面屋顶开三处老虎窗，立面一层左侧做一网格矩形窗。建筑西北立面中部做一直跑楼梯，西南立面二层处后加一外挑悬窗。

**历史概况：** 1922年，陈干在参与"鲁案"接收过程中，表现杰出，被康有为赞誉为"鲁案砥柱"，同年，陈干住进观象一路5号。1936年7月9日，林济青代理山东大学校长，林济青由济南来青暂居于此。现为民居。

＊陈干、林济青旧居现貌

# 江苏路 32 号住宅

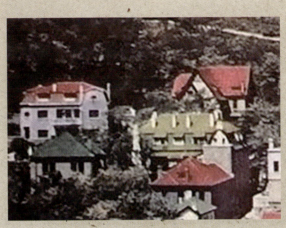

建筑地址：
青岛市市南区江苏路 32 号

建成时间：
1 号楼：1937 年
2 号楼：1922 年

保护级别：
市南区一般不可移动文物

建筑规模：
占地面积 3375.3 平方米
建筑面积 不详

❋ 历史资料图（图源：历史明信片）

**建筑概况：** 该建筑的 1 号楼主体二层，有阁楼，三面均耸起三角山墙，并以白色半木构装饰。2 号楼为红瓦坡屋顶，开有长方形老虎窗，主体两层，半地下室，花岗岩砌筑至一层，正立面左侧耸起一座山墙，上开半圆形窗户。

**历史概况：** 1937 年 6 月，陈宗光将该建筑地权出让给胶济铁路员工养老储金保管委员会代表；1947 年栾宝德取得该地地权；1958 年 4 月，铁道部济南铁路管理局取得该处产权，后于 1965 年 6 月青岛市房产管理局将该房屋产权移交铁道部青岛铁路疗养院自行管理；1958 年 4 月，济南铁路管理局将房产移交"青岛市人民委员会交际处"。现为青岛市公安局刑侦支队办公楼。

❋ 江苏路 32 号住宅现貌

# 萧红、萧军、舒群旧居

建筑地址：
青岛市市南区观象一路 1 号

建成时间：
1928 年

保护级别：
青岛市文物保护单位

建筑规模：
占地面积 415.2 平方米
建筑面积 320 平方米

＊历史资料图（图源：美国海军历史和遗产司令部档案）

**建筑概况：** 该建筑为砖石木结构，地上二层，红瓦坡屋顶。平面呈"L"形，以花岗岩砌筑墙基，墙面为泥抹灰，东北立面有花岗岩蘑菇石砌花形阳台矮墙。该建筑处于高地上，与观象一路有约 6 米的地形高差，由花岗岩台阶自观象一路进入围院。

**历史概况：** 1934 年作家萧军、萧红来此避难，与作家舒群比邻而居。在这座小楼里，萧军完成了长篇《八月的乡村》；萧红完成了《生死场》，均由鲁迅作序并推荐出版。后舒群因叛徒出卖被捕，在看守所中创作了中篇小说《没有祖国的孩子》。现为民居。

萧红，本名张秀环，女作家，作品有《生死场》《孤独的生活》《砂粒》《马伯乐》《呼兰河传》等。

萧军，本名刘鸿霖。1932 年，在哈尔滨化名"三郎"正式开始文学创作。作品有长篇小说《八月的乡村》等。

舒群，本名李书堂。1935 年参加上海左翼作家联盟，后历任延安鲁艺文学系主任，东北大学副校长。作品有《没有祖国的孩子》等。

＊ 萧红、萧军、舒群旧居主入口现貌

＊ 萧红、萧军、舒群旧居全景现貌

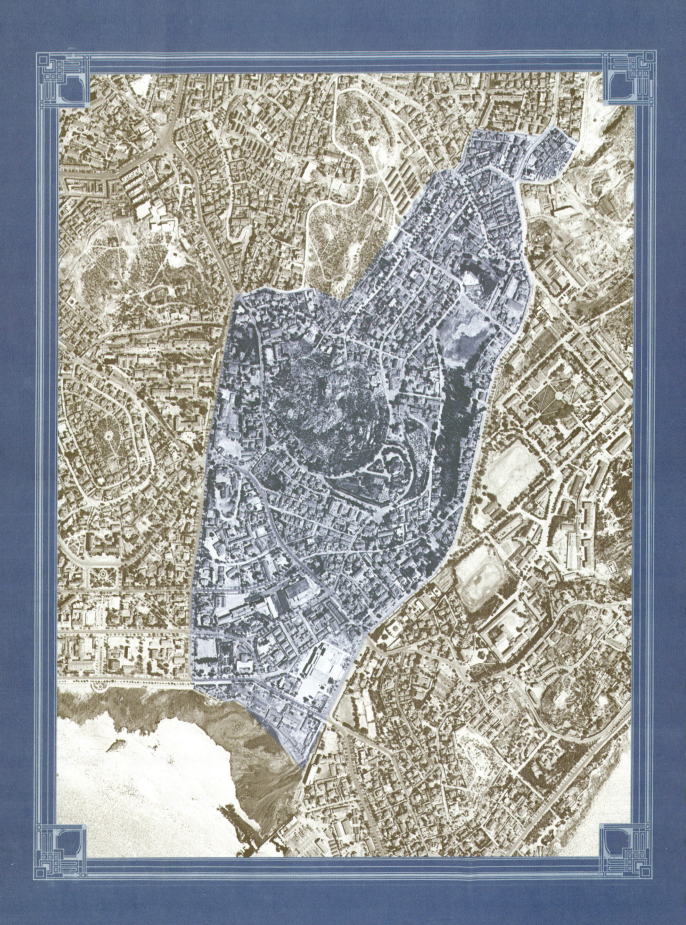

信号山
历史文化街区

# 胶澳总督官邸旧址

＊ 历史资料图（图源：京都大学附属图书馆）

建筑地址：
青岛市市南区龙山路 26 号

建成时间：
1908 年

保护级别：
全国重点文物保护单位

建筑规模：
占地面积 6234.42 平方米
建筑面积约 4083 平方米

**建筑概况：**胶澳总督官邸由建筑师拉察洛维奇设计，该建筑为钢木砖石混合结构，高 30 余米，主体二层，局部四层，带地下室。外立面由粗犷的花岗石毛石叠砌，折坡式屋顶穿插起伏，错落有致。西南角建有塔楼。主入口位于西侧，其上部由花岗石雕成放射状的山墙、锚链与檐口的诺曼龙头装饰给人以船形感，雕刻橡树叶纹样装饰的南立面中部券柱柱廊，连接起东西实体部分。楼内是一间双层大厅，大厅二楼北墙上方设有一处外挑式带有可开启小窗的内廊，打开窗可以看到一楼大厅。大厅东侧设暖房，其顶部为钢架玻璃顶。二楼是总督及家眷的住房，三楼为客房和仆人的住房。各房间内的原装灯具、壁炉式样各不相同。该建筑是"德租"时期青岛建筑中折中多种形式特征的经典。它既有复杂变化的红坡屋顶，又有极具特色的山墙面，还有体量颇大的尖顶角楼。另外，它既有新艺术运动的建筑特征，又有浪漫主义德意志城堡特色。

**历史概况：**该建筑于 1905 年 10 月，经过重新周密论证设计、选址，在信号山东的山间正式破土动工。1907 年 10 月，这幢建造期历时三年的巨大官邸基本完成。花房、阳台、马厩等附属建筑于 1908 年最终完工。官邸建成后，时任胶澳总督都沛禄从奥古斯特·维多利亚海岸附近的临时官邸搬迁到此处居住。后下任总督麦维德继续在此居住。1914 年 11 月，该建筑改为日本守备司令官邸。1922 年 12 月，中国收回青岛主权后，改为胶澳商埠督办官邸。1930 年，南京国民政府接收青岛，初将官邸改为"市长官舍"，后作为招待贵客的"迎宾馆"。1938 年 1 月，日本再次侵占青岛，将官邸旧址改为国际俱乐部。青岛解放后，官邸旧址用作高层干部疗养。20 世纪 90 年代，官邸旧址开始作为旅游景点对外开放。

＊ 胶澳总督官邸旧址现貌

＊ 20世纪初，胶澳总督官邸

# 江苏路基督教堂

建筑地址：
青岛市市南区江苏路 15 号

建成时间：
1910 年

保护级别：
全国重点文物保护单位

建筑规模：
占地面积 5953.66 平方米
建筑面积 1297.51 平方米

✱ 历史资料图（图源：德国联邦档案馆）

**建筑概况**：江苏路基督教堂由建筑师罗克格设计，为典型的欧洲中世纪塞堡式风格，具有浓厚的浪漫主义色彩。高耸的四棱曲线钟楼高 39.1 米，楼内设有旋转楼梯可直上塔顶，钟楼内置德制两小一大机械报时钟，每逢整点准时自鸣。钟楼南侧连接一座可容纳千人的礼拜堂，屋顶为孟莎式，上覆红色筒瓦。礼拜堂主入口处饰以粗石，大厅地面为方形大理石板。厅内壁柱同样为大理石雕制，底座八角形，柱头斗形曲线。堂内设置为信义会风格，设有祭台和供信徒祷告的长椅和跪凳。

**历史概况**：1906 年 10 月，柏林信义会成立了一个教堂设计评审委员会，并于次年 1 月在远东各大城市征集教堂设计方案，并设一、二、三等奖。最终有 11 位建筑师投稿参与。经公示和投票，住在天津的德国建筑师罗克格设计的方案被选为第一名。但后来，南立面和塔楼采用了建筑师李希德和哈赫梅斯特的设计方案。1908 年 4 月 19 日，这座教堂开工建造，到 1910 年 10 月 23 日落成使用。基督教堂建成后，由已在青岛传教十余年德国信义会教士和士谦负责管理。1925 年，德国信义会将在青岛教产转让给美国信义会，于是基督教堂遂成为各国新教教徒进行宗教活动的场所，故又称为"国际礼拜堂"。1949 年后，设基督教三自爱国运动委员会和基督教协会于此。20 世纪六七十年代，因受政治运动影响，教堂曾遭破坏并挪作他用。1999 年 5 月，教堂经修复后对外开放。

＊ 江苏路基督教堂现貌

＊ 20 世纪 30 年代，江苏路基督教堂前

# 督署学校旧址

建筑地址：
青岛市市南区江苏路9号

建成时间：
1901年

保护级别：
市南区一般不可移动文物

建筑规模：
占地面积 不详
建筑面积 不详

＊ 历史资料图（图源：《胶澳租借地发展备忘录1901—1902》）

**建筑概况**：督署德国人中学由建筑师彼得·贝尔纳茨设计，采用了19世纪末中西混合式公共建筑风格。该建筑为砖木结构，正立面对称布局，建筑体由二层的中央主楼和两侧相连的单层配楼组成，主楼正立面为敞廊，一层以石柱支撑，二层为木制廊架并以中式垂花雀替装饰。建筑以花岗岩砌筑墙基，外墙以粗灰泥粉饰。建筑三部分屋顶均为平缓的四坡屋顶，中轴线处设老虎窗，屋檐外挑，屋顶覆红瓦。

**历史概况**："德租"青岛初期，为解决子女教育问题，由德国侨民自发成立教务委员会并捐资开办德国童子学校。学校于1901年9月2日落成并投入使用。"日据"青岛初期，曾为守备军土木工程局。1922年12月，由胶澳商埠督办公署接管。1924年，改设为胶澳商埠公立女子小学校。南京国民政府接收青岛后改为青岛市立江苏路小学。1940年曾进行校舍扩建。1949年之后，改称为青岛江苏路小学。1994年改称为青岛市实验小学。

﹡ 督署学校旧址，2022 年

﹡ 督署学校旧影

# 青岛天后宫

建筑地址：
青岛市市南区太平路 19 号

建成时间：
1467 年始建
1939 年—1941 年扩建

保护级别：
山东省文物保护单位

建筑规模：
占地面积 3415 平方米
建筑面积 1500 平方米

＊ 历史资料图（图源：德国巴伐利亚州立图书馆）

**建筑概况：**青岛天后宫坐北朝南，分为两进庭院，布局采用中国古典的轴线式，包含正殿、东西配殿、左右厢房、大戏楼、钟鼓楼及附属建筑，殿宇共计 16 栋 80 余间。除戏楼为琉璃瓦盖顶外，其他建筑物均采用清水墙、小灰瓦，并点染有苏式彩画。大戏楼临太平路，为两层楼阁式，面阔三间，重檐歇山顶，下设大门，匾额书有"慈云普被"四字，为 1940 年青岛商会大盐商丁敬臣所置，门前设有一把大旗杆和一对石狮，二楼原悬有花岗岩石刻立匾"天后宫"，左、右、上均有二龙戏珠浮雕，下部采用波浪式房檐。过戏楼两侧为钟楼、鼓楼及东西厢房，庭院中植有两株大桂花树。通过山门进入二进院落，庭院中有一雌一雄两株大银杏树。其后为供奉天后的正殿，面阔三间，单檐硬山顶，悬有雍正帝御笔赐匾"神昭海表"（原匾已散佚，现有牌匾复制自福建湄州妈祖庙），殿内的妈祖像由整条樟木刻成，高 2.8 米，两侧塑有护将千里眼和顺风耳。东西配殿为龙王府、督财府。

**历史概况：**该建筑始建于明宪宗成化三年。天后宫初为本地商贾渔民供祀"天后圣母"、祈祷航运和生活平安的庙宇，始建时仅由正殿圣母殿三间和两座配殿组成。后明、清两代至民国多次重修扩建。"德租"时期，胶澳总督府曾欲将天后宫搬迁，因受当地商绅抵制反对而搁置，后又计划将其迁往馆陶路，终因青岛易帜而未实施。"日据"青岛时期，日本曾将天后宫改为祭奠供奉阵亡日军的妙心寺。20 世纪 30 年代末至 40 年代初，天后宫再次扩建，增设了钟楼、鼓楼等，还新建重檐歇山顶山门兼戏楼一座。1982 年，天宫后被列为首批市级文保单位。1997 年进行修复，并改为青岛市民俗博物馆对公众开放。

\* 青岛天后宫现貌

\* 20 世纪 40 年代，青岛天后宫

# 青岛欧人监狱旧址

建筑地址：
青岛市市南区常州路 25 号

建成时间：
1900 年

保护级别：
全国重点文物保护单位

建筑规模：
占地面积 8144.82 平方米
建筑面积 8297.5 平方米

＊ 历史资料图（图源：青岛市档案馆）

**建筑概况：** 青岛欧人监狱是一座清水砖墙、附带塔楼的欧式建筑。最初功能是用于关押被判徒刑或违法受到拘役的欧洲籍犯人。在城市初建时，监狱塔楼一直是青岛口的地标性建筑。这座两层附带阁楼和地下室的建筑外立面框架与窗楣等部分均饰以清水砖，大面积的护墙则处理为白色抹灰。主楼西端接建的圆锥形尖顶塔楼，形成了整个建筑的视觉中心。塔楼沿内部 47 级盘旋而上的楼梯，有规律地交错开有若干小窗。监狱东西两边各有入口，东面为连接监房主入口，西侧入口可直上塔楼顶端。

**历史概况：** 青岛欧人监狱的选址位于青岛山涧河入海口附近，这一带原为围绕天后宫和清军总兵衙门所形成的华人集中区，当时已形成了小规模的市镇中心，但是监狱的建成打破了既有的格局，开启了向欧人区行政边缘区域的演变。该建筑于 1900 年 8 月前建成，并于当年 11 月投入使用，其作为监狱（看守所）的历史一直延续至 1995 年，为中国目前保存最早的殖民地监狱。1914 年日本占领青岛，监狱改称"日本青岛守备军"司令部囚禁场。1922 年中国收回青岛主权后，监狱相继为青岛地方检察厅看守所和青岛地方法院看守所，此时期在监狱主楼的东侧先后建造四座二层楼的监房、一座监狱工厂和办公室，并将五座监狱楼房分别命名为"仁字号""义字号""礼字号""智字号""信字号"。1949 年后相继作为青岛市人民法院看守所和青岛市公安局看守所，1995 年监狱搬迁后被长期闲置。2004 年 12 月，青岛市政府决定将其作为法制教育基地，次年 3 月开始修缮，2007 年 4 月 30 日正式作为博物馆对外开放。

＊青岛欧人监狱旧址现貌

＊20世纪初，青岛欧人监狱前的街景

# 要塞工程局旧址

建筑地址：
青岛市市南区常州路 7 号

建成时间：
1899 年

保护级别：
市南区一般不可移动文物

建筑规模：
占地面积 975.2 平方米
建筑面积 716.53 平方米

＊ 历史资料图（图源：美国国会图书馆）

**建筑概况**：要塞工程局建筑为砖木结构，地上二层，带地下室及阁楼，屋顶类似于歇山顶，檐部出檐较大，最初使用中式灰瓦，现为红瓦。建筑外墙边角、窗楣等处以清水红砖装饰，与同时期建成的欧人监狱极为类似。其院门门垛、围墙转角、院内地面、入口石阶等处使用了大量中式的装饰元素，如带有福字纹、寿字纹的石料，楼内楼梯扶手采用中式木雕狮子和祥云龙纹。作为青岛现存最早的德国建筑之一，该建筑具有较高的历史和艺术价值。

**历史概况**：要塞工程局隶属于胶澳总督府，负责驻青德军的炮台、堡垒、工事等军事设施的建造。1898—1899 年，要塞工程局的二层办公楼在清军总兵衙门左营的两座平房东侧建成。20 世纪初，包括要塞工程局二层楼、原哈利洋行平房及两座楼之间的平房在内的整个院落均为要塞工程局所使用。1907—1908 年，原哈利洋行平房后侧的平房部分被拆除以增建二层后楼。1914 年日军占领青岛后要塞工程局用途不详。1929 年，原哈利洋行平房及二层后楼改为清真寺。原要塞工程局二层办公楼现为民居。

＊ 要塞工程局旧址现貌

＊ 20 世纪初，要塞工程局

建筑地址：
青岛市市南区江苏路 27 号

建成时间：
1910 年

保护级别：
市南区一般不可移动文物

建筑规模：
占地面积 2833 平方米
建筑面积 不详

＊ 历史资料图（图源：美国海军历史和遗产司令部档案）

**建筑概况：** 克鲁森住宅为地上二层，屋顶为红瓦孟莎屋顶。建筑南立面呈对称布局，墙基至一层外墙砌筑粗面花岗岩，立面中央二层设有外阳台，其前方建有粗面花岗岩砌成的露台，上方檐口处起山墙，以突出中轴并丰富屋顶线条。北立面大致为三段式对称布局，两端各起一山墙，中段为双拱券门廊，以花岗岩圆柱支撑，门廊内侧为主入口。其地块狭长，住宅南侧顺应地势建有下沉式花园。

**历史概况：** 皇家大法官格奥尔格·克鲁森于 1910 年 1 月出资 2687.54 元购置了俾斯麦大街、伊丽莎白路路口一块地块，并委托当时青岛最大的建筑商广包公司在此建设新宅，建成当年即入住。1914 年，克鲁森于日军占领青岛后的 11 月离开青岛去往上海，其住宅被"日本陆军青岛守备军"没收。1923 年日本驻青岛总领事馆设立后，该住宅成为日本驻青岛总领事官邸。日本投降后，青岛市市长李先良入住该住宅。1948 年 7 月，李先良被免职，将该住宅转让给中国纺织建设公司青岛分公司经理范澄川。原住在华山路的范澄川并不支持中纺各厂南迁，他于 1949 年 3 月携全家搬入住宅。1949 年后，该住宅交由青岛市人民政府管理。1954 年 12 月，江苏路街道办事处在此成立。1958 年该楼交予公安机关使用，现为青岛市公安局经济犯罪侦查支队所在地。

＊ 克鲁森旧宅现貌

＊ 20 世纪 10 年代，克鲁森住宅

# 怡和洋行经理旧宅

**建筑地址：**
青岛市市南区江苏路 1 号

**建成时间：**
约 1914 年

**保护级别：**
市南区一般不可移动文物

**建筑规模：**
占地面积 1106.67 平方米
建筑面积 834.7 平方米

✳ 历史资料图（图源：维基百科）

　　**建筑概况：**怡和洋行经理住宅为地上二层，设阁楼与地下室，红瓦孟莎屋顶。外立面富于变化，大致呈三段式布局，以花岗岩粗面石砌筑墙基，南立面建有石砌楼梯与平台通往地上一楼。西南角建有六角阳台，其上方以圆柱支撑挑檐。建筑以相对补实的构图在简洁中透露出庄重气息。花岗石地基和半地下室的墙体，并在南立面拓出一个半圆形平台。

　　**历史概况：**该建筑最初为德国商人海因里希·阿伦斯创办的建筑公司的地产。1914 年，该建筑遭到日军轰炸，受到损毁。1925 年由从事海上运输为主要业务的英商怡和洋行买下该房产。1947 年，英国怡和申请土地所有权登记。1953 年由房管局接管。

199

＊ 怡和洋行经理旧宅现貌

＊ 20 世纪 10 年代，怡和洋行经理住宅

# 青岛美国学校旧址

建筑地址：
青岛市市南区湖南路 3 号

建成时间：
不详

保护级别：
传统风貌建筑

建筑规模：
占地面积 不详
建筑面积 不详

\* 历史资料图（图源：eBay）

**建筑概况：** 该建筑地上二层，局部一层，建筑平面整体近似矩形。建筑屋顶为 "L" 形带有切角的双坡顶，西接小双坡顶和单坡顶，南侧和东侧接双坡顶，北侧接一大一小两个四坡顶。建筑立面底部以石材砌筑墙基，墙身为粉色素面砂浆抹灰。东立面带有拱窗，其他窗均为排列整齐的方窗，窗下有条形石块作为窗台。西南角设有露台，现已被封闭。

**历史概况：** 美国驻青岛领事馆为解决在青居住生活的美籍子女读书教育问题，1918 年在莱阳路成立了美国学校，1926 年停办。1932 年在湖南路 3 号重新开办。校董事包括美商滋美满、美国基督教信义会代表安斯帕奇、北美长老会代表库恩拉特。该校用英语教学，使用美国教材。现为湖南路幼儿园。

\* 青岛美国学校旧址现貌

201

# 江苏路21号住宅

建筑地址：
青岛市市南区江苏路21号

建成时间：
不详

保护级别：
市南区一般不可移动文物

建筑规模：
占地面积1638.2平方米
建筑面积 不详

＊ 历史资料图（图源：京都大学附属图书馆）

**建筑概况**：该建筑为砖石木结构，地上二层，设局部半地下室。建筑立面底部以花岗岩砌筑墙基，窗户形式多样，有竖向矩形、半圆拱形及小椭圆形。

**历史概况**：1913年地籍图上显示该建筑属于菲利普。后期业主不详，有资料称该建筑曾为美孚石油公司青岛分公司经理住宅。20世纪90年代该建筑为山东电视台驻青记者站。现为一公证处办公地。

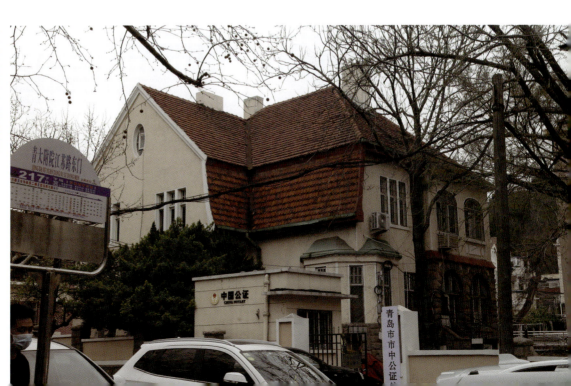

＊ 江苏路21号住宅现貌

# 青岛日本中学教职员公寓旧址

建筑地址：
青岛市市南区大学路 8—10 号

建成时间：
约 1920 年

保护级别：
市南区一般不可移动文物

建筑规模：
占地面积 3203.8 平方米
总建筑面积 1145.22 平方米

※ 历史资料图（图源：eBay）

**建筑概况：** 青岛日本中学教职员公寓为三座结构与样式完全相同的公寓式建筑。该建筑为砖石木结构，地上二层，带有阁楼，红瓦屋顶，开有老虎窗。建筑平面呈矩形，建筑底部以花岗岩砌筑墙基，墙面有石膏曲线线条做装饰，一、二层窗户之间亦有石膏曲线修饰。建筑南立面呈中轴对称样式，主入口设于立面中心，两翼处理为弧度变化的三角山墙，其上为一排四个椭圆小窗，其下纵列三联窗，窗檐雕饰精美，并呈弧形微微外凸。该建筑至临街围墙之间设有花园。

**历史概况：** 最初为青岛日本中学教职员宿舍。1922 年为日本青岛居留民团房产。1926 年，该建筑登记在日本商人井上源太名下，后产权变动频繁。1949 年后，交于房产局统一管理。现为民居。

※ 青岛日本中学教职员公寓旧址现貌

# 大学路16号甲住宅

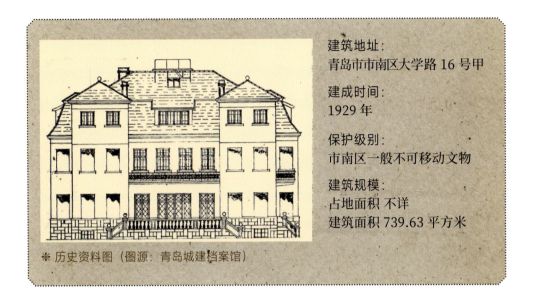

建筑地址：
青岛市市南区大学路 16 号甲

建成时间：
1929 年

保护级别：
市南区一般不可移动文物

建筑规模：
占地面积 不详
建筑面积 739.63 平方米

＊ 历史资料图（图源：青岛城建档案馆）

**建筑概况：** 该建筑为地上三层，设局部地下室，屋顶主体为四坡庑殿顶，四角和各侧中部向外凸出，均采用红色瓦面铺装。建筑主屋顶南坡设两个烟囱，北坡一个烟囱，东北角角楼设一个烟囱。建筑屋顶阁楼中部均开设老虎窗，建筑东、南立面二层中间位置各设有露台。

**历史概况：** 历史信息不详，现为民居。

＊ 大学路 16 号甲住宅现貌

# 青岛中国银行广厦堂宿舍旧址

※ 历史资料图（图源：《市南人文历史研究》第 23 期）

建筑地址：
青岛市市南区大学路 14 号

建成时间：
1934 年

保护级别：
市南区一般不可移动文物

建筑规模：
占地面积 7066.7 平方米
建筑面积 不详

**建筑概况：** 青岛中国银行广厦堂宿舍由中国银行建筑师陆谦受设计，新慎记营造厂承建，现场工程师为赵诗麟。一式的砖混结构清水墙，一式的红瓦黄墙红砖房。红瓦屋顶上，还有一式的小阁楼。全院 11 座红楼，每座楼门两旁，各嵌一方白瓷砖，上刻本楼楼名。建成时有经理楼（现为大学路 14 号甲）、副经理楼（现为 2 号 3 号楼）、职员楼（现为 4—10 号楼）、广厦堂（现 1 号楼），该楼内有理发室、裁剪室和小礼堂楼。大院为长方形，分为前院、内院、独院和后花园。每楼一字，作为楼名。顺时针方向，由东首的独自大别墅"青"字楼开始，向西、向北，再向南转，楼名并称"青岛中国银行广厦堂宿舍"。

**历史概况：** 1938 年 1 月，日本再次侵占青岛，为日军部队所占，1942 年移交给"大阜银行"。1945 年 8 月，美军及家属入住，后中国银行派代表及时与美国驻军交涉，重新接收，仍由银行职员回迁入住。现为民居。

※ 青岛中国银行广厦堂宿舍旧址全貌

※ 青岛中国银行广厦堂宿舍旧址局部

※ 青岛中国银行广厦堂宿舍旧址入口现貌

# 谭立仁旧宅

建筑地址：
青岛市市南区大学路 18 号

建成时间：
20 世纪 30 年代

保护级别：
市南区一般不可移动文物

建筑规模：
占地面积 612.2 平方米
建筑面积 不详

**建筑概况：** 该建筑由建筑师陈其信设计，祥盛泰营造厂施工。建筑为砖木石结构，地上三层，设有阁楼，人字坡结合四面坡红瓦屋顶，并设有老虎窗。建筑基座由花岗岩石砌筑，门窗为平拱。室内一楼设客厅、餐厅、书房、客厅、厨房以及佣人房。二楼为四间卧房和浴室，建筑造型简洁。

**历史概况：** 原业主为谭立仁，后谭立仁将房产售出。1939 年，业主张曼华将房产售与张德振。1942 年，张德振又售与马香亭。

※ 谭立仁旧宅西立面现貌

※ 谭立仁旧宅南立面现貌

# 丁敬臣旧居

建筑地址：
青岛市市南区大学路 20 号

建成时间：
20 世纪 20 年代

保护级别：
市南区一般不可移动文物

建筑规模：
占地面积 520.2 平方米
建筑面积 149 平方米

**建筑概况：** 该建筑由建筑师马鹏设计，新慎记营造厂承建。砖石木结构，地上三层，设有阁楼，红瓦孟莎式屋顶。基座由花岗岩石砌筑，局部墙角花岗岩贴至檐角，矩形开窗，阁楼山墙做仿木构架处理。

**历史概况：** 初为青岛中华商会总会长、三江会馆会长，江苏人丁敬臣的私宅。抗战胜利后，丁家将此宅售出，产权辗转多人。至 1949 年，房主为书法家熊复光。

＊丁敬臣旧居现貌

建筑地址：
青岛市市南区大学路 22 号

建成时间：
1931 年

保护级别：
市南区一般不可移动文物

建筑规模：
占地面积 809.5 平方米
建筑面积 196 平方米

**建筑概况：** 该建筑为砖石木结构，地上二层，局部一层，设有阁楼，双向坡屋顶，红瓦。基座由花岗岩石砌筑，南立面上山花部分做仿木构架处理，并开窗。建筑立面开矩形窗，窗洞大小不一，室内木条地板，木制楼梯。

**历史概况：** 历史信息不详，现为民居。

※ 大学路 22 号住宅现貌

# 韩惜愚旧宅

建筑地址：
青岛市市南区大学路 24 号

建成时间：
1930 年

保护级别：
市南区一般不可移动文物

建筑规模：
占地面积 469.79 平方米
建筑面积 207.67 平方米

**建筑概况**：该建筑由法国建筑师白纳德设计，德记营造公司承建。砖石木结构，地上二层，局部一层，设阁楼，红瓦多向坡屋顶，开有老虎窗。建筑基座以花岗岩石砌筑，墙体开矩形窗。

**历史概况**：初为商人韩惜愚私宅。1946 年，韩惜愚向国民政府中央信托局领取土地权利书。1958 年，由国家经租，其中部分房产自留。1963 年，自留房产被售予裴丰年。现为民居。

＊韩惜愚旧宅现貌

# 娄相卿旧宅

建筑地址：
青岛市市南区大学路 26 号

建成时间：
1931 年

保护级别：
市南区一般不可移动文物

建筑规模：
占地面积 588.4 平方米
建筑面积 不详

＊ 历史资料图（图源：青岛城建档案馆）

**建筑概况：** 该建筑由建筑师栾子瑜设计，泰德湧营造厂承建。建筑为砖木结构，地上二层，有阁楼与地下室。花岗岩粗石砌筑墙基，人字结合四面坡屋顶，屋顶设有矩形老虎窗。主入口所在东南转角设计为外凸堡楼结构，入口处设柱式门廊。阁楼为复式结构，攒尖屋顶。

**历史概况：** 初为海军司令部参谋娄相卿私宅，后转售予李德芬。1931 年 10 月，李德芬将此房产卖给石川穆，后又转让给李学孟。1942 年，李学孟将此房产转让给郑俊卿。1958 年，由国家经租，其中部分房产自留。现为民居。

＊ 娄相卿旧宅现貌

# 娄焕云旧宅

建筑地址:
青岛市市南区大学路 28 号

建成时间:
不详

保护级别:
市南区一般不可移动文物

建筑规模:
占地面积 645.4 平方米
建筑面积 325.32 平方米

❋ 历史资料图（图源：不详）

**建筑概况：** 该建筑由建筑师王海澜设计，益顺兴营造厂承建。建筑为砖石木结构，地上三层，基座为花岗岩基座，墙面抹灰处理，红瓦坡屋顶，主入口台阶东侧设计一根爱奥尼克柱式，撑起二楼的外阳台。

**历史概况：** 初属娄相卿的妹妹娄焕云，1936 年 8 月，娄焕云将大学路 28 号的房产地权出让给张一仁。1956 年 10 月，张一仁又将其所有产权出让给胡桂仙。1958 年，该建筑作为直管公房使用。现为民居。

❋ 娄焕云旧宅现貌

# 娄邦彦旧宅

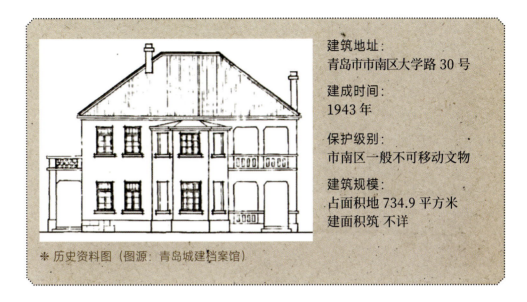

建筑地址:
青岛市市南区大学路 30 号

建成时间:
1943 年

保护级别:
市南区一般不可移动文物

建筑规模:
占面积地 734.9 平方米
建面积筑 不详

＊ 历史资料图 (图源: 青岛城建档案馆)

**建筑概况:** 该建筑由日本建筑师小山良树设计, 忠兴工厂承建。建筑为砖石结构, 地上二层, 花岗岩基座, 红瓦坡屋顶, 墙体立面开有长方形窗。

**历史概况:** 初为时任海军舰长娄邦彦私宅。抗战胜利后, 由孙运璿购得, 孙父孙荣昌和养母李蔼如居住。现为民居。

＊ 娄邦彦旧宅现貌

# 李晋阳旧宅

建筑地址：
青岛市市南区大学路 32 号

建成时间：
1934 年

保护级别：
市南区一般不可移动文物

建筑规模：
占地面积 599.81 平方米
建筑面积 不详

建筑概况：该建筑由建筑师张遇辛设计，华丰恒施工。建筑为砖木结构，地上三层，红瓦坡屋顶。建筑立面以花岗石砌筑墙基，墙面开矩形窗，窗下有简单的竖条装饰。

历史概况：1935 年 11 月，李晋阳将此宅售予杨焕章。1941 年，杨氏增筑平房花屋一处，1958 年 10 月由青岛房管局增筑为三层。

＊李晋阳旧宅现貌

215

# 大学路 32 号甲住宅

建筑地址：
青岛市市南区大学路 32 号甲

建成时间：
1942 年

保护级别：
市南区一般不可移动文物

建筑规模：
占地面积 572.04 平方米
建筑面积 不详

＊ 历史资料图（图源：Google 艺术与文化 _LIFE Photo Collection）

**建筑概况：** 该建筑为砖石木结构，地上二层，设有阁楼，红瓦坡屋顶，开有老虎窗。花岗岩基座，长方形窗，木结构檐口，梯形山墙。

**历史概况：** 历史信息不详，现为民居。

＊ 大学路 32 号甲住宅现貌

建筑地址：
青岛市市南区大学路 36 号

建成时间：
1931 年

保护级别：
市南区一般不可移动文物

建筑规模：
占地面积 1093.4 平方米
建筑面积 不详

＊ 历史资料图（图源：Google 艺术与文化 _LIFE Photo Collection）

**建筑概况**：该建筑地上二层，花岗岩基座，长方形窗，窗台为花岗岩条石，红瓦坡屋顶，院中有防空洞。

**历史概况**：历史信息不详，现为民居。

＊ 大学路 36 号住宅现貌

# 夏廷锡旧宅

建筑地址：
青岛市市南区大学路 38 号甲

建成时间：
1936 年

保护级别：
市南区一般不可移动文物

建筑规模：
占地面积 452.8 平方米
建筑面积 不详

❋ 历史资料图（图源：Google 艺术与文化 _LIFE Photo Collection）

**建筑概况：** 该建筑为地上三层，局部地下室，红瓦四向坡屋顶。建筑东侧向外凸出多边形建筑体块，顶部呈伞形。建筑立面底部以石材砌筑墙基，淡黄色水刷墙面，白色装饰线勾勒建筑边角，立面窗户排列整齐，底部条石砌筑窗台。东立面中部底层开入口门洞，上设红瓦坡屋顶雨棚，左侧底部向外凸出蓝色边框飘窗，右侧底部架空，右侧二层为封闭阳台，三层开敞阳台，阳台栏板为方形石块交错堆叠而成。建筑整体形式简洁。

**历史概况：** 1933 年 11 月，夏廷锡买地建成住宅。1943 年 8 月，房产卖与田世俊。1952 年 2 月，该房产办更名手续，转为叶又新、戴继祚等三人。1953 年徐静从三人手中购入此房，后于 1954 年由青岛市房管局接管。

❋ 夏廷锡旧宅现貌

# 大学路40号住宅

建筑地址：
青岛市市南区大学路 40 号

建成时间：
1934 年

保护级别：
市南区一般不可移动文物

建筑规模：
占地面积 389.2 平方米
建筑面积 221 平方米

**建筑概况**：该建筑为砖石木结构，红瓦坡屋顶，红绿色檐口，粉红色墙面，竖向矩形长窗，花岗岩基座，二层入口处突出，有老虎窗。

**历史概况**：历史信息不详，现为民居。

＊大学路 40 号住宅现貌

# 殷桐声旧宅

建筑地址：
青岛市市南区大学路 46 号

建成时间：
1925 年

保护级别：
市南区一般不可移动文物

建筑规模：
占地面积 695.1 平方米
建筑面积 443.18 平方米

＊ 历史资料图（图源：Google 艺术与文化 _LIFE Photo Collection）

**建筑概况：** 该建筑由建筑师王屏藩设计，建筑为地上二层，四面坡屋顶，覆红色板瓦。建筑立面底部以花岗岩砌筑墙基，墙面为粉色水刷墙，墙体开矩形竖窗，窗洞下设，花岗岩条石窗台。建筑主入口设柱式门廊，其上为矩形露台，二层檐口之上起折线山花。

**历史概况：** 初为殷桐声所有，1937 年 3 月卖给顾志鲲，并于 1947 年 5 月登记。顾志鲲后来去美国，将此房售出。1953 年，业主增筑阳台。1958 年参与社会主义改造。

＊ 殷桐生旧宅现貌

# 大学路48号住宅

建筑地址：
青岛市市南区大学路48号

建成时间：
1925年

保护级别：
市南区一般不可移动文物

建筑规模：
占地面积1121.2平方米
建筑面积 不详

＊历史资料图（图源：Google 艺术与文化_LIFE Photo Collection）

　　**建筑概况**：该建筑为砖木结构，地上二层，带阁楼，红瓦坡屋顶。建筑立面底部以花岗岩砌筑墙基，墙面开竖向矩形窗，窗洞下设花岗岩条石窗台，主入口立面二层为三角山墙，并设两个窄小天窗，两边以白色竖线做装饰，二层右侧设有阳台。

　　**历史概况**：历史信息不详，现为民居。

＊大学路48号住宅现貌

# 大学路50号住宅

建筑地址：
青岛市市南区大学路 50 号

建成时间：
不详

保护级别：
市南区一般不可移动文物

建筑规模：
占地面积 1071.6 平方米
建筑面积 225 平方米

＊ 历史资料图（图源：Google 艺术与文化 _LIFE Photo Collection）

**建筑概况：** 该建筑为砖木结构，地上二层，带阁楼，牛舌瓦坡屋顶。建筑立面底部以花岗岩砌筑墙基，墙面开两组竖向矩形和拱形窗，窗洞周围以白色包边装饰，三角山墙。

**历史概况：** 初为孟于氏所有，于 1953 年 2 月登记，1958 年此房产列入社会主义改造，部分为孟自留房。

＊ 大学路 50 号住宅现貌

# 大学路52号住宅

建筑地址：
青岛市市南区大学路52号

建成时间：
1937年

保护级别：
市南区一般不可移动文物

建筑规模：
占地面积1066.4平方米
建筑面积 不详

＊历史资料图（图源：Google 艺术与文化 _LIFE Photo Collection）

**建筑概况**：该建筑为砖木结构，地上二层，带阁楼，红瓦坡屋顶。建筑立面底部以花岗岩砌筑墙基，入口处两侧各有两组梭柱挑起门廊，二层做阳台，阳台顶部做花岗岩装饰。入口立面做三角形山墙，中间开矩形窗，窗洞下设花岗岩条石窗台。

**历史概况**：历史信息不详，现为民居。

＊大学路52号住宅现貌

# 两湖会馆旧址

建筑地址：
青岛市市南区大学路 54 号

建成时间：
1933 年

保护级别：
市南区一般不可移动文物

建筑规模：
占地面积 2993.34 平方米
建筑面积 777.19 平方米

✳ 历史资料图（图源：Google 艺术与文化 _LIFE Photo Collection）

**建筑概况：** 两湖会馆为地上二层，带一小阁楼，红瓦四坡屋顶，平面采用"T"形对称式布局。朝向街道的主立面中间设有敞廊，其上部起高耸的曲线山墙，两侧顶部环周设有城墙垛式女儿墙。主入口设在临街的东侧，前方展开四级踏步。室内有 18 个房间，木地板，地板及大梁均用白松木制作。其门楣上有阴刻时任青岛市市长沈鸿烈手迹"楚天在望"匾额。

**历史概况：** 原为湖北、湖南两省在青岛同乡组织的两湖会馆馆舍。1947 年左右，吴秉衡在此创办慈幼小学。1949 年，慈幼小学改名为"私立向民小学"。1952 年，慈幼小学与山东大学附属小学合并为公立学校，改名"青岛大学路小学"。

✳ 两湖会馆旧址现貌

# 索尔夫旧宅

**建筑地址：**
青岛市市南区齐东路 1 号

**建成时间：**
1909 年

**保护级别：**
市南区一般不可移动文物

**建筑规模：**
占地面积 1978.68 平方米
建筑面积 396 平方米

＊ 历史资料图（图源：美国海军历史和遗产司令部档案）

**建筑概况：** 该建筑由德国建筑师舒备德设计。建筑为砖石木结构，地上二层，半地下一层，带阁楼，孟莎式复折屋顶，有老虎窗。屋顶与墙体间有凸出的红色木质檐口。建筑立面底部以花岗岩砌筑墙基，墙面开竖向矩形窗。建筑整体简洁、结构清晰。南北立面各设有一个入口。

**历史概况：** 初为胶澳督署船政局长索尔夫住宅。抗战时期，为日本驻青岛领事馆宿舍。1948 年，时任鲁青救济总署青岛分署署长、国民党中将延国符在青接受日本投降物资时，买下此房居住。延国符 1972 年去世后，由侄子延龙生代管。

＊ 索尔夫旧宅现貌

# 丛良弼旧居

建筑地址：
青岛市市南区齐东路 2 号

建成时间：
1930 年

保护级别：
市南区一般不可移动文物

建筑规模：
占地面积 1557.88 平方米
建筑面积 869.46 平方米

✳ 历史资料图（图源：美国海军历史和遗产司令部档案）

**建筑概况：** 该建筑为地上二层，带半地下室和阁楼，屋顶为覆红色牛舌瓦四面坡，屋顶上开有带三角檐的筒式老虎窗。墙体底部以花岗石砌筑墙基，墙面为水刷墙。门窗为圆拱或平拱，上下均镶有深色装饰线。主入口设于建筑南立面，以爱奥尼柱形成三连券门廊并支撑起上层的露台，露台围以宝瓶栏杆。东南角附设一座三层文艺复兴式八角塔楼。

**历史概况：** 初为实业家丛良弼私宅。1937 年，增筑汽车房。1942 年，丛良弼将该房转让至大儿媳孙雅然名下。1954 年，产权变更为公有。1993 年，售与中国冶金进出口山东公司。1999 年，冶金公司将房屋售出。2004 年，私人购买后进行了改造，原建筑仅保留墙体骨架、外立面和屋顶，其余部分均已更新。现为一家酒店。

✳ 丛良弼旧居现貌

# 孙席珍旧宅

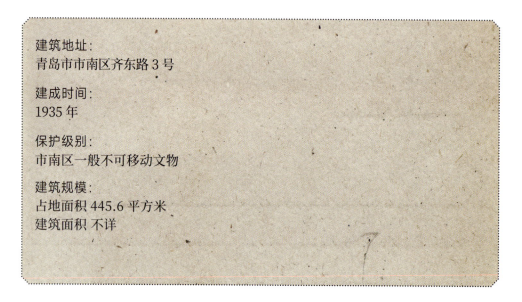

建筑地址：
青岛市市南区齐东路 3 号

建成时间：
1935 年

保护级别：
市南区一般不可移动文物

建筑规模：
占地面积 445.6 平方米
建筑面积 不详

**建筑概况：** 该建筑由日本建筑师大西久雄设计。建筑为地上二层，地下一层，带阁楼，红瓦黄墙坡屋顶，有老虎窗，屋顶与墙体间有凸出的红色木质檐口。建筑立面底部以花岗岩砌筑墙基，不同立面开条形长窗，窗台下做花岗岩条石装饰。

**历史概况：** 初为孙席珍私宅。1947 年进行土地所有权登记。1958 年，齐东路 3 号住宅参与社会主义改造，全部归公用于出租。

※ 孙席珍旧宅现貌

# 齐东路4号住宅

**建筑地址:**
青岛市市南区齐东路4号

**建成时间:**
20世纪10年代

**保护级别:**
市南区一般不可移动文物

**建筑规模:**
占地面积1486平方米
建筑面积 不详

※ 历史资料图（图源:《青岛写真案内》神户市图书馆藏）

**建筑概况:** 该建筑为地上二层，带半地下室和阁楼，牛舌瓦坡屋顶，屋顶与墙体间有凸出的红色木质檐口。建筑立面底部以平毛石砌筑墙基，西立面做三面坡式雨棚入口，兼做二层挑台。建筑南立面中部一、二层做多边形凸出体量，二层设阳台。

**历史概况:** 初为信义会传教士昆祚私宅，后房屋曾为丛良弼家族所有。有资料称，20世纪40年代，这里曾是青岛市财政局局长孔福民的住宅。

※ 齐东路4号住宅现貌

# 卞玉成旧宅

建筑地址：
青岛市市南区齐东路 5 号

建成时间：
1930 年

保护级别：
市南区一般不可移动文物

建筑规模：
占地面积 561.2 平方米
建筑面积 不详

**建筑概况**：该建筑由建筑师潘荆三设计，建筑为地上二层，半地下室，带阁楼，红瓦黄墙坡屋顶，有老虎窗，屋顶与墙体间有凸出的红色木质檐口。建筑立面底部以花岗岩砌筑墙基，不同立面开条形长窗，窗台做花岗岩条石装饰。附设车库一处。

**历史概况**：初为卞玉成私宅， 1938 年 12 月，卞氏将住宅售与戴玉声，后多次产权变更。现为民居。

※ 卞玉成旧宅现貌

# 齐东路6号住宅

建筑地址：
青岛市市南区齐东路6号

建成时间：
1913年

保护级别：
市南区一般不可移动文物

建筑规模：
占地面积1618.1平方米
建筑面积344平方米

✻ 历史资料图（图源：美国海军历史和遗产司令部档案）

**建筑概况：** 该建筑为砖石木结构，地上一层，带阁楼，牛舌瓦坡屋顶，有老虎窗。建筑立面底部以花岗岩砌筑墙基，不同立面开矩形窗。南立面中部一层设两根方柱挑起方形露台，露台上方有折角山墙，边缘做红色木质檐口。

**历史概况：** 初为德商世昌洋行青岛分行经理住宅。抗战期间为山东起业株式会社房产。1947年，为青岛防守司令部的夏楚中、苏少武住宅。1949年，房产交由房管局管理。现为民居。

✻ 齐东路6号住宅现貌

# 齐东路7号住宅

建筑地址：
青岛市市南区齐东路7号

建成时间：
1930年

保护级别：
市南区一般不可移动文物

建筑规模：
占地面积130.7平方米
建筑面积208平方米

＊ 历史资料图（图源：美国海军历史和遗产司令部档案）

**建筑概况**：该建筑为砖石木结构，地上二层，土黄色外墙，红瓦坡屋顶，窗台有压条石，屋顶立有石烟囱，并开有长方形和三角形老虎窗。

**历史概况**：20世纪30年代，青岛市商品检疫局局长徐天深在该建筑居住。徐天深，别名徐穆儒，国民党中央政治部主任，中央特别执行委员。1924年9月17日任参军处副官。后任山东青岛海军总部政治部少将主任，青岛商品检验局局长，广州商品检验局局长。

＊ 齐东路7号住宅现貌

# 美孚火油公司经理旧宅

建筑地址:
青岛市市南区齐东路 8 号

建成时间:
1929 年

保护级别:
市南区一般不可移动文物

建筑规模:
占地面积 1934.5 平方米
建筑面积 356 平方米

＊ 历史资料图（图源：山东图书馆）

**建筑概况:** 该建筑为地上三层，带半地下室和阁楼，四面坡屋顶，覆红色牛舌瓦，上开长方形老虎窗，建筑檐口部位有花岗岩条石压顶。建筑底部以花岗石砌筑墙基，水刷墙。南立面面和西立面各设有一个入口，16 级石阶引至门前。沿街围墙和庭院入口通道有花岗岩蘑菇石砌成，有效提升了建筑的艺术质感。

**历史概况:** 初为美孚火油公司青岛分公司经理詹姆斯·罗德里克·彼得住宅。1928 年 1 月，詹姆斯的儿子在这里出生，他给儿子取中文名叫"李洁明"。1941 年，李洁明回到美国。1989 年，他曾任美国驻中国大使。

＊ 美孚火油公司经理旧宅现貌

# 久米甚六旧宅

建筑地址：
青岛市市南区齐东路 10 号

建成时间：
1923 年

保护级别：
市南区一般不可移动文物

建筑规模：
占地面积 800.56 平方米
建筑面积 783.2 平方米

**建筑概况：**该建筑信息不详。

**历史概况：**该建筑初为日本商人久米甚六私宅。1945 年 11 月，转与三井物产株式会社青岛支店店长佐佐木栋太郎。

＊久米甚六旧宅现貌

# 齐东路 14 号住宅

建筑地址：
青岛市市南区齐东路 14 号

建成时间：
1932 年

保护级别：
市南区一般不可移动文物

建筑规模：
占地面积 1539.97 平方米
建筑面积 321.9 平方米

✳ 历史资料图（图源：山东图书馆）

**建筑概况：**建筑院墙为花岗岩石块垒成，砖石木结构，主体建筑为地上二层，半地下室，带阁楼，红瓦坡屋顶，有老虎窗，楼前原是花园，有各种花草树木。

**历史概况：**业主初为陈彦安。1934 年 3 月，陈彦安增建阳台。1958 年列入社会主义改造，部分自留。

✳ 齐东路 14 号住宅现貌

# 齐东路 15 号住宅

建筑地址：
青岛市市南区齐东路 15 号

建成时间：
1933 年

保护级别：
市南区一般不可移动文物

建筑规模：
占地面积 541.9 平方米
建筑面积 257.4 平方米

**建筑概况**：该建筑为砖石木结构，地上三层，半地下室，带阁楼，红瓦坡屋顶，屋顶带烟囱，红色木檐口。建筑处于坡地上，自院门入口处有花岗岩台阶通上去，主体基座为石块砌筑。

**历史概况**：1947 年，王景明、王泳庄取得该建筑地权证。1952 年，该房产变更所有人，1958 年列入社会主义改造。

＊齐东路 15 号住宅现貌

# 齐东路 16 号住宅

建筑地址：
青岛市市南区齐东路 16 号

建成时间：
1931 年

保护级别：
市南区一般不可移动文物

建筑规模：
占地面积 891 平方米
建筑面积 360 平方米

※ 历史资料图（图源：山东图书馆）

　　**建筑概况**：该建筑砖石木结构，地上二层，半地下室，带阁楼，红瓦坡屋顶，屋顶与墙体间有凸出的红色木质檐口。建筑立面底部以石块砌筑墙基，窗台有压条石，建筑处于高地上，自院门入口处有花岗岩台阶直通上去。

　　**历史概况**：历史信息不详，现为民居。

※ 齐东路 16 号住宅现貌

# 齐东路 18 号住宅

建筑地址：
青岛市市南区齐东路 18 号

建成时间：
1936 年

保护级别：
市南区一般不可移动文物

建筑规模：
占地面积 665.3 平方米
建筑面积 不详

※ 历史资料图（图源：Google 艺术与文化 _LIFE Photo Collection）

**建筑概况**：该建筑为三层砖石木结构公寓，木框架，人字坡屋顶覆红瓦，花岗岩砌筑墙基及窗台板，窗户周围均用白色石膏曲线装饰。

**历史概况**：历史信息不详，现为民居。

※ 齐东路 18 号住宅现貌

# 唐与宏旧宅

建筑地址：
青岛市市南区齐东路 20 号

建成时间：
1935 年

保护级别：
市南区一般不可移动文物

建筑规模：
占地面积 822.5 平方米
建筑面积 465 平方米

**建筑概况：** 该建筑为砖木结构，地上二层，围院入口与建筑入口高差近 10 米，由花岗岩石台阶连通，台阶西侧为花岗岩砌筑的挡土墙。围墙为 10 米高花岗岩筑成，顶端是方石垒成的品字形小围墙。

**历史概况：** 初为唐与宏的房产。1955 年，房主举家迁移济南。1958 年列入社会主义改造。

※ 唐与宏旧宅现貌

# 齐东路21号住宅

建筑地址：
青岛市市南区齐东路21号

建成时间：
1930年

保护级别：
市南区一般不可移动文物

建筑规模：
占地面积 不详
建筑面积 不详

※ 历史资料图（图源：山东图书馆）

**建筑概况：** 该建筑为地上二层，带有局部阁楼，建筑平面相对规整，近似方形，北侧外凸一门厅，西侧外凸一体快，南侧外凸一梯形塔楼，东南角内凹，明显的德式简约风格。建筑屋顶为四坡顶接三个小双坡顶，三个小双坡顶带有破风板，入口处雨棚顶为三坡顶，带有老虎窗，屋檐为红色长条外凸，立面为典型的横向三段式，墙面为素面抹灰墙面，采用块石做墙基。建筑东侧设有一个楼梯连廊与另一体块屋顶相连。梯形体块顶作为阳台使用。窗为矩形方窗，窗下有条形石块作为窗台，排列整齐，成为建筑的主要装饰。

**历史概况：** 历史信息不详，现为民居。

※ 齐东路21号住宅现貌

# 齐东路22号住宅

建筑地址:
青岛市市南区齐东路 22 号

建成时间:
1930 年

保护级别:
市南区一般不可移动文物

建筑规模:
占地面积 886.5 平方米
建筑面积 不详

﹡ 历史资料图（图源：山东图书馆）

**建筑概况：** 该建筑整体为"T"形，为一长条形两坡顶与一四坡顶建筑相结合，两坡顶屋檐两端外包破风板，檐下做圆形石膏装饰，屋顶有四处方形烟囱错落分布。主体二层，局部地下一层。墙体下部为石材砌筑墙基，上部为砂浆抹灰，采用拉毛手法。窗户皆为矩形，窗下做石材窗台凸出于墙面。正立面左侧部分地下层与一层凸出，上部做二层阳台，现阳台上部加红瓦四坡顶挑檐，下部外包封闭，四周采用红色木柱支撑，正立面右侧设一石砌筑楼梯，通往一层入口处。右立面右侧凸出部分一层设圆弧形门洞，两侧靠墙做方柱支撑，二层右侧窗户外挑。

**历史概况：** 历史信息不详，现为民居。

﹡ 齐东路 22 号住宅现貌

# 向侠民旧宅

建筑地址：
青岛市市南区齐东路 26 号

建成时间：
1930 年

保护级别：
市南区一般不可移动文物

建筑规模：
占地面积 2251.8 平方米
建筑面积 461.37 平方米

　　**建筑概况**：该建筑为砖石木结构。地上二层，带阁楼，附有半地下室。一层外墙为花岗岩砌成。

　　**历史概况**：初为向侠民私宅，1941 年 5 月，由傅淑云、焦星桥（焦怡庆堂代表人）购得。1958 年列入社会主义改造。

＊向侠民旧宅现貌

# 齐东路 28 号住宅

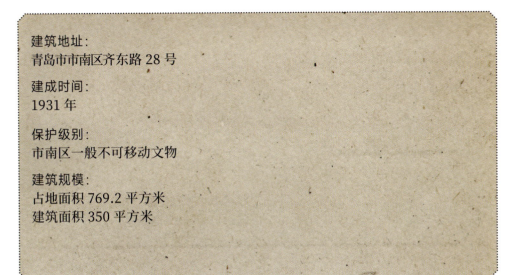

建筑地址：
青岛市市南区齐东路 28 号

建成时间：
1931 年

保护级别：
市南区一般不可移动文物

建筑规模：
占地面积 769.2 平方米
建筑面积 350 平方米

　　**建筑概况**：该建筑为砖石木结构，地上二层，有阁楼，红瓦坡屋顶，红色清水砖墙，花岗岩基座，一、二层之间有一圈花岗岩腰线，立面山花造型，建筑处于高地，自院门有花岗岩台阶直通上去。

　　**历史概况**：历史信息不详，现为民居。

※ 齐东路 28 号住宅现貌

建筑地址：
青岛市市南区齐东路 33 号

建成时间：
1943 年

保护级别：
市南区一般不可移动文物

建筑规模：
占地面积 637.85 平方米
建筑面积 不详

**建筑概况：** 该建筑为花岗岩砌筑墙基，门窗均为平拱，无装饰，入口在西北方向，其上耸起一面曲线山墙，开圆拱老虎窗，阁楼上开尖顶老虎窗。

**历史概况：** 历史信息不详，现为民居。

※ 齐东路 33 号住宅现貌

# 齐东路39号甲住宅

建筑地址：
青岛市市南区齐东路 39 号甲

建成时间：
1933 年

保护级别：
市南区一般不可移动文物

建筑规模：
占地面积 876.4 平方米
建筑面积 不详

＊历史资料图（图源：Google 艺术与文化 _LIFE Photo Collection）

**建筑概况：** 该建筑为砖木结构，地上二层，有阁楼和地下室。花岗岩细方石切出地下室墙体，以上为红砖清水墙，红瓦坡顶，开长方形老虎窗。西高东低的地势落差得到巧妙利用，强化了向上的尺度。建筑主体为矩形四坡顶，南北东三侧皆凸出部分四坡顶，西侧中部起小双坡顶，屋顶有三矩形烟囱错落分布，檐口围以绿色排水沟，下接白色排水管道。西立面入口处做挑檐，下部以两根爱奥尼柱支撑，内侧做拱券型门洞。南侧立面凸出部分右侧入口处做挑檐，下部一方柱支撑，上部做二层阳台，并沿墙设楼梯由一层直达二层。东侧立面凸出部分一层加建一单坡顶小房。

**历史概况：** 历史信息不详，现为民居。

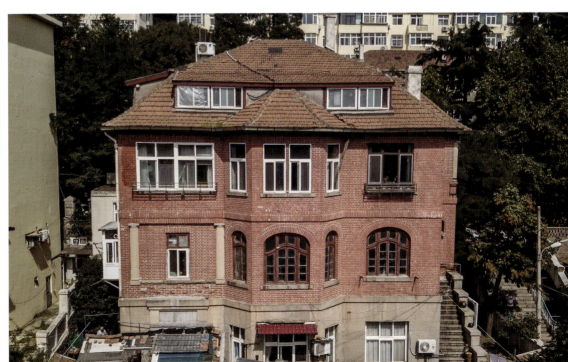

＊齐东路 39 号甲住宅现貌

# 齐东路39号乙住宅

建筑地址：
青岛市市南区齐东路 39 号乙

建成时间：
1941 年

保护级别：
市南区一般不可移动文物

建筑规模：
占地面积 465.4 平方米
建筑面积 不详

　　**建筑概况：** 该建筑整体为"U"形，西侧中部凸出。屋顶皆采用重檐式四坡屋顶，东侧左右两端及中部屋顶下檐上皆开一老虎窗，西侧屋顶左右两侧下檐处也皆开一老虎窗，屋顶东西两侧皆有两方形烟囱。建筑为二层，阁楼一层，地下一层。墙体下部采用石材砌筑墙基，上部采用砂浆抹灰。窗户多为矩形，窗户下沿做石材窗台凸出于墙面。沿齐东路正立面中间部分凸出，上部为两坡重檐屋顶，采用硬山山墙，做四边形山花凸出于屋面，转折处皆做小柱装饰，山墙上部做一半圆形窗户，窗下做直檐凸出于立面，左侧入口处做二层架空阳台，采用一方柱支撑。背立面中部二层楼顶做三层阳台，采用石块砌筑围栏，阳台左右两侧均加建一处低矮小房。

　　**历史概况：** 历史信息不详，现为民居。

※ 齐东路 39 号乙住宅现貌

# 齐东路51号住宅

建筑地址：
青岛市市南区齐东路51号

建成时间：
1932年

保护级别：
市南区一般不可移动文物

建筑规模：
占地面积 727.5 平方米
建筑面积 不详

**建筑概况：**该建筑为红瓦四坡顶与两坡顶组合，西南侧凸出部分采用扇形屋顶，东南侧凸出部分则为梯形平顶。整体为三层，局部二层。屋顶错落分布有五处三孔矩形烟囱，墙体下部为石材砌筑墙基，上部采用砂浆抹灰。窗户皆为矩形。东南立面一二层做梯形凸出，顶部做三层的阳台。南侧一层入口处梯形凸出，顶部做二层的阳台。西南立面中部做三层梯形凸出，上部采用扇形坡屋顶，西南立面左侧二层阳台上部现已加建单层红色单坡顶建筑，其阳台外部加设的栏杆仍保留。西北立面二层部分外凸，与外侧煤房和楼梯相连接，其下部悬空，上部做三层阳台。

**历史概况：**历史信息不详，现为民居。

※ 齐东路51号住宅现貌

# 杨云波旧宅

建筑地址：
青岛市市南区龙口路 7 号

建成时间：
1932 年

保护级别：
市南区一般不可移动文物

建筑规模：
占地面积 424 平方米
建筑面积 228.8 平方米

❋ 历史资料图（图源：加州大学伯克利分校图书馆）

**建筑概况：** 该建筑为红瓦坡屋顶，砂浆抹面，基座由花岗岩砌筑，矩形窗。

**历史概况：** 初为杨云波私宅。1939 年 8 月转让给赵镜海。1939 年 11 月，又转让给三上安美。1941 年 12 月，三上安美转让给宋修、刘培恺。现为民居。

❋ 杨云波旧宅现貌

# 朱严婉如旧宅

建筑地址：
青岛市市南区龙口路 11 号

建成时间：
1929 年

保护级别：
市南区一般不可移动文物

建筑规模：
占地面积 788 平方米
建筑面积 513.25 平方米

✳ 历史资料图（图源：Google 艺术与文化 _LIFE Photo Collection）

**建筑概况：** 该建筑为砖石木结构。建筑主体地上二层，半地下室，带阁楼。外立面下部石块堆砌，上部砖墙外用水泥抹面。

**历史概况：** 初为朱严婉如私宅。1929 年 3 月，朱严婉如将该房产出让与牟子明。1931 年，牟子明卖与宪恩山（商人），1942 年 6 月，宪恩山卖与万合均，1952 年 6 月接管为公房。

✳ 朱严婉如旧宅现貌

# 霍康医院旧址

建筑地址：
青岛市市南区龙口路 13 号

建成时间：
不详

保护级别：
市南区一般不可移动文物

建筑规模：
占地面积 582.4 平方米
建筑面积 271.13 平方米

＊ 历史资料图（图源：加州大学伯克利分校图书馆）

**建筑概况：** 该建筑为砖石木结构，地上二层，带阁楼，红瓦多向坡屋顶。墙面为砂浆抹面，基座至一层窗户下沿由花岗岩砌筑，矩形窗，侧墙山花开有"十"字形窗。

**历史概况：** 初为高民生房产。1938 至 1948 年，曾为白俄医生霍哈拉其金开办的霍康医院。1958 年列入社会主义改造，一层六间房屋自留。现为民居。

＊ 霍康医院旧址现貌

# 华岗旧居

建筑地址：
青岛市市南区龙口路 40 号

建成时间：
1912 年

保护级别：
市南区一般不可移动文物

建筑规模：
占地面积 1524.3 平方米
建筑面积 513.25 平方米

✳ 历史资料图（图源：东洋文库）

**建筑概况：** 该建筑为砖石结构，红瓦黄墙坡屋顶，二层有半地下室，建筑平面呈矩形，基部由花岗岩石块砌筑，墙面为水泥抹灰，立面开有木质矩形长窗，建筑由北侧的室外花岗岩楼梯进入，沿建筑墙体底部外缘有深约 40 厘米的排水沟。

**历史概况：** 初为德国商人住宅。1951 年至 1955 年华岗任山东大学党委书记兼校长时居住于此，期间完成了《中国大革命》等著作。现为青岛市科学技术信息研究所办公楼。

✳ 华岗旧居现貌

# 龙口路 42 号住宅

建筑地址：
**青岛市市南区龙口路 42 号**

建成时间：
**不详**

保护级别：
**市南区一般不可移动文物**

建筑规模：
**占地面积 不详**
**建筑面积 不详**

❋ 历史资料图（图源：美国福音派路德教会档案馆）

**建筑概况：** 该建筑主体为地上三层，平面呈不规则形状。建筑屋顶为四坡顶，东北角向北接双坡，再向东接双坡，设破风板，均采用红色瓦面铺装。北部中间部位外凸为平屋顶。建筑立面为素面砂浆抹面，建筑墙基为花岗岩砌筑。部分窗加设防盗窗、雨棚，窗台为花岗岩。

**历史概况：** 历史信息不详，现为民居。

❋ 龙口路 42 号住宅现貌

# 龙口路44号住宅

建筑地址：
青岛市市南区龙口路 44 号

建成时间：
不详

保护级别：
市南区一般不可移动文物

建筑规模：
占地面积 不详
建筑面积 不详

\* 历史资料图（图源：东洋文库）

**建筑概况：**该建筑主体为地上二层，平面呈不规则形状。建筑东半部主体屋顶为重檐四坡屋顶，东北角向东外凸接三坡顶，均采用红色瓦面铺装。建筑西半部主体为地上一层，局部二层，一层部分为平屋顶，二层部分与建筑东半部相接，为单坡顶。建筑立面底部以花岗岩砌筑墙基，墙面为素面砂浆抹面，部分建筑墙角和立面使用花岗岩进行装饰。建筑南立面一层凸出五边形体量，五坡屋顶。建筑东立面南侧二层设露台，方石堆砌成栏杆，北侧凸出建筑阁楼开设半圆形窗。

**历史概况：**历史信息不详，现为民居。

\* 龙口路 44 号住宅现貌

# 青岛商会会长旧宅

建筑地址：
青岛市市南区龙华路 1 号

建成时间：
不详

保护级别：
市南区一般不可移动文物

建筑规模：
占地面积 1012.4 平方米
建筑面积 400 平方米

**建筑概况**：该建筑为砖石木结构，地上二层，地下一层，带阁楼，红瓦坡屋顶，上开"人"字形老虎窗，檐下有并排凸起小方块装饰。正立面中部设主入口，入口前设有六级台阶。建筑立面底部以花岗岩砌筑墙基，墙面转角与窗洞均有石块包镶。

**历史概况**：历史信息不详，现为民居。

＊ 青岛商会会长旧宅现貌

# 方海亭旧宅

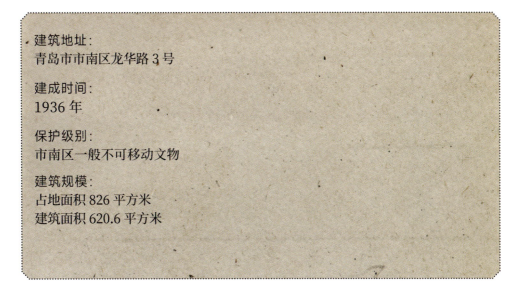

建筑地址：
青岛市市南区龙华路 3 号

建成时间：
1936 年

保护级别：
市南区一般不可移动文物

建筑规模：
占地面积 826 平方米
建筑面积 620.6 平方米

**建筑概况：**该建筑由建筑师王屏藩设计，砖石木结构，地上二层，地下一层，带阁楼。建筑立面底部以石材砌筑墙基，主立面墙体呈中轴对称布局矩形窗，窗台为条石板，沿窗台处有横向线条做装饰。中部凸出部分顶部有红色木质檐口，中间做菱形纹样装饰。

**历史概况：**初为"海滨轩"代理人胡核容私宅。1936 年 10 月，该建筑售与方海亭。1953 年由方百川（即方海亭）取得该地地权。1958 年列入社会主义改造。

＊ 方海亭旧宅现貌

# 龙华路5号住宅

建筑地址：
青岛市市南区龙华路5号

建成时间：
不详

保护级别：
市南区一般不可移动文物

建筑规模：
占地面积822.4平方米
建筑面积302.4平方米

　　**建筑概况**：该建筑为砖石木结构，地上三层，地下一层。建筑立面以花岗岩砌筑墙基，墙体为清水砖墙面，檐口与墙体、二三层部分以石板贴面，檐口下以一排中式的回纹作为装饰。南立面呈中轴对称布局，中部位置设主入口，入口上端以石材包镶墙面，中间位置开两扇矩形窗，窗户之间石板上雕刻传统中式纹样作为装饰，每层两端水平划分矩形窗，窗台为长条石窗台。建筑前有宅院。

　　**历史概况**：1953年曾用作台西医院宿舍。现为民居。

＊龙华路5号住宅现貌

# 王文涛旧宅

255

建筑地址：
青岛市市南区龙华路 7 号

建成时间：
1935 年

保护级别：
市南区一般不可移动文物

建筑规模：
占地面积 714.6 平方米
建筑面积 328 平方米

　　**建筑概况：** 该建筑由建筑师栾子瑜设计。建筑为砖木结构，地上二层，有阁楼，红瓦坡屋顶。墙面抹水泥砂浆，基座为花岗岩石砌筑，南立面西端有亭子，东端有塔楼。

　　**历史概况：** 初为王文涛私宅。现为民居。

※ 王文涛旧宅现貌

# 龙华路9号住宅

建筑地址：
青岛市市南区龙华路9号

建成时间：
不详

保护级别：
市南区一般不可移动文物

建筑规模：
占地面积631.2平方米
建筑面积 不详

**建筑概况：** 该建筑为地上二层，有阁楼，红瓦多向坡屋顶，南立面对称，墙体抹砂呈土黄色，基座由花岗岩砌筑。

**历史概况：** 历史信息不详，现为民居。

＊龙华路9号住宅现貌

# 袁钟山旧宅

建筑地址：
青岛市市南区龙华路 13 号

建成时间：
1936 年

保护级别：
市南区一般不可移动文物

建筑规模：
占地面积 598.3 平方米
建筑面积 560 平方米

**建筑概况**：该建筑主体为地上三层，砖木结构，红瓦坡屋顶，院内铺有红地砖，建筑南立面中轴对称，中间山墙为欧式风格，山墙正中挑出小阳台，有铁建护栏，阳台两侧椭圆形小窗，再向外为阁楼老虎窗，建筑简洁、匀称。

**历史概况**：原为积庆堂燕翼堂业主袁钟山房产，1941 年 12 月卖与梁濂清。现为民居。

※ 袁钟山旧宅现貌

# 奥斯特旧宅

建筑地址：
青岛市市南区龙山路 3 号

建成时间：
1923 年

保护级别：
市南区一般不可移动文物

建筑规模：
占地面积 不详
建筑面积 不详

＊ 历史资料图（图源：京都大学附属图书馆）

**建筑概况：**该建筑主体为地上三层，局部两层，红瓦组合坡屋顶和平屋顶。底部以花岗岩砌筑墙基，墙身淡砂浆抹面，层与层之间白色横向线脚勾勒装饰。南立面左侧有竖向凸出长条形墙体，中部凸出竖向体块上为三角形山墙，山墙檐下开圆形窗洞，窗洞下横向条石装饰墙面。南立面右侧建筑屋顶部分架设女儿墙，二层右侧凸出飘窗，一层加建单层坡屋顶建筑。东立面左侧平屋顶，右侧坡屋顶。该部分一二层向外凸出半圆形体块，中间部分短柱排列，上下线脚修饰。北立面右侧外建设石砌筑楼梯直通二层入口。西立面中部凸出双坡顶斜切屋面体块，山墙上开一圆形小窗和一方形小窗。

**历史概况：**初为德国工程师奥斯特的私宅。奥斯特于 1901 年在小港附近开设船厂。1909 年，他将工厂卖给皇家青岛造船厂，1911 年回到德国。1912 年他再次回到青岛。1914 年，他成为战俘在日本关押，1920 年回到青岛并建造此住宅。1933 年奥斯特病故于青岛，他的家人于 1946 年离开青岛。

＊ 奥斯特旧宅现貌

# 龙山路教堂

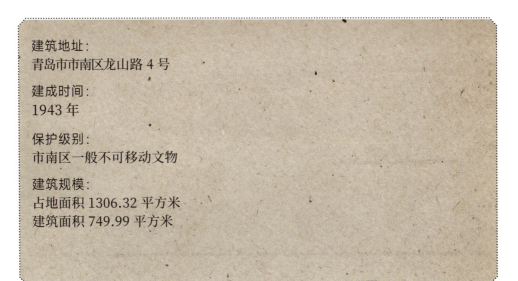

建筑地址：
青岛市市南区龙山路 4 号

建成时间：
1943 年

保护级别：
市南区一般不可移动文物

建筑规模：
占地面积 1306.32 平方米
建筑面积 749.99 平方米

**建筑概况：** 该建筑处在一段坡度很大的狭长地块上，临龙山路的主入口被设计成一个二层的骑楼样式，由下面的门洞进入，依次为砖木结构的二层办公楼和供聚会使用的单层礼拜堂。二层建筑为红瓦四向坡屋顶，红色木结构屋檐。平面呈现"凹"字形，两侧凸出部分为双坡顶建筑。建筑底部以毛石砌筑墙基。南立面两侧山墙立面上层砂浆抹面，下层白色覆盖，中开方形窗洞。内院红色木结构支撑屋顶挑檐，红木搭建外廊、立柱。一层外廊立柱两侧有垂柱，二层外廊栏板为短红色木片拼接，柱子之间设镂空雕刻挂落。西立面底部开拱形门洞，洞口上方镶嵌金色十字架。矩形窗排列整齐，窗下条石砌筑窗台，建筑混合中西方元素。

**历史概况：** 由青岛阳本印染厂董事陈子万等人出资兴建。该堂属基督徒聚会处，历任长老有张子洁、张天人等。1958 年，该堂被确定为联合聚会点。

﹡龙山路教堂现貌

# 龙山路2号住宅

**建筑地址：**
青岛市市南区龙山路2号

**建成时间：**
20世纪20年代

**保护级别：**
传统风貌建筑

**建筑规模：**
占地面积400.6平方米
建筑面积 不详

＊ 历史资料图（图源：历史明信片）

**建筑概况：** 该建筑为地上二层，红瓦四向坡屋顶，檐部砌起带线脚短墙。近乎长方形平面，西立面右半部分凸出多边形建筑体块。立面三段式构图，墙身白色砂浆抹面，一、二层层间用多层线脚分隔，以此强调立面划分，底部为毛石砌筑墙基。西立面中部一层多级台阶上为建筑入口大门，该立面右侧多边形建筑体量二层阳台封闭。东立面一层和周围建筑相接。整体立面窗户呈现长方形，下用石条砌筑窗台。

**历史概况：** 历史信息不详，现为办公用房。

＊ 龙山路2号住宅现貌

261

# 龙山路6号住宅

建筑地址:
青岛市市南区龙山路6号

建成时间:
20世纪20年代

保护级别:
传统风貌建筑

建筑规模:
占地面积2173.61平方米
建筑面积 不详

＊ 历史资料图（图源：美国国会图书馆）

**建筑概况：** 该建筑主体为地上二层，局部地下室，地势由南向北逐步下降，红瓦坡屋顶建筑，屋顶上架设红色木结构人字形老虎窗，檐口加厚凸出墙面。平面近似呈"L"形，北侧接入双坡顶建筑，"L"形夹角内侧接入一多边形建筑体量。立面三段式构图，墙身淡黄色砂浆抹面，底部为毛石砌筑墙基。南立面为二层建筑，一层中部加建一层平顶小室。该立面左右两侧凸出山墙，山墙上有一"凸"字形山花，中部向上凸出圆弧形，饰以条石，山花上两块梯形向内凹进装饰。山墙中部内凹，窗口上部做带状白色圆圈装饰凸出于墙面。西南角为建筑主入口，一层开拱形门洞，门洞立于多级台阶之上。主入口顶层凸出方形体块，二层开拱形窗户。西立面呈由南向北的坡地，长方形窗两个成一组，排列整齐，组与组之间用凸出墙面分割，削弱建筑较长体量带来的单调感。西立面二层窗户顶部采用带状白色圆圈凸出于墙面装饰，该立面底部墙基，部分开窗洞。

**历史概况：** 历史信息不详，现为民居。

＊ 龙山路6号住宅现貌

# 龙山路8号住宅

建筑地址：
青岛市市南区龙山路8号

建成时间：
不详

保护级别：
市南区一般不可移动文物

建筑规模：
占地面积 1156.3 平方米
建筑面积 不详

＊ 历史资料图（图源：美国海军历史和遗产司令部档案）

**建筑概况：**该建筑为地上二层，红瓦双坡顶屋角斜切建筑，长方形平面中部接入复折式屋顶建筑体量。屋檐红色木结构支撑，屋顶上开方形天窗。立面以砂浆抹面，部分墙面颜色不一。南立面中部凸出建筑体量，带一半圆形阳台，栏板上下边缘修饰以白色线脚，阳台部分封闭，底层架空用梭柱支撑。该立面一层开拱形窗，左侧一层为加建红瓦双坡顶单层小室，建筑一层大部分被加建建筑遮挡。东立面右下角有一红瓦盝顶门廊，该立面一、二层墙体颜色不一。北立面中部向外凸出底层架空封闭阳台，用短柱支撑。

**历史概况：**历史信息不详，现为民居。

＊ 龙山路8号住宅现貌

# 龙山路10号住宅

建筑地址：
青岛市市南区龙山路10号2号楼

建成时间：
1923年

保护级别：
市南区一般不可移动文物

建筑规模：
占地面积 不详
建筑面积 不详

＊ 历史资料图（图源：美国国会图书馆）

　　**建筑概况：** 该建筑地上二层，局部有地下室，红瓦组合坡屋顶，屋顶上架设红色木结构单坡老虎窗，开矩形天窗。墙面砂浆抹面，砖石错落包裹建筑边缘，底层以方块毛石砌筑墙基。南立面中部凸出双坡顶体量，并再向外凸出一半圆形两层建筑，建筑层与层之间两块砖错落镶嵌。南立面左侧一层为石砌台阶弧形向外扩张，上设建筑主入口，门廊顶部开敞阳台，中部石砌较厚装饰带分隔上下两层。建筑北立面接双坡顶单层小室。西立面中部呈三角形山墙，山墙向外凸出部分墙体，顶部加建。该体块中部继续向外凸出半圆形两层建筑，顶部开敞阳台，边缘采用竖向石砌条形装饰该建筑墙面。

　　**历史概况：** 历史信息不详，现为民居。

＊ 龙山路10号住宅现貌

# 高实甫旧宅

建筑地址：
青岛市市南区龙山路 18 号

建成时间：
不详

保护级别：
市南区一般不可移动文物

建筑规模：
占地面积 800.3 平方米
建筑面积 373.47 平方米

**建筑概况：** 该建筑由建筑师栾子瑜设计。建筑坐东朝西，为典型欧式楼房，共二层，设有阁楼开老虎窗，主立面设有两座塔楼，古罗马柱式，采用了欧洲 19 世纪哥特式与巴洛克式混合造型，其大门巧借山势以山墙为照壁和引梯，花岗岩墙基，立面富于变化，屋面有折坡，尖坡多种组合，西南角有塔楼式木质敞廊阳台，可眺望前海一线。

**历史概况：** 初为商人高实甫住宅。1953 年，该建筑售与华东煤矿管理局作为疗养院。自 1956 年 9 月起，由房管局接管。1978 年，青岛市人民对外友好协会在此办公。

※ 高实甫旧宅现貌

# 栾调甫旧居

建筑地址：
青岛市市南区龙山路 19 号

建成时间：
1936 年前

保护级别：
市南区一般不可移动文物

建筑规模：
占地面积 390.2 平方米
建筑面积 不详

**建筑概况：**该建筑为地上二层，红瓦四向坡屋顶，檐下墙面采用竖向条纹浮雕装饰。建筑立面底部以毛石砌筑墙基墙面砂浆抹灰，面向龙山路正立面中部屋檐凸起眉形弧度，圆弧下有花束纹样装饰，该立面窗外设金属栏杆。背立面右侧有三角形山墙，山墙上浮雕装饰，山墙向外凸出短柱支撑底层半封闭体块，上部封闭阳台，屋顶为红瓦单坡顶。该立面左侧屋檐凸起弧度。右侧立面底层加建。

**历史概况：**栾调甫于 1936 年 8 月来到青岛，任国立山东大学中文系教授。1938 年 3 月离校，住在龙山路 19 号。由于校图书馆馆长胡文玉离职，栾调甫兼任馆长一职。栾调甫兼任馆长时间不长，后由从美国归来的前任馆长黄星辉继续担任馆长。

※ 栾调甫旧居现貌

# 龙江路2号住宅

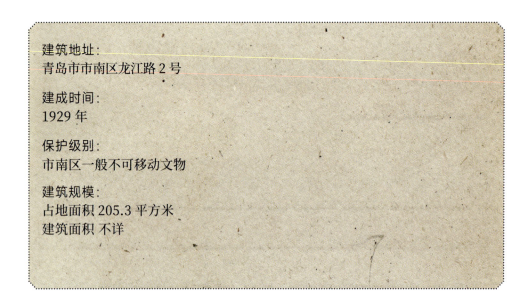

建筑地址：
青岛市市南区龙江路2号

建成时间：
1929年

保护级别：
市南区一般不可移动文物

建筑规模：
占地面积205.3平方米
建筑面积 不详

**建筑概况：** 该建筑红瓦四面坡屋顶，一、二层入口处拱门拱窗，其余竖向矩形长窗，花岗岩基座，砖石结构。

**历史概况：** 初为陈大猷私宅。1944年卖给丁佰起。1950年再度转卖。现为民居。

※ 龙江路2号住宅现貌

建筑地址：
青岛市市南区龙江路4号

建成时间：
1928年

保护级别：
市南区一般不可移动文物

建筑规模：
占地面积537.5平方米
建筑面积 不详

　　**建筑概况**：该建筑为木砖石结构，地上二层，原先的阳台是开放式，拱形门窗，二层拱窗，红绿色檐口，花岗岩条石窗台。该院地处龙江路南端，建在信号山南坡下，与黄县路交叉的路口处，院中心为主楼，花岗岩基座。

　　**历史概况**：历史信息不详，现为民居。

＊龙江路4号住宅现貌

# 龙江路5号住宅

建筑地址：
青岛市市南区龙江路5号

建成时间：
20世纪20年代

保护级别：
市南区一般不可移动文物

建筑规模：
占地面积219.31平方米
建筑面积302.4平方米

**建筑概况**：该建筑为砖木结构，西立面矩形长窗，山墙上有花朵图案装饰，入口有三角形山花，有壁柱装饰，东立面山墙上有三朵小花，墙面外刷水泥。

**历史概况**：历史信息不详，现为民居。

＊龙江路5号住宅现貌

# 赵太侔旧居

269

建筑地址：
青岛市市南区龙江路 7 号

建成时间：
1928 年

保护级别：
市南区文物保护单位

建筑规模：
占地面积 982 平方米
建筑面积 不详

＊ 历史资料图（图源：加州大学伯克利分校图书馆）

**建筑概况：** 该建筑为砖木结构，地上二层，有阁楼及地下室。花岗石砌筑墙基，砂浆刷墙面，四面坡结合人字坡屋顶，覆红色板瓦，上开方形老虎窗。平面呈不规则布局，立面富于高低错落的变化，以东南角一座攒尖式塔顶为中心构图，阁楼层墙体嵌有半木构装饰，墙体矩形窗以清水砖做窗套，建筑立面顶部以水平线做装饰。主入口设于建筑西立面，以蘑菇石砌出门楼，开有一扇小圆窗，其上耸起一面同样以半木构装饰的三角山墙，庭院设一座石砌券门，券顶靠石块拼合而成。

**历史概况：** 1947 年 6 月，资源委员会淄博煤矿公司取得所有权。1949 年后曾用作山东大学教员宿舍。

＊ 赵太侔旧居现貌

# 杨振声旧居

建筑地址：
青岛市市南区龙江路 11 号

建成时间：
1928 年

保护级别：
市南区文物保护单位

建筑规模：
占地面积 315 平方米
建筑面积 287 平方米

**建筑概况：** 该建筑由邹仁义设计。建筑主体为地上二层，砖石结构，坐北朝南。外墙基石以上全部用红砖砌成，坡向红屋顶，石头砌筑墙基，无装饰。建筑格调清新典雅，颇具特色。

**历史概况：** 原业主为江苏人张却。1930—1932 年，杨振声居此楼二层，现为民居。

※ 杨振声旧居现貌

# 王仁堂旧宅

建筑地址：
青岛市市南区龙江路 21 号

建成时间：
1934 年

保护级别：
市南区一般不可移动文物

建筑规模：
占地面积 不详
建筑面积 294 平方米

**建筑概况：** 该建筑地上三层带阁楼，花岗岩基座，外墙抹灰，竖向长窗，四面坡屋顶，有老虎窗，院内有棵雪松。

**历史概况：** 初为永安百货店经理王仁堂私宅，1933 年，取得该地地权。1953 年变更产权登记，为王仁堂、王路得共有。1958 年列入社会主义改造。

※ 王仁堂旧宅现貌

# 龙江路24号甲住宅

建筑地址：
青岛市市南区龙江路 24 号甲

建成时间：
1939 年

保护级别：
市南区一般不可移动文物

建筑规模：
占地面积 980.1 平方米
建筑面积 不详

＊ 历史资料图（图源：Google 艺术与文化 _LIFE Photo Collection）

**建筑概况：** 该建筑地上二层，红瓦双坡顶建筑。平面呈现长方形，建筑随地势逐步下降，三个体块建筑东西侧设凸出于屋顶的山墙。墙面整体红色毛石砌筑，红砖砌筑窗上过梁以及窗两侧，条石砌筑窗台。南立面较长，主要分为三段，中间部分底部向外凸出单坡顶体块，中部二层部分开敞。南立面右侧部分中部底层开入口门洞，门洞上部开敞。东立面为三角形山墙，上部开八角形窗洞，洞口也使用红砖镶嵌。山墙立面使用毛石和红砖相间错落砌筑，形成独特的建筑立面。

**历史概况：** 历史信息不详，现为民居。

＊ 龙江路 24 号甲住宅现貌

# 龙江路28号住宅

建筑地址：
青岛市市南区龙江路28号

建成时间：
1936年

保护级别：
市南区一般不可移动文物

建筑规模：
占地面积 不详
建筑面积 294平方米.

**建筑概况：**该建筑为地上二层，局部地下室，红瓦组合坡屋顶，红色木结构屋檐，屋檐周围环绕绿色排水檐口。平面呈现近似长方形，立面大体为三段式构图，墙面砂浆拉毛，墙角采用白色线条镶嵌，底部毛石砌筑墙基，墙基上边缘用条石勾边。白色装饰线勾勒窗户，底部条石砌筑窗台，排列整齐，形式简洁。南立面底层中部向外凸出石材砌筑门廊做建筑入口，门廊上部做开敞阳台，周围环绕石砌栏杆中开菱形洞口，栏杆中部多层线脚内凹方形装饰，且有"迎祥"二字浮雕。门上向外伸出多层线脚装饰的方形雨棚。南立面右侧二层设一阳台。

**历史概况：**历史信息不详，现为民居。

※ 龙江路28号住宅现貌

# 龙江路34号住宅

建筑地址：
青岛市市南区龙江路34号

建成时间：
1935年

保护级别：
市南区一般不可移动文物

建筑规模：
占地面积1404.6平方米
建筑面积 不详

**建筑概况**：该建筑地上二层，红瓦四坡屋顶，北侧外凸四坡顶重檐，主体屋顶南侧中部做单坡凸起，其两侧各设一单坡老虎窗，主屋顶东西北三侧中部皆开一单坡老虎窗。墙体底部以毛石砌筑墙基，上部为砂浆抹灰。窗户皆为矩形，窗下做石材窗台凸出于墙面。南立面中部与西侧呈阶梯状凸出，西侧凸出设一露台。东侧立面入口处挑檐凸出，下部做台阶。

**历史概况**：20世纪40年代，华北禁烟总局青岛分局曾在此地办公。现为青岛市地震工程研究所。

※ 龙江路34号住宅现貌

# 龙江路38号、38号甲住宅

建筑地址：
青岛市市南区龙江路 38 号、
龙江路 38 号甲

建成时间：
1942 年

保护级别：
市南区一般不可移动文物

建筑规模：
占地面积 367 平方米
建筑面积 294 平方米

**建筑概况：** 该建筑整体为三个建筑单元相连，顺地势高度上错落相连，每个单元皆为两个红瓦双坡顶建筑十字相交，呈"凸"字型，其山墙部分皆采用硬山形式，边缘凸出于屋面。最北侧一单元屋顶开三个单坡老虎窗。平面整体为矩形，建筑为二层。其墙体采用拉毛手法以砂浆抹灰。窗户皆为矩形，窗下做矩形窗台凸出于墙面。檐口处做多层线条层叠装饰。东北侧三个山墙中上部做一锯齿形浮雕凸出装饰，一层皆做一圆形窗洞。西南侧立面每个建筑单元二楼中部皆出挑一阳台。

**历史概况：** 历史信息不详，现为民居。

※ 龙江路 38 号、38 号甲住宅现貌

# 老舍旧居

建筑地址：
青岛市市南区黄县路 12 号

建成时间：
20 世纪 20 年代

保护级别：
山东省文物保护单位

建筑规模：
占地面积 550.1 平方米
建筑面积约 400 平方米

＊ 历史资料图（老舍在青岛中山公园）

**建筑概况：**该建筑为砖石木结构，地上二层，红瓦多向坡屋顶。建筑立面底部以花岗岩砌筑墙基，外墙为水泥抹沙墙面。立面整齐均匀开设矩形窗，南立面两端各开设一入口处，入口门洞和二层窗洞为弧形，增加了立面变化，窗户窗台为长条石做装饰。东立面凸出矩形体量，挑起二层台阶。

**历史概况：**1935 年，老舍在国立山东大学中文系任教期间，居住于楼下东边的三间房子内。此时期为老舍先生一生中创作最旺盛的时期，长篇小说《骆驼祥子》、中篇小说《文博士》均创作于此。于春圃在 1930 年左右也在此住过。

＊ 老舍旧居现貌

# 黄县路4号住宅

建筑地址:
青岛市市南区黄县路4号

建成时间:
不详

保护级别:
传统风貌建筑

建筑规模:
占地面积908.63平方米
建筑面积 不详

　　**建筑概况:** 该建筑地上一层,带有阁楼,屋顶为红瓦大双坡顶,两侧接小红瓦坡屋顶和平屋顶,带有老虎窗和烟筒。建筑立面底部以花岗岩砌筑墙基,墙面为素面抹灰墙面。墙面设有矩形方窗,窗下有条形石块作为窗台,排列整齐。东西立面有柱子外凸于墙面,屋檐有线脚装饰。

　　**历史概况:** 有"艺坛三兄妹"之称的黄宗江、黄宗洛、黄宗英一家于1933年来到青岛,居住于此。宗江就读于青岛市立中学,宗英、宗洛就读于江苏路小学。少年的黄氏三兄妹就在这里开始了艺术生涯。1935年7月底,黄氏一家迁去天津。现为民居。

＊黄县路4号住宅现貌

# 姜如心旧宅

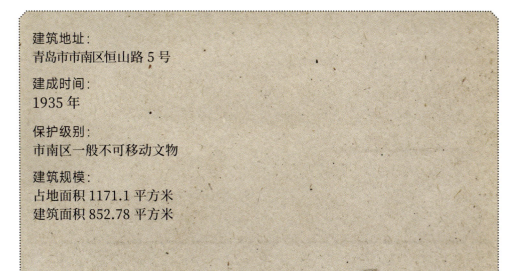

建筑地址：
青岛市市南区恒山路 5 号

建成时间：
1935 年

保护级别：
市南区一般不可移动文物

建筑规模：
占地面积 1171.1 平方米
建筑面积 852.78 平方米

**建筑概况：**该建筑砖木石结构，地上三层，地下一层，带阁楼多向坡屋顶。建筑立面底部以花岗岩石砌筑墙基。建筑南立面中部略向前凸起，设主入口门廊，二、三层有半弧型凉台，以陶立克石柱支撑，石柱有精美的图案作装饰。阳台上面有山墙，山墙上有方形气窗。西、北两立面有长方形露台。室内为地板，楼梯扶栏和室门均雕刻花卉图案。

**历史概况：**初为如心医院的创始人姜如心医生私宅。二次"日据"青岛时期，曾为警察局局长住宅。1949 年之后，由市机关事务局接收，用作迎宾馆客房。现为民宿酒店。

＊姜如心旧宅现貌

# 华山路 14 号住宅

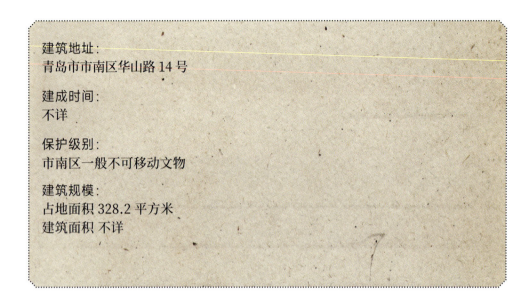

建筑地址：
青岛市市南区华山路 14 号

建成时间：
不详

保护级别：
市南区一般不可移动文物

建筑规模：
占地面积 328.2 平方米
建筑面积 不详

**建筑概况：** 该建筑为地上二层，局部一层，红瓦四向坡屋顶配设老虎窗，屋顶周围环绕排水管道，且墨绿色檐口装饰环绕。建筑立面底部以石材砌筑墙基，墙身砂浆抹面，墙面拉多条水平线做装饰，一、二层间以红色装饰条加强立面划分。建筑南立面中间凸出部分做三角形山墙，墙体设矩形窗，配矩形条石做装饰。建筑东立面设入口，入口上方有三面坡红瓦搭设的雨搭。建筑造型简洁明快。

**历史概况：** 历史信息不详，现为民居。

※ 华山路 14 号住宅现貌

# 赵仲玉旧居

建筑地址：
青岛市市南区华山路 13 号

建成时间：
1943 年

保护级别：
传统风貌建筑

建筑规模：
占地面积 970.2 平方米
建筑面积 不详

＊ 历史资料图（赵仲玉在寓所）

**建筑概况：** 该建筑为地上二层，红瓦组合坡屋顶，檐口向外凸出。建筑立面底部以毛石砌筑墙基，墙体以水泥砂浆抹面，部分以橙黄色砂浆和黄色砂浆横向交替装饰墙面。建筑南立面左侧向外凸出近似半圆形平面体块，该体块左侧一层向外凸出平屋顶小室。建筑西立面左侧有两竖向条形窗户并列，丰富了建筑立面变化。

**历史概况：** 赵仲玉是抗日时期时任青岛市市长赵琪的女儿。她自幼喜美术，自圣功女子中学接受美术启孟，后受教于白俄画家毕古列维奇。1939 年毕业于北平京华美术学院，1938 年与画家吕品组织发起琴岛画会并任会长，1949 年后，赵仲玉长期担任青岛第八中学美术教师，直至退休。

＊ 赵仲玉旧居现貌

建筑地址：
青岛市市南区太平路 13 号

建成时间：
1933 年

保护级别：
市南区一般不可移动文物

建筑规模：
占地面积 1004.6 平方米
建筑面积约 524 平方米

✳ 历史资料图（图源：Thomas H. Hahn Docu—Images）

**建筑概况**：该建筑由毕娄哈设计，天太兴和记施工。建筑为钢筋混凝土结构，地上三层，地下一层。建筑正立面临街，每层各开三扇窗户，窗上方做遮檐与横向线条装饰，建筑整体呈现代主义风格，具有简洁轻松的现代感。

**历史概况**：落成后，建筑师毕娄哈曾在此居住。1949 年后，该楼为青岛市文化局办公楼。后文化局迁出，该楼与近邻的太平路 11 号改为青岛市艺术研究所。2013 年 9 月，青岛市艺术研究所改名为"青岛市艺术研究院"。2014 年，青岛市艺术研究院在该楼内开设艺术文献展厅。该楼现为青岛市文物保护考古研究所、青岛市水下文化遗产保护中心。

※ 毕娄哈旧宅全貌

※ 毕娄哈旧宅南立面现貌

# 清真寺旧址

建筑地址:
青岛市市南区常州路9号

建成时间:
1899年

保护级别:
市南区一般不可移动文物

建筑规模:
占地面积 不详
建筑面积 不详

※ 历史资料图（图源：美国国会图书馆）

**建筑概况：** 该建筑为砖石结构，地上二层。建筑以毛石砌筑墙基，屋面为红瓦坡顶。建筑正面山墙为圆顶曲线形花饰，门楣上镌有"1898"字样。

**历史概况：** 1929年，王万英和回民穆华亭、刘尊五、石小坡等人发起募捐，购买了常州路9号、11号、13号房屋，得到时任青岛市市长马福祥（回族）的支持，将常州路9号改建成清真寺。抗战胜利后，青岛回民在此成立了回教协会。中华人民共和国成立后，协会撤销，后成立清真寺理事会。1958年成立了清真寺民主管理委员会。1981年，清真寺全面整修，1982年7月正式对外开放。

※ 清真寺旧址现貌

# 市立女子中学旧址

建筑地址：
青岛市市南区太平路 2 号

建成时间：
20 世纪 20 年代

保护级别：
市南区一般不可移动文物

建筑规模：
占地面积 8849.1 平方米
建筑面积 不详

＊ 历史资料图（图源：抗日战争与近代中日关系文献数据平台）

**建筑概况：**该建筑信息不详。

**历史概况：**1927 年 8 月，胶澳商埠公立女子中学将女子中学班迁出，设公立女子中学校，校名为"胶澳商埠公立女子中学"。1929 年秋，校名改为"青岛特别市市立女子初级中学"。1930 年秋，市立女中迁至莱阳路 26 号刘子山捐赠的原私立青岛中学校址。迁校后，学校增设高级班，学校改名为"市立女子中学"。1949 年 6 月后，女中改名为青岛市立第二中学（简称二中）。1974 年，校舍改建。1999 年，学校在崂山区建了新校舍，高中部迁过去，留下了初中部。2000 年，学校初中部改为青岛育才中学，与二中分离。2010 年，育才中学名字废止，12 月起改名为"青岛实验初级中学"。

＊ 市立女子中学旧址现貌

# 坂井贞一旧宅

建筑地址：
青岛市市南区太平路 23 号

建成时间：
1930 年

保护级别：
市南区一般不可移动文物

建筑规模：
占地面积 2133.84 平方米
建筑面积 465.8 平方米

＊历史资料图（图源：不详）

**建筑概况：**该建筑由日本建筑师三井幸次郎设计，建筑为地上二层，带阁楼，红瓦坡屋顶，屋顶开长方形老虎窗，建筑出檐较深，木椽外露于檐下。建筑立面底部以花岗石砌筑墙基，墙体一层为红砖清水墙面，二层为混合水泥墙面。东西立面两端各设一个入口，入口由五级石阶引至券门，上为二层的弧形平台。建筑南立面呈中轴对称，东西两翼设计外凸露台和内凹山墙的组合结构，露台围栏均饰以镂空四叶纹饰。两个露台上端的阁楼位置各设三角山墙，以红砖纵横垒砌而成，有半木结构做装饰，其下缘嵌入"1929"年份记录刻石。

**历史概况：**该建筑于 1929 年设计，1930 年建成。最初为日商坂井贞一的住宅。1939 年时，该建筑为青岛满铁办事处。1943 年转与纺织商松井多作。1948 年以后由励志社青岛分社使用。现为民居。

＊坂本贞一旧宅现貌

# 赵琪旧居

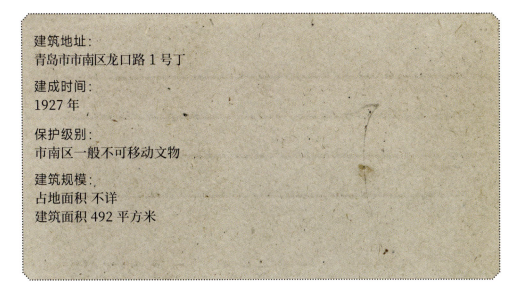

建筑地址：
青岛市市南区龙口路 1 号丁

建成时间：
1927 年

保护级别：
市南区一般不可移动文物

建筑规模：
占地面积 不详
建筑面积 492 平方米

**建筑概况：**该建筑地上二层，带阁楼，红瓦四面坡顶，上开三角檐的筒式老虎窗。建筑立面底部以花岗石砌筑墙基，墙体为拉毛墙，主入口朝南，五级石阶引入柱廊。建筑的最大特点是南立面和东立面均设计为柱廊，一层以十根花岗岩石圆柱相环绕，二层则改以木制对柱承托上下，使建筑的外观显得十分通透。

**历史概况：**赵琪，字瑞泉。1882 年生。山东掖县（今山东莱州）人。1925 年，出任胶澳商埠局总办，1939 年 1 月 9 日，他被伪华北临时政府任命为青岛特别市市长。在此居住期间，寓所名为"厚德堂"，藏书颇丰。

＊ 赵琪旧居现貌

# 毛紫石旧宅

建筑地址：
青岛市市南区黄县路 17 号

建成时间：
1932 年

保护级别：
市南区一般不可移动文物

建筑规模：
占地面积 1108.14 平方米
建筑面积 523 平方米

　　**建筑概况**：该建筑由毛剑云设计，地上二层，地下一层，带阁楼。建筑立面底部以花岗石砌筑墙基，水刷墙面，红瓦坡顶。南立面中轴对称，造型端正，主入口朝南，柱式门廊支撑起二层的敞廊，上起曲线山墙，开嵌有拱心石的圆券窗。

　　**历史概况**：历史信息不详，现为民居。

※ 毛紫石旧宅现貌

# 台静农旧居

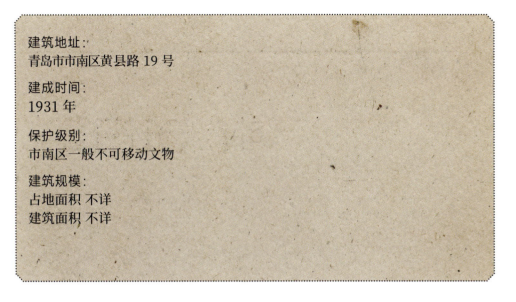

建筑地址：
青岛市市南区黄县路 19 号

建成时间：
1931 年

保护级别：
市南区一般不可移动文物

建筑规模：
占地面积 不详
建筑面积 不详

**建筑概况**：该建筑地上三层，平面较为规整，近似方形，南侧外凸一梯形塔楼，明显的德式现代建筑风格。建筑屋顶为四坡顶，南侧外凸梯形塔楼上方为五坡顶与主体屋顶相接，屋顶上开老虎窗，带有烟囱，立面为典型的三段式构图，墙身为素面砂浆抹灰，底部石材砌筑墙基，石材砌筑整个一层立面。窗为矩形方窗，窗下有条形石块作为窗台，排列整齐，成为建筑的主要装饰。建筑入口位于西南，由一段楼梯直接进入二楼。

**历史概况**：台静农（1902—1990）曾居住于此，台静农系安徽霍邱人，现代小说家。1936 年任国立山东大学、齐鲁大学中文系教授，讲授诗经、中国文学史、历代文选等课程。

＊台静农旧居现貌

# 朱养吾旧宅

建筑地址：
青岛市市南区黄县路 21 号

建成时间：
1930 年

保护级别：
市南区一般不可移动文物

建筑规模：
占地面积 817.6 平方米
建筑面积 560 平方米

　　**建筑概况**：该建筑地上二层，带阁楼，红瓦多向坡屋顶，屋顶开有老虎窗。建筑立面底部以花岗岩石砌筑墙基，南立面呈中轴对称布局，中间部分矩形凸出，由四根圆柱挑起一处方形露台。立面两端为凸出折边三面体，每层均匀开矩形窗，建筑整体整齐简洁。

　　**历史概况**：初为朱养吾住宅。1934 年 9 月孙持正卖与邹德馨。1972 年由房管局接管，1973 年由第二制药厂使用。现为民居。

＊朱养吾旧宅现貌

# 宋兰佩旧宅

建筑地址：
青岛市市南区黄县路 23 号

建成时间：
1933 年

保护级别：
市南区一般不可移动文物

建筑规模：
占地面积 324.6 平方米
建筑面积 230 平方米

**建筑概况：**该建筑为地上二层，地下一层，带阁楼，红瓦多向坡屋顶。中间屋为半圆形，基座为花岗岩石砌筑，平面、立面呈对称性。

**历史概况：**历史信息不详，现为民居。

＊宋兰佩旧宅现貌

# 胡鹏昌旧宅

建筑地址：
青岛市市南区黄县路 33 号

建成时间：
1935 年

保护级别：
市南区一般不可移动文物

建筑规模：
占地面积 615.1 平方米
建筑面积 298 平方米

**建筑概况：**该建筑为地上二层，南立面对称，红瓦多坡屋顶，有阁楼，开有老虎窗，墙面抹砂，为浅暗绿色，基座砌花岗岩。

**历史概况：**初为胶澳商埠财政局局长胡鹏昌的房产，后他将该房产卖给毛紫石。现为民居。

＊胡鹏昌旧宅现貌

# 曲中原旧宅

建筑地址：
青岛市市南区黄县路 35 号

建成时间：
1933 年

保护级别：
市南区一般不可移动文物

建筑规模：
占地面积 560.2 平方米
建筑面积 不详

**建筑概况：** 该建筑为地上二层，有阁楼，红瓦坡屋顶，南立面有两个塔楼，一层开拱形窗，基座由花岗岩石砌筑，正立面有仿罗马柱式。

**历史概况：** 初为招远金矿矿主曲中原的旧宅。现为民居。

＊曲中原旧宅现貌

# 黄县路37号住宅

建筑地址：
青岛市市南区黄县路 37 号

建成时间：
1934 年

保护级别：
市南区一般不可移动文物

建筑规模：
占地面积 1570.3 平方米
建筑面积 691.16 平方米

﹡ 历史资料图（图源：东洋文库）

**建筑概况**：该建筑地上二层，有阁楼和地下室，红瓦多项坡屋顶，开设老虎窗南立面山花墙开圆形窗，墙体抹砂，主入口有仿罗马柱式，基座为花岗岩石砌筑。

**历史概况**：历史信息不详，现为社区卫生服务中心。

﹡ 黄县路 37 号住宅现貌

# 龙口路36号住宅

建筑地址：
青岛市市南区龙口路36号

建成时间：
20世纪10年代

保护级别：
市南区一般不可移动文物

建筑规模：
占地面积 不详
建筑面积 不详

＊历史资料图（图源：历史明信片）

**建筑概况：** 该建筑地上二层，建筑主体为方形，南侧两段接两个圆形体块，西北角外凸一方形体块，明显的德式风格建筑。建筑屋顶为红瓦四坡顶，中间为平顶，西北角和东北角接两个红瓦三坡顶，带有烟囱和小老虎窗，立面为典型的三段式构图，墙身为素面砂浆抹灰，底部石材砌筑墙基。窗均为方窗，窗下有条形石块作为窗台，排列整齐，成为建筑的主要装饰。西侧和东侧中部各带有一个露台。建筑入口位于南侧中部。

**历史概况：** 历史信息不详，现为民居。

＊龙口路36号住宅现貌

# 黄县路石桥

※ 历史资料图（图源：历史明信片）

建筑地址：
青岛市市南区黄县路、黄县支路路口

建成时间：
约 1907 年

保护级别：
市南区一般不可移动文物

建筑规模：
占地面积 不详
建筑面积 不详

**建筑概况：** 黄县路石桥长约 15 米，全部用花岗石砌筑。桥体拱券及上部光面条石砌筑，桥体两侧各有两个粗石桥头柱，栏杆则采用粗面花岗石花式砌筑。

**历史概况：** 南侧石砌桥栏尚存，北侧桥栏于 20 世纪中期被拆除。

※ 黄县路石桥现貌

# B号排污泵站旧址

建筑地址：
青岛市市南区太平路 4 号

建成时间：
不详

保护级别：
传统风貌建筑

建筑规模：
占地面积 1389.9 平方米
建筑面积 不详

＊ 历史资料图（图源：维基百科）

**建筑概况：** 该楼为一栋规模很小的平房，外墙部分墙面砌砖装饰，屋顶覆以牛舌瓦。后来砖砌墙面被改为粉墙，白色涂漆。

**历史概况：** 初为"德租"时期的排污系统 B 号泵站，由广包公司承建。由于青岛城区面积扩张，原位于今广州路的 A 号泵站不敷使用，遂在今太平路 4 号院内建设 B 号辅助泵站，自建成后一直作为泵站使用。现为青岛市排水管理处太平路泵站。

＊ B 号排污泵站旧址现貌

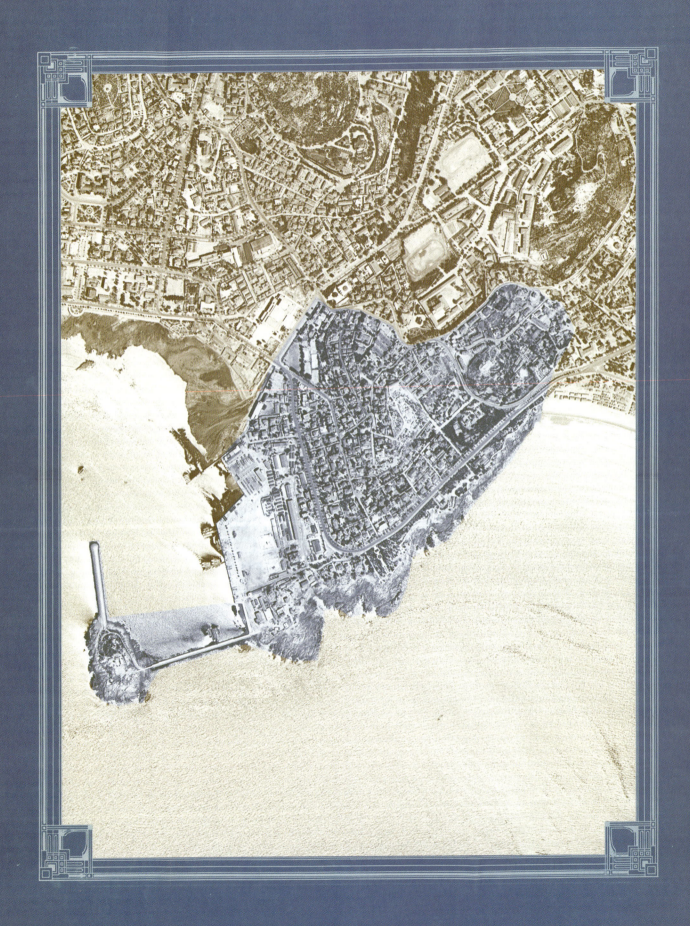

鱼山
历史文化街区

# 阿理文旧居

建筑地址：
青岛市市南区鱼山路 1 号乙

建成时间：
1901 年

保护级别：
全国重点文物保护单位

建筑规模：
占地面积 9629 平方米
建筑面积 217.61 平方米

※ 历史资料图（图源：维基百科）

**建筑概况：** 该建筑由胶海关税务司阿理文设计。建筑为砖石木结构，地上二层，有地下室和阁楼。入口处为 1 间仿中国屋顶的门房，花岗岩墙基，红瓦折坡屋面。二楼面向大海的一面阳台面积足有 60 平方米。窗户顶部起拱券，窗间的墙垛处理成半圆柱形式，局部墙角镶嵌花岗岩方石。房间高度约 4 米，室内为长条木板地，楼梯木扶手有雕饰。住宅基石上刻有"光绪贰拾伍年阳月造，陡彼高冈，至于南海。筑室於兹，宜其遐福。胶海关税务司阿理文志"字样。

**历史概况：** 1868 年 5 月 1 日，阿理文入职中国海关。1870—1872 年，阿理文在上海任职，期间他写了一份关于鸦片贸易的备忘录，这份备忘录引起了时任中国海关总税务司赫德的注意，于是在 1872 年 8 月，赫德任命阿理文做他的私人秘书并调至北京工作。1880 年，阿理文回德度假，后前往广州工作。1885 年，阿理文回德，并在同年 12 月 29 日与普鲁士陆军中将赫尔曼·冯·哈纳根的女儿露易丝结婚。1887 年就任粤海关税务司。1887 年至 1898 年，阿理文先后在北海、佛山、北京、澳门、宜昌等地海关任职。

1898 年 3 月 6 日，中德签订胶澳租借条约后，阿理文于 1898 年 8 月 15 日受赫德的指派赴青岛筹办设关，1899 年 7 月 1 日，胶海关正式对外办公，阿理文任首任税务司，并居于此。1901 年 8 月，胶海关迁入阿理文设计的新办公楼。

＊ 阿理文旧居现貌

＊ 20 世纪初，阿理文住宅

# 德国海军军官俱乐部旧址

建筑地址：
青岛市市南区莱阳路 8 号

建成时间：
1909 年

保护级别：
全国重点文物保护单位

建筑规模：
占地面积 不详
建筑面积 2391 平方米

＊历史资料图（图源：德国巴伐利亚州立图书馆）

**建筑概况：** 德国海军军官俱乐部主体建筑为地上三层，地下一层，附设阁楼，屋顶以红色牛舌瓦覆盖。一层及地下室为砖混结构，二、三层及阁楼为砖木结构。整个建筑由几组建筑体组合而成，主体建筑西侧为一处歇山顶两层建筑，东侧为三组裙房，各组建筑立面与高度的处理各不相同。该建筑正立面朝南，主入口前方为一处平台。主入口处理为三座拱形门洞，门洞内为虚空间。门洞上方设有三组贯通两层的竖直窗户，用以采光，亦可增加正立面高直感。其他立面也各设有一处便门。该建筑整体风格受德国青年风格影响较大，平面趋于清晰，外立面较此前建设的德式建筑更加简明、实用，敞廊等殖民地风格建筑、复古风格建筑元素已被摒弃。

**历史概况：** 驻青岛德国海军军官俱乐部原设于旧清军炮队营，因其年久失修，遂于 1907 年新建俱乐部馆舍。新楼选址于青岛湾东岸、奥古斯特·维多利亚海岸西侧，由德国籍建筑师舒备德设计，1907 年秋动工，1908 年主体建筑初步建成，1909 年 1 月 29 日正式向高级军官开放。"日据"青岛后，改为海军防卫队司令官舍。1921 年 10 月，日华实业协会向日本陆军青岛守备军司令部提出建立青岛商科大学，遂改为青岛商科大学筹备处。后曾为胶澳商埠临时督办公署所在地。1947 年 4 月成立中央海军军官学校。1950 年设立海军快艇学校。1951 年，海军鱼雷快艇中队在莱阳路 8 号组建，为快艇第一支队司令部所在地。1985 年，为北海舰队青岛基地修理部。1988 年 11 月，建立海军博物馆，改为海军博物馆用房。

303

＊ 德国海军军官俱乐部旧址现貌

＊ 20 世纪初，德国海军军官俱乐部

# 小青岛灯塔

建筑地址：
青岛市市南区琴屿路 2 号

建成时间：
1904 年

保护级别：
全国重点文物保护单位

建筑规模：
占地面积 不详
建筑面积 不详

✳ 历史资料图（图源：历史明信片）

**建筑概况**：小青岛灯塔由总督府建筑师埃瓦德·帕布斯特设计，主体三层，从一层入口盘旋直至顶部，整体主要由花岗岩石砌筑，墙厚约一米半，现内外皆涂有白色涂料。灯塔塔顶视野开阔，是船只进出青岛湾的最重要航标。建筑总高 18 米。整个灯塔的形状为底宽上收的宝塔状，有基座。塔门北向，花岗石嵌券门。基座及二层均为八角形，花岗条石砌筑。塔内有 30 级石质螺旋楼梯。

**历史概况**：初建时塔高 12.5 米，装有一盏乙炔气灯，每 3 秒闪红光一次，天气晴朗时可在 4 海里外看到。1914 年，灯塔被德军破坏，次年修复。1921 年将灯塔照明设备更新为五级亮度屈光射线灯，每 5 秒闪红光一次，天气晴朗时可在 15 海里外看到。1936 年"青岛十景"评选中，小青岛及灯塔以"琴屿飘灯"之名列入其中，成为标志性景观。1963 年，灯塔设备更新，安装了一支直径 500 毫米的旋转式牛眼透镜，以电力驱动发光，射程 12 海里。

❋ 小青岛灯塔现貌

❋ 20 世纪初，小青岛灯塔

# 海滨生物研究所旧址

建筑地址:
青岛市市南区莱阳路 2 号

建成时间:
1936 年

保护级别:
市南区一般不可移动文物

建筑规模:
占地面积 不详
建筑面积 399.67 平方米

＊历史资料图（图源：维基百科）

　　**建筑概况：** 海滨生物研究所由青岛观象台负责设计，建筑主体为地上二层，有地下室和阁楼。屋顶为歇山顶，平面为长方形，南侧两翼略微凸出。建筑立面使用了丰富的装饰元素，墙面一层为花岗岩贴面，两侧入口上方设飞檐雨棚，外墙二楼以红色壁柱划分，并采用了许多装饰元素与纹样。建筑南、北立面中央均设有入口。建筑内部中段为楼道及辅助房间，两侧为研究室和陈列室。

　　**历史概况：** 1936 年，中国动物学会与青岛市政府在海滨公园建海滨生物研究所，是中国最早的海洋研究所，1938 年 1 月日本侵略军占领青岛，开办成"山东产业馆"。1949 年 6 月青岛解放，由青岛军管会文教部接收。1950 年与青岛水族馆合并为青岛人民博物馆。1955 年更名为青岛海产博物馆，陈列和展出海洋生物标本。1979 年青岛海产博物馆由文化局划归市科协领导。2001 年对标本陈列馆进行翻建，展馆面积增大一倍，增加了展品和科普内容并改名为"海洋生物馆"。

＊ 海滨生物研究所旧址现貌

＊ 20 世纪 30 年代，海滨生物研究所

# 青岛水族馆

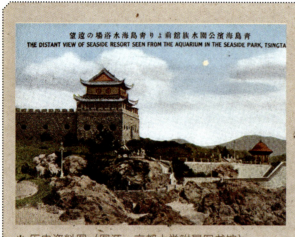

THE DISTANT VIEW OF SEASIDE RESORT SEEN FROM THE AQUARIUM IN THE SEASIDE PARK, TSINGTA

**建筑地址:**
青岛市市南区莱阳路 4 号

**建成时间:**
1932 年

**保护级别:**
山东省文物保护单位

**建筑规模:**
占地面积 不详
建筑面积 不详

✳ 历史资料图（图源：京都大学附属图书馆）

**建筑概况：** 青岛水族馆由青岛观象台海洋科设计，青岛鸿记义合工场营造。建筑主体为地上三层，建筑东西长 31 米，南北宽 15.6 米，高三层，砖石木结构。建筑平面呈"T"形，其主入口面向南侧的大海。建筑主体由红色花岗石砌筑外墙，与红色礁岩相协调，使建筑与环境融洽。主入口立面带有圆窗，上部施以青绛紫色琉璃瓦、重檐歇山屋顶的二层城楼式楼宇。外墙周围设有雉蝶式的女儿墙，宛如一段立于海岸的中国古代城墙。

**历史概况：** 青岛水族馆是由中国科学社蔡元培等人筹建的国内第一处海洋生物博览场所。于 1931 年 2 月 28 日奠基动工，1932 年 2 月竣工。1938 年 1 月，日本第二次侵占青岛，将水族馆改为山东产业馆。日本投降后，水族馆于 1946 年 7 月 1 日重新开放。1949 年 6 月 2 日青岛解放后，青岛市军管会文教部接管水族馆。1950 年，青岛水族馆与山东产业馆合并，成立青岛人民博物馆。1954 年，在青岛市文教局主持下成立青岛海产博物馆。1996 年，以青岛水族馆为基础筹建青岛海底世界，2003 年 8 月，青岛海底世界正式开业。

309

＊ 青岛水族馆现貌

＊ 俯瞰青岛水族馆

# 冯沅君、陆侃如、童第周、束星北旧居

**建筑地址：**
青岛市市南区鱼山路 36 号

**建成时间：**
1922 年

**保护级别：**
市南区一般不可移动文物

**建筑规模：**
占地面积 6577.4 平方米
建筑面积 2285.20 平方米

＊历史资料图（图源：东洋文库）

**建筑概况：** 鱼山路 36 号是一组和洋式的住宅建筑群，院落里分布有五座二层小楼和一座平房。建筑整体均为砖木结构。两栋矩形布局，立面上采用对称式设计手法。其东侧三栋建筑为点式，自由式平面，靠鱼山路一侧的两栋如同姊妹楼，设计式样极为相似，在转角处耸有塔楼。墙面采用仿木构的装饰线条，底部花岗岩墙基，屋面有的类似西班牙马蹄形券顶。高起的山墙中，多以石材镶嵌装饰。

**历史概况：** 该建筑群建于"日据"青岛时期，初为东洋拓殖株式会社职员公寓，后为青岛日本中学教工宿舍。抗战胜利归国立山东大学所有，应国立山东大学之聘，冯沅君、陆侃如、童第周、束星北来青任教，住在此地址。其中，冯沅君、陆侃如居住在 1 号楼自北向南的第三个单元内。童第周居住在 1 号楼东北端。束星北居住在 2 号楼。

冯沅君，河南唐河人，女作家，中国古典文学史家。与哲学家冯友兰和地质学家冯景兰为同胞兄妹，丈夫是学者陆侃如，曾任山东大学副校长。陆侃如，1924年毕业于北京大学中文系、清华大学研究院。后曾在上海中国公学任教授，并在复旦大学、暨南大学兼职。青岛解放后，任山东大学校务委员会副主任兼图书馆馆长。1951 年任副校长、《文史哲》编委会主任。

童第周，浙江鄞县人，生物学家、教育家、社会活动家，中国实验胚胎学的主要奠基人，中国海洋科学研究的奠基人，被誉为"中国克隆之父"。1927 年毕业于复旦大学，后在南京中央大学生物系任教；1934 年起，在山东大学、中央大学、同济大学和复旦大学任教；1948 年当选为中央研究院院士；1951 年任山东大学副校长。

束星北，江苏江都人，物理学家、海洋物理学家和教育家。1949 年后在山东大学任教。1978 年到国家海洋局进行动力学研究和教学工作，是我国早期从事量子力学、相对论的物理学家之一，著有《狭义相对论》等。

※ 冯沅君、陆侃、童第周、束星北旧居全貌

※ 冯沅君、陆侃、童第周、束星北旧居内景

※ 冯沅君、陆侃、童第周、束星北旧居门口现貌

# 吕海寰旧居

建筑地址：
青岛市市南区鱼山路 6 号

建成时间：
1932 年

保护级别：
市南区一般不可移动文物

建筑规模：
占地面积 1244.1 平方米
建筑面积 不详

＊ 历史资料图（图源：Google 艺术与文化_LIFE Photo Collection）

**建筑概况：**该建筑为地上二层，带阁楼，红瓦组合坡屋顶。建筑立面底部以花岗岩砌筑墙基，砂浆抹面，红色木结构屋檐。建筑南立面中部为三角形山墙。建筑主体两侧顶部为平屋顶，屋顶平台用红色镂空栏杆围绕。建筑西立面顶部设有平台，平台栏杆用白色立柱点缀，平台后部为红瓦双坡顶小室。建筑东立面屋顶开设老虎窗，建筑中部凸出多边形建筑体块。建筑北立面中部凸出矩形建筑体块，底部为主入口，门廊由矩形立柱支撑，立柱底部有白色装饰线条环绕，顶部为弧形山花，并有碎石块组成的花瓣花纹。

**历史概况：**1911 年辛亥革命之后，吕海寰来到青岛，他在鱼山路上建筑两处住宅，一处在 6 号，另一处在 13 号。吕海寰，山东掖县（今莱州）人，清朝末年外交家，中国红十字会创始人之一，中国近代法律开拓者之一。

＊ 吕海寰旧居现貌

# 胶海关副税务司旧宅

建筑地址：
青岛市市南区鱼山路 2 号

建成时间：
1908 年

保护级别：
市南区一般不可移动文物

建筑规模：
占地面积 9773.78 平方米
建筑面积 1022.45 平方米

❋ 历史资料图（图源：布里斯托大学图书馆）

**建筑概况：** 该建筑为砖石结构，地上二层，有阁楼及地下室。大门东向，花岗岩引梯。花岗岩砌筑墙基，南向墙基高约 3 米，四面坡顶，红瓦屋面。一层转角处设角窗，附以粗花岗岩柱。室内木板地，木制旋转楼梯通向二层，房间内壁有护墙板和雕饰。大门、各室门及楼梯扶手有简单雕饰。该建筑后有改造和加建，形成主辅双楼格局，中间以木制楼梯相，整体呈凹形。

**历史概况：** 初为胶海关副税务司寓所。青岛解放后，曾为青岛海洋科技馆办公楼。

❋ 胶海关副税务司旧宅现貌

# 汇泉湾闻一多旧居

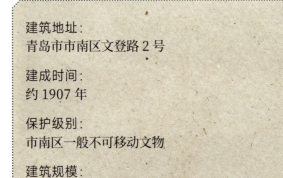

建筑地址：
青岛市市南区文登路 2 号

建成时间：
约 1907 年

保护级别：
市南区一般不可移动文物

建筑规模：
占地面积 748 平方米
建筑面积 不详

**建筑概况：**该建筑为砖石木结构，地上一层，带阁楼，牛舌红瓦坡屋顶，有老虎窗，红色木檐口。建筑立面底部以花岗岩砌筑墙基，墙面设竖向长窗，花岗岩蘑菇石砌窗过梁，入口处有花岗岩台阶。

**历史概况：**该建筑原为私人度假别墅，诗人闻一多初来青岛曾短暂居于此地。现为八大关派出所办公楼。

＊汇泉湾闻一多旧居现貌

# 文登路8号住宅

建筑地址：
青岛市市南区文登路8号

建成时间：
约1930年

保护级别：
市南区一般不可移动文物

建筑规模：
占地面积896平方米
建筑面积536平方米

**建筑概况：** 该建筑为地上二层，红瓦四坡顶，有弧形老虎窗。建筑立面底部以花岗岩石砌筑墙基，墙身采用米黄色砂浆抹面，墙面设矩形窗，排列整齐。一层窗洞底部与墙基平齐，二层窗户底部设窗台，表面被白色涂料覆盖。建筑东南立面右侧突出前廊，一层屋顶作为二层露台，露台栏杆为石质栏板，边缘有白色抹灰线条装饰，前廊左侧有弧形拱券门洞，在石基上部有两个圆柱支撑拱券两侧，柱头为科林斯柱式，两侧有白色线脚装饰。建筑东北立面窗户为细长型矩形窗，窗洞成对排列并公用窗台。

**历史概况：** 1947年8月为李锡房产。后续不详。

＊文登路8号住宅现貌

# 早稻本善德旧宅

建筑地址：
青岛市市南区莱阳路 3 号

建成时间：
1931 年

保护级别：
市南区文物保护单位

建筑规模：
占地面积 1688.3 平方米
建筑面积 1012 平方米

※ 历史资料图（图源：Google 艺术与文化 _LIFE Photo Collection）

　　**建筑概况：**该建筑由建筑师徐垚设计。建筑为砖石木结构地上二层，地下一层，有阁楼。建筑立面底部以花岗石砌筑墙基，墙面有划线纹抹面。二、三层窗和凸形墙饰四角均为花条石嵌套，折坡屋面配有气窗。

　　**历史概况：**原为日商早稻本善德所有。1945 年，莱阳路 3 号为国民党青岛市党部主任葛覃私宅。青岛解放后，这里划归青岛市政府交际处接待来宾。

※ 早稻本善德旧宅现貌

# 宁文元旧宅

建筑地址：
青岛市市南区莱阳路 5 号

建成时间：
1931 年

保护级别：
市南区文物保护单位

建筑规模：
占地面积 1681.5 平方米
建筑面积 693.6 平方米

❋ 历史资料图（图源：《世纪光影：照片中的青岛旧事》）

**建筑概况：**该建筑由王海澜设计。建筑为砖石木结构，地上二层，地下一层，有阁楼，红瓦坡屋顶，上有老虎窗。建筑立面底部以花岗石砌筑墙基，南立面呈中轴线对称布局，中部立面设有由两根圆罗马石柱撑起的凸出半圆形平台，两侧各有对称式坡顶的二层翼楼，上下均设长方形木窗。建筑底部两侧有弧形 12 级引梯通往门廊平台。上方有宝瓶栏杆环成的露天凉台。整体建筑装饰华丽。

**历史概况：**曾为实业家宁文元的私宅，"日据"青岛时期，这里是伪满洲国驻青领事馆。青岛解放后，莱阳路 3 号和莱阳路 5 号两院打通，加盖了连接两院的中楼，用以接待来宾，曾名"荣韶宾馆"，后又改名为"海滨公寓"。

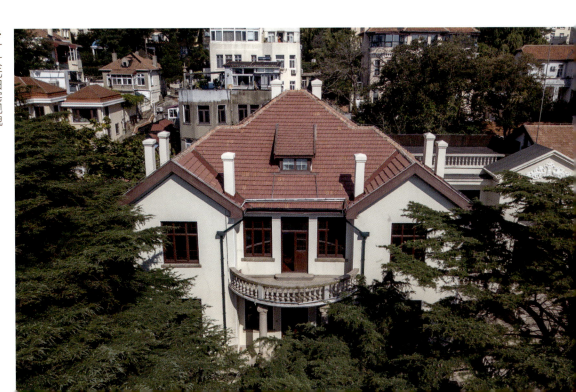

❋ 丁文元旧宅现貌

# 张玺旧居

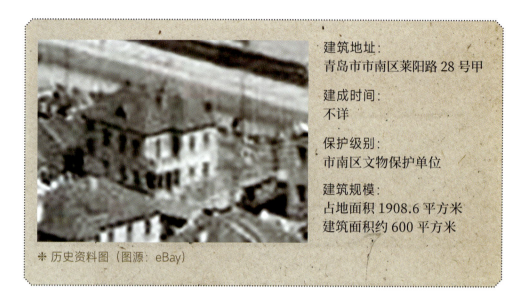

建筑地址：
青岛市市南区莱阳路 28 号甲

建成时间：
不详

保护级别：
市南区文物保护单位

建筑规模：
占地面积 1908.6 平方米
建筑面积约 600 平方米

✳ 历史资料图（图源：eBay）

**建筑概况：** 该建筑为砖石结构，地上二层，有阁楼，屋顶呈四面坡状。建筑格调清新典雅。

**历史概况：** 初为白俄人开设的度假旅馆。1938 年，日本第二次占据青岛后，将这里作为铁路局日本职员宿舍。1950 年 8 月 1 日青岛海洋生物研究室成立，办公地址设立于此。中科院任命童第周为主任，张玺、曾呈奎为副主任，朱树屏任研究员。1966 年，海洋所从莱阳路 28 号搬到南海路新办公大楼。后该址为青岛市公路管理局养路费稽查大队、琴岛通卡股份公司所用。2021 年改为民营博物馆。

✳ 张玺旧居现貌

# 鲁迅公园

建筑地址：
青岛市市南区汇泉湾海滨

建成时间：
1931 年

保护级别：
市南区一般不可移动文物

建筑规模：
占地面积 不详
建筑面积 不详

＊ 历史资料图（图源：京都大学附属图书馆）

**建筑概况：** 鲁迅公园正门设计师为青岛市工务局第三科技正许守忠，凉亭设计师为第二科技士田友秋。公园正门为一座木结构中式牌坊，北面朝向莱阳路，牌匾上题有"海滨公园"四字，南面朝向大海，牌匾上题有"蓬壶胜览"四字，为书法家郑世芬所题写。

**历史概况：** 鲁迅公园最初为一片礁石海岸线。1930 年，青岛市工务局利用该海岸线景观建设了一座公园。公园最初名为"海滨公园"，由园艺家葛敬应设计。1932 年，青岛水族馆在公园内落成。1934 年，市政当局在八大关南侧建设山海关路海滨公园，原海滨公园改称莱阳路海滨公园。20 世纪 40 年代时，原木制牌坊改建为石制牌坊。1951 年，海滨公园改名为鲁迅公园，牌坊临街面匾额题字改为郭沫若题写的"鲁迅公园"四字。

＊ 鲁迅公园现貌

# 太平路2号住宅

建筑地址：
青岛市市南区太平路 2 号

建成时间：
不详

保护级别：
传统风貌建筑

建筑规模：
占地面积 不详
建筑面积 不详

※ 历史资料图（图源：加州大学伯克利分校图书馆）

　　**建筑概况：**该建筑地上二层，屋顶主体为红瓦四坡顶，北侧局部穿插双坡顶，南侧穿插三坡顶，局部高起老虎窗。各立面均采用三段式构图，外墙底部设石砌筑墙基座，墙身采用砂浆抹面，矩形门窗洞口排列整齐，一层窗户底部与墙基平齐。建筑南立面，中部突出一前廊，屋顶为三坡顶，一层前廊和二层露台两侧由石柱支撑，一层为石质栏板，二层为木栏杆。建筑北侧突出矩形体量，屋顶为双坡屋顶，该体量墙面顶部有小的矩形窗户。

　　**历史概况：**历史信息不详，现为民居。

※ 太平路 2 号住宅现貌

# 海阳路8号住宅

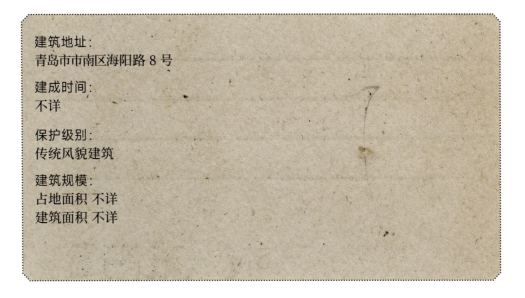

建筑地址：
青岛市市南区海阳路 8 号

建成时间：
不详

保护级别：
传统风貌建筑

建筑规模：
占地面积 不详
建筑面积 不详

**建筑概况：** 该建筑地上二层局部地下一层，带阁楼，红瓦双坡屋顶，屋脊两端做折角，北侧中部起一红瓦双坡顶，屋顶南侧开一单坡长窗。一层与地下层以石材砌筑墙体，二层以卵石镶嵌装饰墙面，局部墙体为淡黄色抹灰，一、二层中部做灰塑线脚加强分段。建筑立面开矩形门窗洞，窗下嵌条石窗台。建筑南立面地下层开两小窗洞，一层处做外廊，以石砌立柱支撑，现已增筑墙体封闭使用。建筑西立面右侧凸出一梯形体量，上部做阳台，阳台栏板做矩形镂空装饰。立面左侧一层处做一直跑楼梯通向院落地面。

**历史概况：** 历史信息不详，现为民居。

※ 海阳路 8 号住宅现貌

# 刁元第旧宅

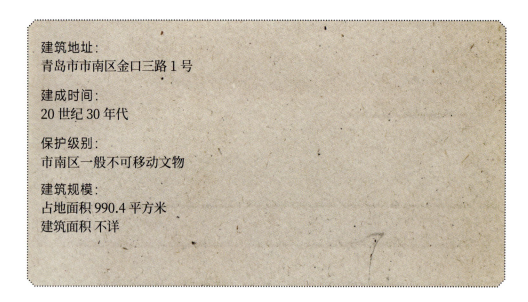

建筑地址:
青岛市市南区金口三路 1 号

建成时间:
20 世纪 30 年代

保护级别:
市南区一般不可移动文物

建筑规模:
占地面积 990.4 平方米
建筑面积 不详

**建筑概况:** 该建筑为地上三层,地下一层,带有阁楼。建筑立面底部以花岗岩石砌筑墙基,墙体立面设矩形窗户,两扇为一组均匀排布,门窗均用细方石做包镶,上下两层窗户之间的墙面均饰以双菱形图案。主入口朝东,有一个宽敞的门廊,其上为二层的露台,露台围栏为蘑菇石砌成的镂空花矮墙。三层为花岗岩连续券矮栏杆。建筑造型典雅,细部装饰精美。

**历史概况:** 原为商人刁元第所有,后归青岛政协使用。现为民居。

＊ 刁元第旧宅现貌

323

# 克雷文斯基旧宅

建筑地址：
青岛市市南区金口三路1号甲

建成时间：
20世纪30年代

保护级别：
市南区一般不可移动文物

建筑规模：
占地面积504.1平方米
建筑面积300平方米

**建筑概况：** 该建筑地上二层，带阁楼，红瓦坡屋顶，屋顶开有带三角檐的老虎窗。建筑立面底部以花岗岩石砌筑墙基，墙体立面设矩形窗户均匀排布，窗台以长条石做装饰。入口处上方有两根柱子挑起一处矩形阳台，入口立面耸起一面曲线山墙。

**历史概况：** 1930年2月20日，由克雷文司吉立地契，让渡与刁元第，后由刁元第建筑房屋。1958年，该房列入社会主义改造。现为民居。

＊克雷文斯基旧宅现貌

# 刘哲旧宅

建筑地址：
青岛市市南区金口三路 3 号

建成时间：
1931 年

保护级别：
市南区一般不可移动文物

建筑规模：
占地面积 700 平方米
建筑面积 372 平方米

✳ 历史资料图（图源：Google 艺术与文化 _LIFE Photo Collection）

　　**建筑概况：**该建筑为砖木混合结构，地上二层，红瓦四坡屋顶。建筑立面有拱形窗，为欧式建筑风格。

　　**历史概况：**原属一东北军阀，后成为刘哲房产。刘哲曾任国民政府监察院副院长。青岛解放后，由公安局第二处接管。

✳ 刘哲旧宅现貌

# 李延芳旧宅

建筑地址:
青岛市市南区金口三路 5 号

建成时间:
不详

保护级别:
市南区一般不可移动文物

建筑规模:
占地面积 1267.7 平方米
建筑面积 不详

＊ 历史资料图（图源：Google 艺术与文化 _LIFE Photo Collection）

**建筑概况：** 该建筑分为主楼、辅楼，为砖木石结构，地上二层，红瓦盖顶，红色木檐口。门口有四根立柱。

**历史概况：** 1929 年，李廷方将其卖给顾伯叙。后因顾伯叙迁离，被青岛市警察局第六科占用，成为"中统"房产。1949 年由解放军军事管制委员会管理。1951 年，转给中国邮电工会全国委员会，后改为中国邮电工会青岛修养所。1969 年休养所撤销，改为宿舍用房。

＊ 李延芳旧宅现貌

# 费筱芝旧居

建筑地址：
青岛市市南区金口三路 13 号

建成时间：
1931 年

保护级别：
市南区一般不可移动文物

建筑规模：
占地面积 505.5 平方米
建筑面积 206 平方米

**建筑概况**：该建筑为砖木混合结构，地上二层，北立面山墙上有花形图案，立面窗上部有盲券，转角处有高起的尖顶，线条流畅，简洁明快，红瓦盖顶。

**历史概况**：1932 年 12 月，汪巽基对此房产进行登记。1935 年 12 月将房产卖给焦墨筠、陈彦安二人，焦墨筠的女儿费筱芝曾在此长大。其遇害事件成为反甄审运动的导火索。后市房管局对该房进行接管。

※ 费筱芝旧居现貌

# 金口三路17号住宅

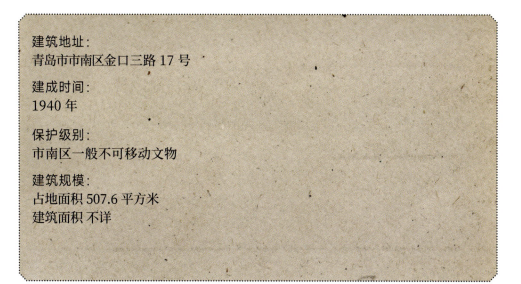

建筑地址：
青岛市市南区金口三路17号

建成时间：
1940年

保护级别：
市南区一般不可移动文物

建筑规模：
占地面积507.6平方米
建筑面积 不详

　　**建筑概况：**该建筑为砖木混合结构，入口处有台阶，有两根梭柱，二楼阳台为花岗岩砌花形矮墙，地上二层，花岗岩基座，红瓦盖顶。

　　**历史概况：**历史信息不详，现为民居。

※ 金口三路17号住宅现貌

# 金口二路1号住宅

建筑地址：
青岛市市南区金口二路1号

建成时间：
1932年

保护级别：
市南区一般不可移动文物

建筑规模：
占地面积 874.85 平方米
建筑面积 不详

＊ 历史资料图（图源：Google 艺术与文化 _LIFE Photo Collection）

**建筑概况：** 该建筑为地上二层，红瓦屋顶。建筑立面底部以花岗岩砌筑墙基，正面有三个气窗并排在屋檐的下面，气窗周围有条形装饰，气窗下刻有数字"1932"。

**历史概况：** 历史信息不详，现为民居。

＊ 金口二路 1 号住宅现貌

# 金口二路 3 号住宅

建筑地址：
青岛市市南区金口二路 3 号

建成时间：
1932 年

保护级别：
市南区一般不可移动文物

建筑规模：
占地面积 858.5 平方米
建筑面积 351.18 平方米

＊历史资料图（图源：Google 艺术与文化 _LIFE Photo Collection）

**建筑概况**：该建筑为砖木结构，地上二层，设有阁楼，多向红瓦坡屋顶。建筑立面底部以花岗岩石砌筑墙基，墙体以水泥抹面。南立面有曲线山花。

**历史概况**：1931 年 6 月 9 日朱邦彦购买该建筑地块土地，1936 年 9 月 19 日卖与朱鸿筠。1949 年 1 月 19 日，思义堂业主张经惠购得该房产。1952 年 2 月 11 日张经惠将该房产废除堂号，转至个人名下。1956 年社会主义改造，此房申请国家经租，后部分归国家所有。现为民居。

＊金口二路 3 号住宅现貌

# 马铭梁旧宅

建筑地址：
青岛市市南区金口二路 4 号

建成时间：
1931 年

保护级别：
市南区一般不可移动文物

建筑规模：
占地面积 574 平方米
建筑面积 410.9 平方米

　　**建筑概况**：该建筑为砖木结构，地上二层，多向坡屋顶，有老虎窗。建筑立面底部以花岗岩石砌筑墙基，墙体为清水红砖墙面，一、二层间以水泥抹灰。建筑整体规整简洁。

　　**历史概况**：王洪记 1931 年取得土地使用权，1932 年转让给马铭梁（马铭梁，祖籍浙江宁波，建筑商，于 1919 年创立了新慎记营造厂，办公地址在西康路 6 号甲），同年其聘请邵仁仪设计此住宅并在 6 个月内完工。现为民居。

※ 马铭梁旧宅现貌

# 金口二路5号住宅

建筑地址：
青岛市市南区金口二路 5 号

建成时间：
不详

保护级别：
市南区一般不可移动文物

建筑规模：
占地面积 653.4 平方米
建筑面积 272 平方米

＊历史资料图（图源：Google 艺术与文化 _LIFE Photo Collection）

**建筑概况：** 该建筑为砖木石混合结构，地上三层，带阁楼，红瓦多向坡屋顶，红色木檐口。建筑立面底部以花岗岩石砌筑墙基，门窗高大，建筑外部设有石砌台阶直接通向二层，南向山花开有异形窗。

**历史概况：** 历史信息不详，现为民居。

＊金口二路 5 号住宅现貌

# 山东起业株式会社别墅

建筑地址：
青岛市市南区金口二路 7 号

建成时间：
1930 年

保护级别：
市南区一般不可移动文物

建筑规模：
占地面积 1350.8 平方米
建筑面积 542.32 平方米

　　**建筑概况**：该建筑为为砖石木混合结构，地上二层，红瓦多向坡屋顶，设有老虎窗，檐部做折线和曲线处理。该建筑面南背北，主入口朝东，南立面露台凸出为堡楼结构。

　　**历史概况**：1936 年业主为山东起业株式会社，楼房和平房各一间，为住宅。1937 年卖给梅希德，1945 年转手给郭祥符。1947 年由建筑师关伟设计增建平房。1952 年 2 月由房产局接管归公房。现为民居。

＊山东起业株式会社别墅现貌

# 谭宗山旧宅

建筑地址:
青岛市市南区金口二路 8 号

建成时间:
1931 年

保护级别:
市南区一般不可移动文物

建筑规模:
占地面积 1016.3 平方米
建筑面积 302.4 平方米

**建筑概况:**该建筑为砖石木混合结构,地上三层,红瓦多向坡屋顶,建筑立面底部以花岗岩石砌筑墙基,北向立面设三角山墙,墙上开有圆形窗。

**历史概况:**1940 年,谭宗山将此住宅卖给焦耕亭、焦军侨。后经多次转售。现为民居。

谭宗山旧宅现貌

# 曹兢欧旧宅

建筑地址：
青岛市市南区金口二路 12 号

建成时间：
1929 年

保护级别：
市南区一般不可移动文物

建筑规模：
占地面积 1052.9 平方米
建筑面积 411.83 平方米

**建筑概况**：该建筑为砖木结构地上二层，红瓦坡屋顶。建筑立面底部以花岗岩石砌筑墙基，西立面耸起一面山墙，造型以直角和曲线组合为主。

**历史概况**：1928 年，曹兢欧取得该建筑土地使用权，1929 年设计并建造此住宅。1943 年转让给陈仲谋。现为民居。

※ 曹兢欧旧宅现貌

# 朱树屏旧居

建筑地址：
青岛市市南区金口二路 13 号

建成时间：
1928 年

保护级别：
青岛市文物保护单位

建筑规模：
占地面积 400 平方米
建筑面积 247 平方米

※ 历史资料图（工作中的朱树屏）

**建筑概况：**该建筑为砖木石结构，地上三层，地下一层，带阁楼，花岗岩基座，二层有部分券窗，多向红瓦坡屋顶。

**历史概况：**1951 年，朱树屏在此定居。现为民居。

朱树屏，号叔平，字锦亭，山东昌邑人。海洋生态学家，水产学家，教育家，世界浮游植物实验生态学领域的先驱。中国海洋生态学、水产学及湖沼学研究的先驱和奠基者。

※ 朱树屏旧居现貌

# 陈领祺旧宅

建筑地址：
青岛市市南区金口二路 14 号

建成时间：
1936 年

保护级别：
市南区一般不可移动文物

建筑规模：
占地面积 540.1 平方米
建筑面积 372.61 平方米

　　**建筑概况**：该建筑为砖木石结构，地上三层，带阁楼，红瓦坡屋顶。建筑立面底部以花岗岩石砌筑墙基，西立面一层开石质砌筑拱门，外墙米黄色砂浆抹面，墙体设竖向矩形窗。建筑西立面耸起一面山墙，其上有三块大小不一的矩形石块装饰。该建筑主入口朝南，台阶直接上二层，大门外有石柱撑起二层的露台。

　　**历史概况**：1943 年 3 月 17 日，杨紫欣借其侄杨信生之名，从陈领祺手中买此处房产。杨紫欣曾为上海实业银行职员，后到青岛永宁保险公司担任负责人，"七七事变"后，在济青间经营卷烟生意。现为民居。

＊陈领祺旧宅现貌

337

# 金口二路16号住宅

建筑地址：
青岛市市南区金口二路 16 号

建成时间：
1931 年

保护级别：
市南区一般不可移动文物

建筑规模：
占地面积 268.3 平方米
建筑面积 不详

**建筑概况：** 该建筑为砖木混合结构，地上二层，红瓦坡屋顶。白色腰线，建筑风格别样。

**历史概况：** 历史信息不详，现为民居。

※ 金口二路 16 号住宅现貌

# 刘知侠旧居

建筑地址：
青岛市市南区金口二路 42 号

建成时间：
1986 年

保护级别：
市南区一般不可移动文物

建筑规模：
占地面积 2548.4 平方米
建筑面积 不详

❋ 历史资料图（写作中的刘知侠）

**建筑概况：** 该建筑为砖混结构，地上三层。坐北朝南。

**历史概况：** 20 世纪 50 年代，刘知侠曾在此居住。刘知侠（1918—1991），河南卫辉人，现代作家，一生致力于军事文学创作，著有《铁道游击队》《沂蒙飞虎》等长篇小说。

❋ 刘知侠旧居现貌

# 朝鲜银行别墅

建筑地址：
青岛市市南区金口一路 3 号

建成时间：
不详

保护级别：
市南区一般不可移动文物

建筑规模：
占地面积 不详
建筑面积 不详

＊ 历史资料图（图源：eBay）

**建筑概况：** 该建筑为砖木石结构，地上二层，局部一层，花岗岩基座，窗户形式多样，有圆窗、竖向矩形长窗、菱形窗、拱窗，角部高起塔楼。

**历史概况：** 初为朝鲜银行房产，1947 年中央信托局青岛分局将此房卖给陆军54 军军长阙汉骞。现为民居。

＊ 朝鲜银行别墅现貌

# 中西正树别墅

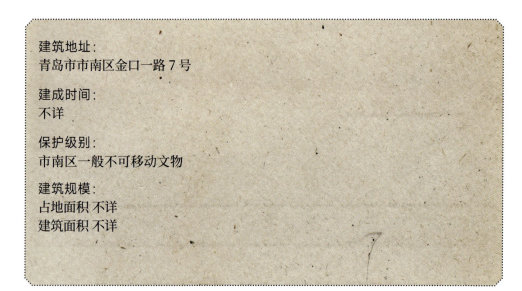

建筑地址：
青岛市市南区金口一路 7 号

建成时间：
不详

保护级别：
市南区一般不可移动文物

建筑规模：
占地面积 不详
建筑面积 不详

**建筑概况**：该建筑地上三层，花岗岩基座，土黄色外墙，红瓦坡屋顶，建筑依据周围建筑风格，邻近栈桥，东倚小鱼山。

**历史概况**：由日本人中西正树建成，1921 年其将部分房产卖给王星斋，后王星斋于 1928 年 12 月将此房卖给张福堂。1952 年后作为济南铁路管理局青岛分局职工宿舍。

※ 中西正树别墅现貌

# 金口一路9号住宅

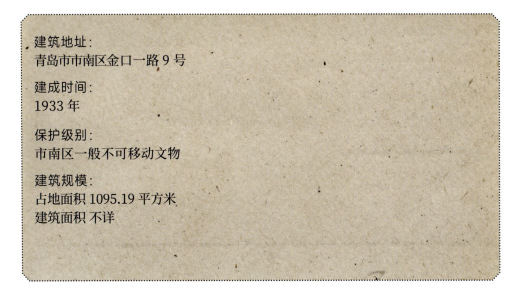

建筑地址：
青岛市市南区金口一路9号

建成时间：
1933年

保护级别：
市南区一般不可移动文物

建筑规模：
占地面积1095.19平方米
建筑面积 不详

**建筑概况：** 该建筑该建筑为石砖木混合结构，地上二层，红瓦坡屋顶，花岗岩窗台，红色檐口，二层有室外阳台，栏杆为宝瓶式样。

**历史概况：** 历史信息不详，现为民居。

※金口一路9号住宅现貌

# 石桥腾次郎旧宅

建筑地址：
青岛市市南区金口一路 13 号

建成时间：
20 世纪 30 年代

保护级别：
市南区一般不可移动文物

建筑规模：
占地面积 1094.9 平方米
建筑面积 656 平方米

❋ 历史资料图（图源：金山《青岛近代城市建筑 1922—1937》）

　　**建筑概况**：该建筑为砖木石混合结构，地上二层，带阁楼，多向红瓦坡屋顶，开矩形老虎窗。建筑立面底部以花岗岩石砌筑墙基，墙面开窗大多为矩形窗，面街东面山墙有半木构装饰线，南北立面设计为三角山墙。

　　**历史概况**：1931 年，石桥腾次郎取得该建筑的地块土地使用权。1933 年，石桥腾次郎将此房产转让给贺淑均。1934 年贺淑均增建车库。1943 年后多次转让。1946 年转让给中国银行驻青岛代表徐望之。现为中国银行青岛分行房产。

❋ 石桥腾次郎旧宅现貌

# 德信堂别墅

建筑地址:
青岛市市南区金口一路 15 号

建成时间:
20 世纪 30 年代

保护级别:
市南区一般不可移动文物

建筑规模:
占地面积 1057.23 平方米
建筑面积 不详

※ 历史资料图(图源:金山《青岛近代城市建筑 1922—1937》)

**建筑概况:** 该建筑为砖木石混合结构,地上二层,红瓦坡屋顶。建筑立面底部以花岗岩石砌筑墙基,墙体一、二层均匀均开竖向矩形窗,窗台以长条石作装饰,入口处有牛舌红瓦坡屋顶雨棚。

**历史概况:** 1941 年 12 月,此建筑被卖给春山。1944 年 2 月,春山将此地权卖给德信堂代表王文蔚。王文蔚为福寿和银行董事王振六之子。1958 年列入社会主义改造。现为民居。

※ 德信堂别墅现貌

# 村地卓尔旧宅

建筑地址：
青岛市市南区金口一路 17 号

建成时间：
1945 年

保护级别：
市南区一般不可移动文物

建筑规模：
占地面积 1072.71 平方米
建筑面积 不详

**建筑概况**：该建筑为砖木混合结构，地上三层，地下一层，花岗岩基座，入口处有花岗岩台阶，花岗岩窗台。

**历史概况**：村地卓尔于 1932 年取得该地地权，1935 年出让给孙性天。1939 年 9 月赵振琪、王子明取得该处房产的共有产权。1958 年列入社会主义改造。原建筑后增建一层。现为民居。

※ 村地卓尔旧宅现貌

# 郭筱秋旧宅

建筑地址：
青岛市市南区金口一路 20 号

建成时间：
1931 年

保护级别：
市南区一般不可移动文物

建筑规模：
占地面积 442.7 平方米
建筑面积 不详

**建筑概况：** 该建筑为建筑为砖木石混合结构，地上二层，有阁楼，覆红瓦坡屋顶，上开长方形老虎窗。建筑立面底部以花岗岩石砌筑墙基。米黄色墙体开矩形窗，花岗岩石搭窗台板。建筑西立面设主入口，西南角有一个多角攒尖式塔顶。

**历史概况：** 初为致德堂代表郭筱秋住宅，1942 年 4 月 7 日卖与陈非。1953 年 12 月 26 日此房归青岛市房管局管理。现为民居。

※ 郭筱秋旧宅现貌

# 古德洛夫斯基别墅

建筑地址：
青岛市市南区金口一路 19 号

建成时间：
1931 年

保护级别：
市南区一般不可移动文物

建筑规模：
占地面积 1054.3 平方米
建筑面积 不详

**建筑概况：**该建筑为砖石木混合结构，地上二层，花岗岩基座、窗台，红瓦坡屋顶，竖向矩形窗，入口为拱门红绿檐口，对称建筑。

**历史概况：**1930 年，白俄商人俄古德洛夫斯基取得土地使用权，并于 1934 年建造此住宅。1941 年其将此房产转让给田申雄，1945 年转让给吕垸三，1951 年吕垸三将此房产交予新华社青岛记者组负责人门宏，1970 年由青岛市房产局管理。

※ 古德洛夫斯基别墅现貌

# 远藤要旧宅

建筑地址：
青岛市市南区金口一路 21 号

建成时间：
不详

保护级别：
市南区一般不可移动文物

建筑规模：
占地面积 1035.07 平方米
建筑面积 不详

※ 历史资料图（图源：金山《青岛近代城市建筑 1922—1937》）

**建筑概况：**该建筑由白俄设计师尤霍茨基设计，砖木石混合结构，地上二层，红瓦坡屋顶，花岗岩基座，竖向长窗，墙角局部贴花岗岩。建筑东立面设主入口，该立面有弧形山墙，别具一格。

**历史概况：**该建筑初为日本商人远藤要所有。1939 年，远藤要将房产卖与菱田逸次。后作为敌产被处置，入信托局沈铭盘名下。1947，张益瑶取得房产。后售与医生生如锋，生如锋曾在此开办医院。1958 年列入社会主义改造。

※ 远藤要旧宅现貌

# 林筱齐旧宅

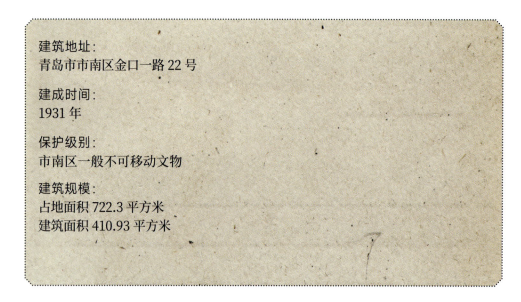

建筑地址:
青岛市市南区金口一路 22 号

建成时间:
1931 年

保护级别:
市南区一般不可移动文物

建筑规模:
占地面积 722.3 平方米
建筑面积 410.93 平方米

**建筑概况:** 该建筑为地上二层, 有观景台, 红砖盖顶, 红色檐口, 竖向矩形长窗。

**历史概况:** 该建筑系林筱齐于 1927 年取得土地使用权, 建于 20 世纪 30 年代, 1935 年转让一部分给朱养吾, 后几经转让。

❋ 林筱齐旧宅现貌

# 金口一路26号住宅

建筑地址：
青岛市市南区金口一路26号

建成时间：
1932年

保护级别：
市南区一般不可移动文物

建筑规模：
占地面积 不详
建筑面积 不详

**建筑概况：** 该建筑该建筑为砖石木混合结构，花岗岩蘑菇石砌筑至一层窗户下沿，红瓦四面坡屋顶，黄色墙面，红色檐口，竖向矩形长窗，花岗岩石条搭窗台板。

**历史概况：** 历史信息不详，现为民居。

＊金口一路26号住宅现貌

# 万乃斯吉立旧宅

建筑地址：
青岛市市南区金口一路 30 号

建成时间：
1929 年

保护级别：
市南区一般不可移动文物

建筑规模：
占地面积 754.9 平方米
建筑面积 214 平方米

＊历史资料图（图源：金山《青岛近代城市建筑 1922—1937》）

　　**建筑概况**：该建筑花岗岩砌筑墙基，水刷墙，人字坡结合四面坡屋顶，覆红瓦，主入口朝南，其上耸起一面三角山墙，西南角以塔斯干柱承托上层露台。建筑造型灵活，出檐较深。

　　**历史概况**：1943 年，由万乃斯吉立转让到杨淑勤等五人名下。后续不详。

＊万乃斯吉立旧宅现貌

# 挪威驻青岛领事馆旧址

建筑地址：
青岛市市南区金口一路 31 号

建成时间：
1934 年

保护级别：
市南区一般不可移动文物

建筑规模：
占地面积 不详
建筑面积 408.4 平方米

✳ 历史资料图（图源：Google 艺术与文化 _LIFE Photo Collection）

**建筑概况：**该建筑为地上二层，外加阁楼，地下一层，南北存在高差，北高南低，平面呈不规则形状。屋顶主体为红瓦攒尖顶，北侧穿插斜切四坡顶，南、西、北侧局部穿插斜切双坡顶，屋檐刷白色，局部高起烟囱体，开有天窗及老虎窗，东南侧大面积天窗。各立面均采用三段式构图，外墙底部石砌筑墙基座，墙身采用淡灰色砂浆抹面。二层部分拱形窗洞，底部设条石窗台，部分窗户整体装饰灰色拱形窗套，有券心石及券底石装饰。西立面向外凸出拱形阳台，白色西式栏杆，立柱造型精美。南立面向外凸出多边形体量，体量二层为阳台，山墙顶部三角形装饰。东立面二层阳台砖砌镂空栏板，山墙顶部三角形装饰，底层入口设三角雨棚，雨棚上方矩形装饰。

**历史概况：**1935 年，挪威驻青岛领事馆馆址设于金口路 31 号，后迁入太平角一路 12 号。现为民居。

✳ 挪威驻青岛领事馆旧址现貌

# 金口一路42号住宅

建筑地址：
青岛市市南区金口一路42号

建成时间：
1931年

保护级别：
市南区一般不可移动文物

建筑规模：
占地面积 不详
建筑面积 不详

**建筑概况**：面南背北，门窗高大，花岗岩基座、窗台，有观景台，红瓦盖顶，角部塔楼高起。

**历史概况**：1933年，李植潘将该建筑卖与刘吉赞及。1942年，该建筑归刘庆荷所有。1952年，由青岛市房产局代管。现为民居。

※ 金口一路42号住宅现貌

# 葛光廷旧居

建筑地址：
青岛市市南区金口一路 44 号

建成时间：
1928 年

保护级别：
市南区一般不可移动文物

建筑规模：
占地面积 2088 平方米
建筑面积 527.8 平方米

＊ 历史资料图（图源：美国海军历史和遗产司令部档案）

**建筑概况：**该建筑为砖石木结构，地上二层，有阁楼、地下室和附属平房。花岗岩砌筑墙基，水刷墙，红瓦坡顶，上开弧形和长方形老虎窗。建筑入口设计精巧，东面的主入口巧妙利用地势落差，凌空架设花岗石栈道，南北双向引梯汇至门前，六根方柱呈圆形立于台座上，围成门廊并支撑起二层露台。南面另设一个入口，其圆柱门廊亦称精致。西立面中部为三角山墙，窄窗错落其上。

**历史概况：**原为外侨裴尔慈所有，1936 年卖与时任胶济铁路管理委员会委员长葛光廷，以其别名葛静仁登记。后一度用作华东煤矿管理局疗养所。1960 年由青岛市房产局接管。

＊ 葛光廷旧居现貌

# 福山路24号住宅

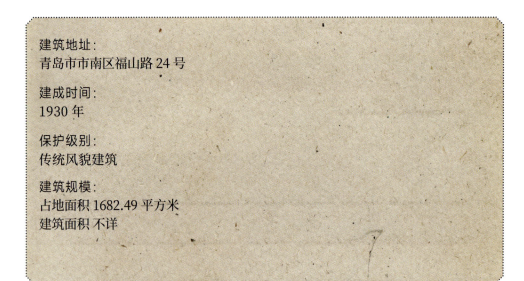

建筑地址：
青岛市市南区福山路 24 号

建成时间：
1930 年

保护级别：
传统风貌建筑

建筑规模：
占地面积 1682.49 平方米
建筑面积 不详

**建筑概况：** 该建筑为二层德式建筑带阁楼层。红瓦组合坡屋顶，木结构檐口，屋顶凸出两个老虎窗，素面砂浆抹面，底部毛石砌筑墙基。东南侧右侧凸出墙面，二层阳台封闭。东北立面一层设入口，石砌台阶连通室内外高差。西北立面一层有加建，顶部红瓦坡屋顶。中部凸出三角形山墙，山墙一层设入口，红色木结构斜撑支撑红瓦雨棚。

**历史概况：** 历史信息不详，现为民居。

＊福山路 24 号住宅现貌

# 毛汉礼旧居

建筑地址：
青岛市市南区福山路 36 号

建成时间：
1928 年

保护级别：
市南区一般不可移动文物

建筑规模：
占地面积 不详
建筑面积 不详

＊ 历史资料图（工作中的毛汉礼）

**建筑概况：** 该建筑为砖混结构，坐北朝南。共三层带阁楼、黄墙红瓦、花岗岩基石。

**历史概况：** 属海洋研究所宿舍楼。1954 年，物理海洋学家毛汉礼一直生活、工作于此。

＊ 毛汉礼旧居现貌

# 览潮阁

建筑地址:
青岛市市南区福山支路 24 号

建成时间:
1984 年

保护级别:
市南区一般不可移动文物

建筑规模:
占地面积 2213.8 平方米
建筑面积 400.6 平方米

＊ 历史资料图

**建筑概况:** 该建筑为八角形平面的飞檐高阁,共三层,为钢筋混凝土结构建筑。建筑为三段式构图,外观三檐三层,台基为八边形,副阶周匝,环廊以汉白玉雕栏围合,环廊为红色多边形柱,屋面多为绿色琉璃八角攒尖瓦顶。碧色瓦当,鱼头飞檐,朱色亭柱,远观八角挑檐并非龙凤,而是鱼的头部。额仿和门楣采用瓷板烧制,围绕海洋勾出彩色图案。汉白玉雕栏上以海浪纹理雕刻。建筑将亭、台、廊,有机地结合起来,藻井采用两个方形切除八角形,蓝绿衬底,描绘有中国传统水纹、祥云图案装饰。

**历史概况:** 1935 年,湛山寺在小鱼山山顶修建一座两层高的中国传统风格建筑湛山精舍。1959 年,湛山精舍被拆除。20 世纪 80 年代,小鱼山被辟为小鱼山公园,在山顶修建了览潮阁。

＊ 览潮阁现貌

# 周叔迦旧居

357

建筑地址:
青岛市市南区福山支路 13 号

建成时间:
1930 年

保护级别:
市南区一般不可移动文物

建筑规模:
占地面积 1696.78 平方米
建筑面积 480.25 平方米

＊ 历史资料图（图源：Google 艺术与文化_LIFE Photo Collection）

**建筑概况：**该建筑共三层，地上二层，带地下室，建筑立面底部石材砌筑墙基，淡黄色砂浆抹面，矩形窗洞整齐排列，窗下有长条石制窗台，檐口较为简洁有线脚，屋顶采用红瓦四坡屋顶结合一处半四坡顶及一处双坡顶的组合屋顶，东立面偏北屋顶呈伞状，屋顶高起烟囱体。窗户上下及建筑转交处有白色线条分割。北立面中部有一烟囱体凸出墙体高出屋顶，烟囱右侧门由一天桥进入。东北角有一塔楼，为半八边形体量。建筑东南角有一露台。建筑东南角转角为弧形转角。建筑由南侧石制楼梯进入。南立面二层窗下有一凸肚悬窗。西立面有一处门厅由石制台阶进入，门厅上有露台。栏板上有装饰。

**历史概况：**佛学家周叔迦曾居于此。其系周学熙第三子。1912 年随家族迁至青岛，1918 年毕业于同济大学。在上海经营实业失败后回到青岛，转向佛学。1931 年，他与国民政府交通部长叶恭绰共同商议，修建湛山寺，得到了两任青岛市市长胡若愚、沈鸿烈的支持。

＊ 周叔迦旧居现貌

# 熊希龄旧居

建筑地址：
青岛市市南区福山支路 12 号

建成时间：
1929 年

保护级别：
市南区一般不可移动文物

建筑规模：
占地面积 不详
建筑面积 不详

＊ 历史资料图（熊希龄照）

**建筑概况：** 该建筑平面不规整，整体为矩形，四面均有凸出。建筑地上二层，带地下室。北侧为建筑的主入口。立面三段式构图，淡黄色砂浆抹面，大部分为矩形窗洞整齐排列，底部石材砌筑墙基。屋顶采用红瓦坡屋顶，屋顶高起四个烟囱体。西南角原有一处露台，现已封闭。建筑北侧弧形山墙下有以拱形通风口。南侧山墙下有一处矩形通风口。

**历史概况：** 熊希龄（1870—1937），湖南凤凰人，教育家、社会活动家、实业家和慈善家。1913 年当选民国第一任民选总理，由于他反对袁世凯复辟帝制，不久就被迫辞职。熊希龄晚年致力于慈善和教育事业，1920 年创办著名的香山慈幼院。

＊ 熊希龄旧居现貌

# 福山支路11号住宅

建筑地址：
青岛市市南区福山支路 11 号

建成时间：
不详

保护级别：
市南区一般不可移动文物

建筑规模：
占地面积 1052.3 平方米
建筑面积 不详

**建筑概况：** 该建筑地上二层，立面三段式构图，淡黄色砂浆抹面，底部石材砌筑墙基，檐口较为简洁为红色木质檐口加绿色落水系统，屋顶采用主体红瓦四坡顶与两个伞形屋面组合，屋顶高起烟囱体。建筑南立面窗洞口为矩形窗洞口，下有长条石制窗台，东南角外凸一矩形体块，其二层露台被封闭，右侧一层存在加建。建筑楼门入口门廊为半圆形门廊，由四个圆柱支撑上部露台，柱头为两方形体块中间夹波浪形装饰，装饰性较好，露台上部加建严重。西南角外凸一半六边形体量，屋顶形式呈伞状。建筑东立面右侧窗为弧形凸窗，窗洞口为矩形窗。

**历史概况：** 历史信息不详，现为民居。

※福山支路11号住宅现貌

# 总督临时官邸马厩旧址

建筑地址：
青岛市市南区福山支路 8 号

建成时间：
1900 年

保护级别：
市南区一般不可移动文物

建筑规模：
占地面积 1175.2 平方米
建筑面积 不详

＊ 历史资料图（图源：德国弗莱堡军事档案馆）

**建筑概况：** 该建筑为乱石砌筑墙基，水刷灰墙面折屋顶，正门向东，左为露天石阶通往二层，折角式墙体，东、西立面均有挑檐露木柱敞廊，二层窗为菱形折角式。

**历史概况：** 该建筑初为德国式养马房，福山支路 5 号附属建筑。1931 年 8 月，由崔维堪卖与裕隆堂。1952 年 11 月，由青岛市房产局接管。现为民居。

＊总督临时官邸马厩旧址现貌

# 宋春舫旧居

建筑地址：
青岛市市南区福山支路 6 号

建成时间：
1928 年

保护级别：
青岛市文物保护单位

建筑规模：
占地面积 1159.4 平方米
建筑面积约 300 平方米

＊ 历史资料图（褐木庐内景）

**建筑概况：** 该建筑为砖木结构，地上三层，带半地下室。建筑立面底部以花岗岩石砌筑墙基，墙体为简洁风格，墙体开拱形窗和矩形窗，花岗岩条石窗台。入口处设有数级台阶。

**历史概况：** 1931 年被宋春舫购得，并在此创办图书馆"褐木庐"。他将平生所收集戏剧图书全部搬到此处，共计 7800 余册，包括中、外文学剧本及戏剧理论著作。宋春舫（1892—1938），浙江吴兴人，现代戏剧家、翻译家和藏书家。著有《宋春舫论剧》一至三集，剧本《一幅喜神》《五里雾中》《原来是梦》等，为中国现代话剧运动的先驱者。

＊ 宋春舫旧居现貌

八关山
历史文化街区

# 世界红卍字会青岛分会旧址

建筑地址：
青岛市市南区鱼山路 37 号

建成时间：
1941 年

保护级别：
全国重点文物保护单位

建筑规模：
占地面积 10167.68 平方米
建筑面积 不详

＊ 历史资料图（图源：京都大学华北交通数据库）

**建筑概况：** 大殿和藏经楼由建筑师刘铨法设计，公和兴营造厂施工。大殿主体部分仿照了曲阜孔庙的传统风格。这组仿古建筑群由山门、南北两厢、牡丹亭、大殿等建筑组成。其中山门面阔三间，左右两侧各配有耳庑三间，为歇山斗拱式建筑；南北两厢各面阔九间，屋顶为歇山式，绿色琉璃瓦盖顶，各有10根方形水泥柱支撑檐廊；大殿设于花岗岩制成刹釜式九级台阶基座之上，重檐歇山顶，上覆黄琉璃瓦，面阔九间，高近18米，周围用28根圆形石柱沿四周外檐撑起，柱之间装有木制格扇门。在中心，还仿曲阜孔庙杏坛设置了一座八角牡丹亭。后楼藏经楼为仿伊斯兰教建筑样式，地上二层，整体采用钢筋混凝土结构，门前有花岗石台阶，正门立面有八根圆柱，建筑主体分为穹隆圆顶和双层殿堂两部分，东西两翼设小厢房，楼内设旋转式楼梯。1939年，道院又委托建筑师王翰设计了罗马风格的前楼，这座折中主义风格的建筑中庭穹顶式玻璃天窗，门廊设有四根科林斯式柱子。

**历史概况：** 世界红卍字会青岛分会最初设在新泰路，由丛良弼、贺善果等人发起创办。于1933—1937年间建造了大殿（中院）与藏经楼（后院）。后来又建造了办公楼（前院），1941年竣工。1949年后，红卍字会逐渐停止活动，全部房产交由青岛市文化古物保管委员会使用。1953年，青岛市图书馆迁入。1955年，中共山东省委第二初级党校（中共青岛市委党校的前身）迁入前院和中院。后院改为青岛市图书馆古籍书库，1965年，正式成立青岛市博物馆。1991年，青岛市图书馆迁入位于山东路的新馆，前院原馆址交予博物馆使用。2000年，青岛市博物馆迁入崂山区云岭路新址。2006年，世界红卍字会青岛分会旧址辟为青岛市美术馆。

\* 世界红卍字会青岛分会旧址现貌

\* 20世纪40年代，世界红卍字会青岛分会的道院山门与礼亭

# 俾斯麦兵营旧址

✳ 历史资料图（图源：京都大学附属图书馆）

**建筑地址：**
青岛市市南区鱼山路 5 号

**建成时间：**
1909 年

**保护级别：**
全国重点文物保护单位

**建筑规模：**
建筑面积 5865.17 平方米
（I 号、II 号营房）
建筑面积 12346.9 平方米
（III 号、IV 号营房）

**建筑概况：** 俾斯麦兵营建筑群总共有大小建筑十余栋，各建筑的外立面风格互相保持一致。四座"工"字形营房两两并列，分别位于操场东北侧与西南侧，西北侧为并列的三座附属建筑，另有其他附属建筑分布于操场以北。其中 I 号、II 号营房是两座外观、规模、结构基本相同的营房。建筑主体为地上二层，设有地下室及阁楼。正立面朝向西南，为横三段纵五段布局，中央及两端突出，檐口起阶梯形山花，两层均设有敞廊。立面装饰具有哥特式复兴建筑特点，敞廊拱券以花岗岩石雕圆柱支撑，山花以花岗岩砌成，墙基、墙角、檐口等处以花岗岩装饰。屋顶敷设红瓦。III 号营房外观、布局与先前建成的两座营房相似，但外立面的花岗岩装饰大大减少。IV 号营房外观、布局与其他营房相似，而外立面装饰大大简化，且完全摒弃了此前所建营房中出现的敞廊。士官公寓建筑为地上三层加坡屋顶阁楼，一楼外墙全部以花岗岩砌成，设有车库。正立面（朝向东南）中央偏北的檐口处起山花。

**建筑概况：** I 号、II 号营房建于 1903—1905 年，III 号、IV 号营房建于1906—1909 年。该建筑群建造前后历时七年左右，建造时代正处于德国本土乃至欧洲建筑风格自复古主义向实用主义过渡、转化的时期。此种趋势在俾斯麦兵营各建筑即有体现，其外立面装饰元素逐渐减少，装饰逐渐趋于简约、实用。与建于1899—1901 年间的伊尔蒂斯兵营、建于 1905—1909 年间的毛奇兵营相比，俾斯麦兵营的过渡风格明显。

※ 俾斯麦兵营旧址现貌

※ 20 世纪初期，俾斯麦兵营

# 青岛日本中学校旧址

建筑地址：
青岛市市南区鱼山路 5 号

建成时间：
1921 年

保护级别：
市南区一般不可移动文物

建筑规模：
占地面积 不详
建筑面积 不详

✳ 历史资料图（图源：历史明信片）

**建筑概况：** 1920 年，日本当局在原清军炮队营址建造青岛中学新校舍，由青岛民政署土木课建筑师、日本建筑学会正员三上贞设计，华商公和兴工程局承建。日本中学旧址主要由南侧的主楼（六二楼）和北侧的寄宿公寓（胜利楼）组成。大门朝向西南，临鱼山路，由两座巨大的花岗岩石柱组成。主楼平面大致为"山"字形，建筑体为砖木、钢筋混凝土混合结构。主体建筑二层，附设阁楼，高 11 米。塔楼四层，高 36 米。正立面采用中轴对称布局，以山墙与塔楼突出中轴。主入口设门廊，门廊与山墙之间为三座拱券式窗户，以壁柱装饰。塔楼位于主入口及山墙后方，顶部原为四坡攒尖屋顶，现已不存在。立面墙基、门窗、山墙等处大量采用粗面花岗岩石块镶嵌装饰，墙面为水纹抹灰面。屋顶以红瓦覆盖，上起牛眼窗。花岗岩装饰、水纹抹灰立面以及屋顶的牛眼窗等元素体现出"德租"时期建筑的影响。寄宿公寓主体平面呈"一"字形，楼高两层，附设阁楼，建筑材料与外立面装饰与南侧主楼基本相同。主入口设在偏西侧，西端起山花，以仿木桁架结构装饰，另设一尖顶塔楼。

**历史概况：** 1922 年 12 月中国政府收回青岛后，该校改称青岛日本中学校，改由青岛日本居留民团承办。1945 年 8 月日本投降后，青岛日本中学校解散，日本中学校舍及其北侧的原国立山东大学校舍被同年 10 月进驻青岛的美国海军陆战队第六师占用。1949 年 2 月，美军将原国立山大校舍归还，日本中学旧址与后者合并为一处校园。1950 年，山东大学为纪念 1949 年 6 月 2 日解放军接管青岛，将原日本中学主楼与寄宿公寓分别命名为"六二楼"与"胜利楼"。现为中国海洋大学鱼山校区办公楼。

※ 青岛日本中学校旧址现貌

※ 20 世纪 20 年代，青岛日本中学校

# 康有为旧居

建筑地址：
青岛市市南区福山支路 8 号

建成时间：
1900 年

保护级别：
山东省文物保护单位

建筑规模：
占地面积 不详
建筑面积 1128 平方米

＊ 历史资料图（图源：德国弗莱堡军事档案馆）

**建筑概况：** 该建筑为砖木结构，楼高两层，主入口居中，门口为一道凸出的"T"字形露天石阶。平缓硕大的歇山式坡面为敷设中式瓦，屋顶嵌入一座山墙阁楼。背山面海的南立面为敞开式的外廊结构。

**历史概况：** 该建筑初为德国胶澳总督副官官邸。首任房客为时任总督副官利林科隆男爵。1923 年 6 月，康有为以先租后买的方式入住此房，并更名为"天游园"。1927 年 3 月，康有为突然病故于此。1986 年，建筑进行维修，次年在楼上房间设康有为旧居纪念馆对外开放。

＊ 康有为旧居

＊ 20 世纪初期，康有为旧居

# 海滨旅馆旧址

＊ 历史资料图（图源：历史明信片）

建筑地址：
青岛市市南区南海路 23 号

建成时间：
1904 年

保护级别：
全国重点文物保护单位

建筑规模：
占地面积 6136.05 平方米
建筑面积 4941 平方米

**建筑概况**：海滨旅馆为地上三层，平面呈"H"字形正对浴场开阔的海滩。面向大海的建筑中段各层都伸出有开放式木结构明廊，作为客房阳台。旅馆主入口三座并排拱形大门向外凸出，上方是清水砖砌成的内阳台，一层内阳台两侧各有一根带有花萼柱头的装饰立柱。内阳台上方为露台，露台后侧为半仿木结构的立面山墙，屋顶处理为个性化折角，折角上方是一个装饰性的标志塔楼。

**历史概况**：德国租借胶澳后，1901 年开辟了奥古斯特 - 维多利亚湾海滨浴场，并在此建造了一座滨海度假酒店，命名为海滨旅馆。"日据"青岛后，海滨旅馆售与日商经营，直至 1945 年。日本战败投降后，海滨旅馆曾被美国海军陆战队使用。1949 年后，一直为部队用房。现为青岛城市建设集团办公地。

\* 海滨旅馆旧址现貌

\* 20世纪初，海滨旅馆

# 李宝廷旧宅

建筑地址：
青岛市市南区鱼山路 35 号

建成时间：
1930 年

保护级别：
市南区一般不可移动文物

建筑规模：
占地面积 1071.77 平方米
建筑面积 不详

✳ 历史资料图（图源：维基百科）

**建筑概况：** 该建筑属砖木结构，地上二层，半地下一层，红瓦多向坡屋顶，造型简洁，基座由花岗岩石砌筑。

**历史概况：** 该建筑初为李宝廷所有。1948 年 4 月 28 日进行房产登记，1952 年 2 月 2 日办理更名登记，转至张子清名下。后列入社会主义改造，由青岛市房管局统管。

✳ 李宝廷旧宅现貌

# 孙继丁旧宅

375

建筑地址：
青岛市市南区鱼山路 31 号

建成时间：
不详

保护级别：
市南区一般不可移动文物

建筑规模：
占地面积 816.5 平方米
建筑面积 不详

＊ 历史资料图（图源：维基百科）

**建筑概况：** 该建筑比路面略低，院门后是数级花岗岩粗石石阶，台阶的尽头有一个粗大的花岗岩扶手柱。小楼高两层，正门每层都有一个凸起的多边形大飘窗，顶部也配着塔楼惯用的多角屋顶。建筑的每个气窗下面都有花岗岩粗石条装饰。

**历史概况：** 初为青岛市政府秘书长兼代理市长孙继丁私宅。1949 年 11 月由青岛市军事管制委员会接管。现为民居。

＊ 孙继丁旧宅现貌

# 吴荫义旧宅

建筑地址：
青岛市市南区鱼山路 29 号

建成时间：
1931 年

保护级别：
市南区一般不可移动文物

建筑规模：
占地面积 577.6 平方米
建筑面积 不详

**建筑概况**：该建筑为地上二层，半地下室，大斜坡红瓦屋顶。建筑立面底部以花岗岩粗石砌筑墙基。墙体一二层设矩形窗，窗台为长条花岗石。建筑东立面有凸出矩形体量的入口门廊，在门廊的外墙有一个圆形气窗，气窗的外侧有一圈带有凹槽的白色宽条装饰。门廊的上方是个不大的矩形露台，露台的围栏处有白色条状和方形块状装饰。

**历史概况**：初为吴荫义私宅，1952 年卖给陆味辛。现为民居。

※ 吴荫义旧宅现貌

# 王徐友兰旧宅

建筑地址：
青岛市市南区鱼山路 24 号

建成时间：
1945 年

保护级别：
市南区一般不可移动文物

建筑规模：
占地面积 379.5 平方米
建筑面积 305 平方米

＊ 历史资料图（图源：Google 艺术与文化 _LIFE Photo Collection）

**建筑概况：**该建筑地上二层，有阁楼和地下室。外墙通体以花岗岩砌成，平拱竖窗纵列于墙上，西南角设置了一座半圆形堡楼，有一个八角形攒尖式塔顶，与之相连的大屋面则取四面坡。

**历史概况：**初为王徐友兰私宅，1958 年 6 月 1 日申请私改。现为民居。

＊ 王徐友兰旧宅现貌

# 梁实秋旧居

建筑地址：
青岛市市南区鱼山路 33 号

建成时间：
1929 年

保护级别：
市南区一般不可移动文物

建筑规模：
占地面积 375.4 平方米
建筑面积 不详

❋ 历史资料图（图源：维基百科）

**建筑概况**：该建筑为砖石结构，地上二层，地下一层，红瓦斜坡屋面。建筑立面底部以花岗岩砌筑墙基，墙体与屋顶的檐口处设白色线脚做装饰。建筑西立面错落开设竖向矩形窗，窗台为长条石窗台，建筑南立面一层中部设主入口，入口上方二层处有一挑台。

**历史概况**：初为胶济铁路局一职员私宅。1930 年 8 月至 1934 年 8 月，梁实秋在国立山东大学外文系任教时居住于此。梁实秋（1903—1987），浙江杭县人，著名作家。1923 年赴美留学。1926 年回国后先后任教于国立东南大学、国立青岛大学。在青岛期间，开始翻译莎士比亚著作。

❋ 梁实秋旧居现貌

379

# 赵福记旧宅

建筑地址：
青岛市市南区鱼山路 21 号甲

建成时间：
1936 年

保护级别：
市南区一般不可移动文物

建筑规模：
占地面积 不详
建筑面积 不详

＊ 历史资料图（图源：维基百科）

**建筑概况：** 该建筑砖石木混合结构，多角红瓦坡屋顶。建筑立面底部以花岗岩砌筑墙基，建筑平面呈"凸"字形，凸出的部分处理成飘窗。各个立面都耸起三角形山墙，部分山墙有红色纵横交错的半木构装饰，与屋檐处的木质檐边交相呼应。建筑西立面一排高直窄窗强化了向上的尺度。

**历史概况：** 初为赵福记所有。1948 年 10 月，赵福记将此处房产卖给冼蕴淑。后来，冼蕴淑又将此房卖给国民党党第八军日报社社长王晴初。1949 年 11 月 2 日，由房管局代管此处房屋。现为民居。

＊ 赵福记旧宅现貌

# 曲子民旧宅

建筑地址：
青岛市市南区鱼山路 16 号

建成时间：
1945 年

保护级别：
市南区一般不可移动文物

建筑规模：
占地面积 182.69 平方米
建筑面积 不详

＊ 历史资料图（图源：Google 艺术与文化 _LIFE Photo Collection）

**建筑概况：** 该建筑地上二层，屋顶主体为红瓦四坡顶，西北侧局部穿插双坡顶，东北侧局部穿插斜切双坡顶，东南侧局部穿插攒尖顶，西南侧局部穿插三坡顶。各立面均采用三段式构图，建筑立面底部以花岗岩砌筑墙基，墙身采用砂浆抹面，建筑转折处和门窗周围有白色抹灰线条装饰，矩形门窗洞口排列整齐，一、二层窗洞口底部设条石窗台。建筑东南立面，建筑右侧突出半六边形体量，三面都有矩形窗户开设。

**历史概况：** 初为曲子民私宅，后归冷骥名下。1958 年列入社会主义改造。现为民居。

＊ 曲子民旧宅现貌

# 赫崇本旧居

建筑地址：
青岛市市南区鱼山路 9 号甲

建成时间：
不详

保护级别：
青岛市文物保护单位

建筑规模：
占地面积 400 平方米
建筑面积 247 平方米

＊ 历史资料图（工作中的赫崇本）

**建筑概况：**该建筑为砖木结构，地上二层，有阁楼及地下室，红色坡屋顶。建筑立面底部以花岗岩砌筑墙基，抹灰外墙。建筑西立面凸出一体块设入口，入口立面的另一面从一、二层相接处向上开设一扇竖向窄窗。入口立面设梯形山墙，开矩形窗，窗洞口底部设条石窗台。

**历史概况：**1949 年后，时任国立山东大学教授赫崇本居住于此。赫崇本（1908—1985）满族，奉天凤凰（今辽宁凤城）人。1932 年毕业于清华大学物理系。曾在清华大学、西南联合大学任教。1948 年获美国加利福尼亚理工学院哲学博士学位。1949 年之后，历任山东大学（今中国海洋大学）教授、海洋学系主任，山东海洋学院教授、教务长、副院长。

＊ 赫崇本旧居现貌

# 吕美荪旧居

建筑地址：
青岛市市南区鱼山路 7 号

建成时间：
1930 年

保护级别：
青岛市文物保护单位

建筑规模：
占地面积 752 平方米
建筑面积 253 平方米

❋ 历史资料图（吕美荪与《苑丽园诗》书影）

**建筑概况：**该建筑为砖木结构，地上二层，有阁楼及地下室，红瓦孟莎顶。建筑立面底部以花岗岩砌筑墙基，墙身采用砂浆抹面。东西山墙上嵌有一枚白色圆形纹饰，构成建筑的个性标志。

**历史概况：**原业主为袁道冲。1931 年 6 月，女诗人吕美荪以其本名吕仲素登记购得此楼，题名"寒碧山庄"，自称"寒碧山庄主人"。在此居住期间，诗文创作颇丰，与黄公渚、于元芳、张公制等人结为诗友，有《苑丽园诗》《菀丽园随笔》等著述问世。1948 年 12 月，房屋易手与曹润微。现为民居。

❋ 吕美荪旧居现貌

383

# 闻一多旧居

建筑地址：
青岛市市南区鱼山路 5 号

建成时间：
约 1907 年

保护级别：
市南区一般不可移动文物

建筑规模：
占地面积 748 平方米
建筑面积 607 平方米

＊ 历史资料图（图源：维基百科）

**建筑概况：**该建筑为砖石结构，地上二层，有地下室和阁楼，红瓦坡屋顶，一、二层间有花岗岩腰线，竖向矩形长窗，夏季墙面爬满爬山虎。

**历史概况：**初为德军俾斯麦兵营内的附属住宅建筑。1930 年，闻一多应聘来到青岛担任国立青岛大学文学院长时，曾居住于此。闻一多在授课之余，在此开始深入研究《诗经》《楚辞》，还完成了《杜少陵年谱会笺》《离骚解诂》《诗经新义》等著述及长诗《奇迹》。

＊ 闻一多旧居现貌

# 颜伯平旧宅

建筑地址：
青岛市市南区栖霞路 2 号

建成时间：
不详

保护级别：
市南区一般不可移动文物

建筑规模：
占地面积 749 平方米
建筑面积 217 平方米

**建筑概况：**该建筑为砖木结构，地上二层。建筑立面底部以花岗岩砌筑墙基，建筑东立面一层设上下错开的矩形窗，立面中部有方柱支起的门廊。二层的矩形窗户平行排列，中间有露台，露台上有拱形木质廊架装饰。

**历史概况：**1931 年，该建筑由颜伯平卖与陈某，1940 年奕训取得房产。现为民居。

※颜伯平旧宅现貌

# 圣功女子中学别墅

建筑地址：
青岛市市南区栖霞路 3 号

建成时间：
1904 年

保护级别：
市南区一般不可移动文物

建筑规模：
占地面积 3508.31 平方米
建筑面积 不详

＊ 历史资料图（图源：Deutsche Fotothek 德国摄影师档案）

**建筑概况：** 该建筑红色牛舌瓦多向坡孟莎屋顶，屋顶做曲线折线处理，檐部做折线处理，基底花岗岩砌筑，墙面黄色抹灰，山墙开矩形老虎窗，并在南面阁楼位置设置了一座有铁艺护栏的观景露台。主入口朝西，有一个别致的门厦，有着典雅的造型和明快的色调。

**历史概况：** 最初业主为外侨土一哥与屠柯艾满，1939 年 11 月让渡给卡圣功女子中学，产权登记在其教务长锡斯泰康裴玛名下，1946 年 10 月转入圣功女中创办人、圣方济会修女司坦斯特拉名下。1949 年后转为公房。现为幼儿园。

＊ 圣功女子中学别墅现貌

# 法国驻青岛领事旧宅

建筑地址：
青岛市市南区栖霞路4号

建成时间：
1932年

保护级别：
市南区一般不可移动文物

建筑规模：
占地面积415.87平方米
建筑面积311平方米

**建筑概况**：该建筑由建筑师尤力甫设计。建筑为砖木结构，地上二层，有阁楼，墙面红瓦，窗台为石条。临街的一段高三层，有个非常突兀的尖顶装饰。另一端为两层。粗石筑基，酱红色粉墙，红瓦折角屋顶上有凸起的老虎窗。

**历史概况**：初为尤力甫夫人房产，后房产为尤力甫的舅舅塔达灵福所有，1945年转售给尤力甫。1947年房屋转卖给美孚公司，1952年后转为公房。现为一公司老干部活动中心。

＊法国驻青岛领事旧宅现貌

# 法国驻青岛领事馆旧址

建筑地址：
青岛市市南区栖霞路 5 号甲

建成时间：
1905 年

保护级别：
市南区一般不可移动文物

建筑规模：
占地面积 3303.99 平方米
建筑面积 388 平方米

＊ 历史资料图（法国驻青岛领事馆内景）

**建筑概况：**该建筑为砖木结构，红色多向坡屋顶，地上二层，半地下室，设有阁楼，红色牛舌瓦双层斜坡屋顶上有凹入的老虎窗，南面中间部分的老虎窗变成一个矩形的露台。建筑立面底部以花岗岩砌筑墙基，墙体以米黄色砂浆抹面，墙面一、二层规整设有矩形窗和拱形窗，一、二层交会处有白色的小曲线装饰。建筑西立面设带外廊的主入口。建筑东立面一层有梯形飘窗，飘窗上部是梯形的露台，配有铁制的围栏。

**历史概况：**初为顺和洋行合伙人沈宝德私宅。后产权属法侨塔达灵福夫所有，1955 年 4 月由外事处予以代管，1956 年改为接管，由公安局承租使用。1974 年公安局将原平房拆除重建，1982 年又将原二层楼房一层附厨房一间拆除。

＊ 法国驻青岛领事馆旧址现貌

# 屠柯艾满别墅

建筑地址：
青岛市市南区栖霞路 7 号甲

建成时间：
1932 年

保护级别：
市南区一般不可移动文物

建筑规模：
占地面积 2437.2 平方米
建筑面积 448.19 平方米

※ 历史资料图（图源：美国国会图书馆）

**建筑概况：**该建筑为砖木结构，地上二层，局部三层，屋顶为高低错落的多向红瓦坡屋顶。建筑立面底部以花岗岩砌筑墙基，墙面抹灰。建筑立面及屋面在丰富变化中形成一种奇妙的空间逻辑，中间为高楼阁，以一个八角形攒尖式屋顶形成了制高点，向四方均衡延伸出四个翼楼，环绕着中心。

**历史概况：**初为白俄屠柯艾满私宅，1939 年 11 月卖给锡斯泰康裴玛，1946 年 10 月 2 日更名至方济会修女代表尤斯特拉名下，1952 年由市房管局代管，1958 年列入社会主义改造，1991 年发还。期间曾于 1985 年拆除旧房一栋，新建职工宿舍。现为青年旅舍。

※ 屠柯艾满别墅现貌

# 捷成洋行别墅

389

**建筑地址：**
青岛市市南区栖霞路 9 号

**建成时间：**
约 1905 年

**保护级别：**
市南区一般不可移动文物

**建筑规模：**
占地面积 2956.5 平方米
建筑面积 不详

✳ 历史资料图（图源：德国巴伐利亚州立图书馆）

　　**建筑概况：**该建筑为砖木结构，地上二层，有地下室及阁楼。建筑南立面一层中部呈半圆形外凸，二层适度出挑，弧形券窗周边饰以半木结构。建筑主入口朝西，东南角另设有入口门廊，一根花圆柱支撑起上层挑台，墙角特加铁艺标志。屋宇出檐较深。建筑整体立面变化丰富。

　　**历史概况：**初为捷成洋行别墅。1937 年由张知正继承，1941 年卖给王霭梅。1954 年，用作四方机车车辆厂疗养院。

✳ 捷成洋行别墅现貌

# 栖霞路9号乙住宅

建筑地址：
青岛市市南区栖霞路9号乙

建成时间：
不详

保护级别：
市南区一般不可移动文物

建筑规模：
占地面积2956.5平方米
建筑面积 不详

**建筑概况：** 该建筑地上二层，设有半地下室及阁楼，红瓦多向坡屋顶，设有老虎窗。建筑立面底部以花岗岩砌筑墙基，建筑南立面西侧二层有曲线型露台，中部有矩形露台。

**历史概况：** 历史信息不详，现为民居。

＊栖霞路9号乙住宅现貌

# 郑源和旧宅

建筑地址：
青岛市市南区栖霞路 11 号

建成时间：
不详

保护级别：
市南区一般不可移动文物

建筑规模：
占地面积 1135.5 平方米
建筑面积 不详

**建筑概况：** 该建筑为砖木结构，地上三层，有阁楼，红瓦多向坡屋顶，设老虎窗。建筑立面底部以花岗岩砌筑墙基，墙面抹砂浆。

**历史概况：** 1930 年恒鉌将该处产权出让给上海茂昌公司经理郑源和。1949 年被接管，作为公房。现为民居。

※ 郑源和旧宅现貌

# 伯恩尼克别墅

建筑地址：
青岛市市南区栖霞路 5 号甲

建成时间：
1905 年

保护级别：
全国重点文物保护单位

建筑规模：
占地面积 5228.6 平方米
建筑面积 388 平方米

✳ 历史资料图（图源：Deutsche Fotothek 德国摄影师档案）

　　**建筑概况**：该建筑由德国建筑师波特尔设计。依地形山势，其依山一面的大坡度屋顶倾斜约 55°，巨大屋顶一直伸到底层，几乎插入山坡。西南立面共有三层，有着明显的新文艺复兴风格，角形塔状挑楼、阳台、平台、木制敞廊、粗石饰面、桁架结构和清水粉墙均有明显体现。建筑采用砖木结构，设阁楼，墙面作坊木构架处理，建在高地，花岗岩基座，墙角贴花岗岩装饰，红瓦多向坡屋顶，有天窗。边角塔楼为金属塔顶。

　　**历史概况**：初为建筑承包商海尔曼·伯恩尼克住宅，1909 年，伯恩尼克离开青岛。辛亥革命后，售与李经迈。现为民居。

393

＊ 伯恩尼克别墅现貌

# 青岛市救济院别墅

建筑地址：
青岛市市南区栖霞路 13 号

建成时间：
1931 年

保护级别：
市南区一般不可移动文物

建筑规模：
占地面积 861 平方米
建筑面积 312.8 平方米

**建筑概况：** 该建筑地上二层，地下一层，设有阁楼，红色多向坡屋顶，开老虎窗。建筑立面底部以花岗岩砌筑墙基，墙面以砂浆抹面。

**历史概况：** 1937 年 6 月，青岛市救济院申请该建筑土地权证。1947 年，救济院院长领到土地证。后续不详。

※ 青岛市救济院别墅现貌

# 圣吉尔斯学校旧址

建筑地址：
青岛市市南区栖霞路 16 号

建成时间：
20 世纪初

保护级别：
市南区一般不可移动文物

建筑规模：
占地面积 2658.3 平方米
建筑面积 不详

※ 历史资料图（图源：德国弗莱堡军事档案馆）

**建筑概况**：该建筑地上三层，砖混结构，花岗岩基座，牛舌瓦，坡屋顶，竖向矩形窗，红色木檐口。

**建筑概况**：原为英国圣吉尔斯学校，后归山东起业株式会社。1948 年由中央信托局接管。同年，中央信托局将此建筑卖给刘承烈。1954 年，由青岛休疗养区管理委员会使用。1963 年，由青岛疗养院接管。

※ 圣吉尔斯学校旧址现貌

# 栖霞路20号住宅

建筑地址：
青岛市市南区栖霞路20号

建成时间：
1945年

保护级别：
市南区一般不可移动文物

建筑规模：
占地面积1489.4平方米
建筑面积504.65平方米

　　**建筑概况**：该建筑地上三层，砖混结构，底层为花岗岩砌筑，入口在二层，有花岗岩台阶联通，顶层有阁楼，带老虎窗，外立面开放窗。

　　**历史概况**：1937年6月，陈宗光将该地地权出让与胶济铁路员工养老储金保管委员会代表；1947年栾宝德取得该地地权；1958年4月，铁道部济南铁路管理局取得该处产权，后移交青岛市人民委员会交际处，1965年6月青岛市房产管理局将该房屋产权移交铁道部青岛铁路疗养院自行管理；现属青岛铁路广告有限责任公司。

＊栖霞路20号住宅现貌

# 福山路 1 号住宅

建筑地址:
青岛市市南区福山路 1 号

建成时间:
1932 年

保护级别:
市南区一般不可移动文物

建筑规模:
占地面积 不详
建筑面积 501.42 平方米

**建筑概况:** 该建筑由白俄建筑师拉夫林且夫设计。砖木结构,地上二层,有阁楼及地下室,红色折坡屋顶。坐北朝南,建筑基石为花岗岩,抹灰外墙,该建筑依山势而建,入口处设高大的门厅。

**历史概况:** 初为英国商人莲丽培孟住宅。1935 年底,戏剧家宋春舫买下了这座有环形花园的小楼。宋春舫于 1939 年去世,后产权变动不详。

※ 福山路 1 号住宅现貌

建筑地址:
青岛市市南区福山路 2 号甲

建成时间:
1930 年

保护级别:
市南区一般不可移动文物

建筑规模:
占地面积 1734 平方米
建筑面积 510 平方米

＊历史资料图（图源：Google 艺术与文化 _LIFE Photo Collection）

**建筑概况：** 该建筑由建筑师王云飞设计。建筑地上二层，地下一层，带阁楼，红瓦坡屋顶，上开长方形老虎窗。立面底部以花岗岩石砌筑墙基、窗台，墙体开有竖向矩形长窗。建筑东北角以一座五角塔楼为标志，给人以挺拔之感。

**历史概况：** 原业主为姚作宾。曾作为国立青岛大学的教工宿舍。1937 年初，林凤歧从常乐堂手中取得房屋产权，并于当年 4 月 11 日将其让渡给北美信义会，由谷慕灵牧师签收。后归鲁东信义会所有。现为民居。

＊信义会旧址现貌

# 沈从文旧居

399

建筑地址：
青岛市市南区福山路 3 号

建成时间：
1932 年

保护级别：
市南区一般不可移动文物

建筑规模：
占地面积 1055.6 平方米
建筑面积 489 平方米

＊ 历史资料图（图源：美国国会图书馆）

**建筑概况：** 该建筑由建筑师王锡波设计，为砖木结构，基石为花岗岩，坐北朝南。层高二层，并有阁楼及地下室。底层用于自住，二楼用于出租。

**历史概况：** 初为商人孙鼎华住宅。1930 年国立青岛大学建校，在徐志摩介绍下，青岛大学聘沈从文为中文系讲师，沈从文于 1931 年来到青岛。青岛大学的教师宿舍楼刚刚建成，这座小楼当时住着 12 个人，沈从文是讲师，有单独的房间。后巴金来青岛大学探访时，也曾住在此楼。

＊ 沈从文旧居现貌

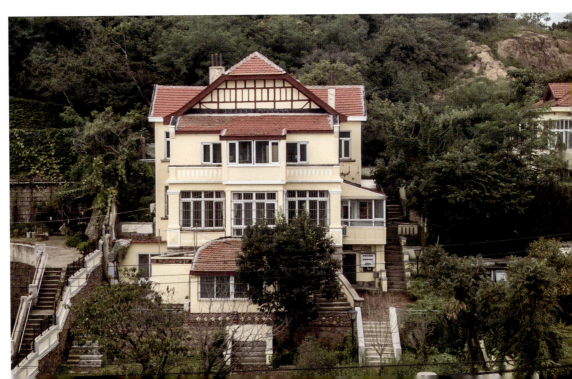

# 福山路4号住宅

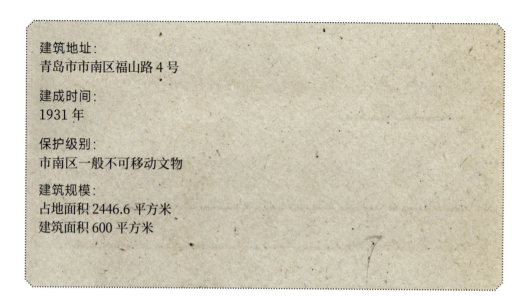

建筑地址：
青岛市市南区福山路4号

建成时间：
1931年

保护级别：
市南区一般不可移动文物

建筑规模：
占地面积2446.6平方米
建筑面积600平方米

**建筑概况：** 该建筑地上二层，地下一层，花岗岩基座、窗台，外墙抹灰，红瓦坡屋顶，有阁楼，红色木檐口。

历史概况：历史信息不详，现为民居。

※ 福山路4号住宅现貌

# 海关总税务司署别墅

建筑地址：
青岛市市南区福山路 6 号

建成时间：
1930 年

保护级别：
市南区一般不可移动文物

建筑规模：
占地面积 1055.6 平方米
建筑面积 664.3 平方米

**建筑概况**：该建筑地上一层，地下一层，有阁楼，红瓦双向坡屋顶，红色木檐口较深。建筑立面底部至一层以花岗岩砌筑墙基，墙面为砂浆抹面，建筑南立面南立面一、二层之间有菱形腰线做装饰。

**历史概况**：1935 年 8 月，海关总税务司署购得该建筑。1946 年 10 月，海关总税务司署对此处房产在青岛地政局登记。1951 年，房产由中华人民共和国海关总署使用。

※ 海关总税务司署别墅现貌

# 俞子京旧宅

建筑地址：
青岛市市南区福山路 7 号

建成时间：
1932 年

保护级别：
市南区一般不可移动文物

建筑规模：
占地面积 1441.5 平方米
建筑面积 368 平方米

**建筑概况**：该建筑地上二层，地下一层，有阁楼，红瓦坡屋顶。建筑立面底部以花岗岩砌筑墙基，外墙抹灰，建筑处于高地，建筑经院门口花岗岩台阶进入。

**历史概况**：原业主为俞子京。1934 年俞子京将此房产卖与许蓉芳。1958 年此房产列入社会主义改造，全部由政府经租。现为民居。

※ 俞子京旧宅现貌

# 陶善欣旧宅

建筑地址：
青岛市市南区福山路 8 号

建成时间：
1931 年

保护级别：
市南区一般不可移动文物

建筑规模：
占地面积 1323.7 平方米
建筑面积 745.22 平方米

**建筑概况：** 该建筑由日本建筑师三井幸次郎设计。砖木结构，地上二层，有阁楼和地下室，红瓦坡顶。花岗石砌筑墙基，白色水刷墙。西立面设计为双重三角山墙，南高北低，前后错落，小山墙上纵列两排高直竖窗，水泥砌出平拱并延伸至檐口，拱腹较深，凸显了立面凹凸有致的造型效果。门窗多以红砖发券，墙角亦以红砖包镶。另有附属建筑一栋。

**历史概况：** 原业主为陶善欣，1937 年 4 月 15 日，陶善欣将此房卖给刘法五。1938 年麦加利银行经理牛克普购买此房。1947 年麦加利银行经理寇克申请房产登记。

※ 陶善欣旧宅现貌

# 福山路9号住宅

建筑地址：
青岛市市南区福山路9号

建成时间：
1932年

保护级别：
市南区一般不可移动文物

建筑规模：
占地面积385.1平方米
建筑面积 不详

　　**建筑概况**：该建筑地上二层，地下一层，红瓦四面坡屋顶。花岗岩基座、窗台，墙角、窗户两侧有花岗岩装饰，老虎窗，窗上方有图案装饰，东北角有屋顶平台，上有廊架，墙面淡色，南侧有外露贯通山下的矩形烟囱，外贴面砖，有花岗岩压顶。

　　**历史概况**：1952年，潘徽缜取得该处产权，后出让与伍太白。1958年列入社会主义改造。现为公司办公楼。

＊ 福山路9号住宅现貌

# 福山路9号甲住宅

建筑地址：
青岛市市南区福山路9号甲

建成时间：
1948年

保护级别：
市南区一般不可移动文物

建筑规模：
占地面积 不详
建筑面积 438平方米

**建筑概况：**该建筑地上二层，有阁楼，红瓦坡屋顶。基座为花岗岩，南、北立面山墙为花岗岩砌筑，门窗过梁为砖砌，窗台也为砖砌，山墙上方有一小圆窗，建筑处于高地上，有花岗岩台阶联通建筑和院门。

**历史概况：**历史信息不详，现为民居。

※ 福山路9号甲住宅现貌

# 陈鹤年旧宅

建筑地址：
青岛市市南区福山路 10 号

建成时间：
1922 年

保护级别：
市南区一般不可移动文物

建筑规模：
占地面积 4260.8 平方米
建筑面积 814.24 平方米

　　**建筑概况**：该建筑地上三层，地下一层，有阁楼，红瓦坡屋顶，老虎窗，红色木檐口。建筑立面底部以花岗岩砌筑墙基，淡色外墙，建筑地势低，东、西立面各设有入口，有台阶自院门通向建筑入口。

　　**历史概况**：原为张民与颜伯平抵押登记之房产，1926 年 1 月由青岛地方审判庭拍卖此房产，陈鹤年购得此房。1939 年 4 月 10 日，陈鹤年将此房卖给白石保喜，1947 年 7 月，中央信托局青岛分局将此房产作为敌产处理。1950 年房产改为公管。

＊ 陈鹤年旧宅现貌

# 开勒尔旧宅

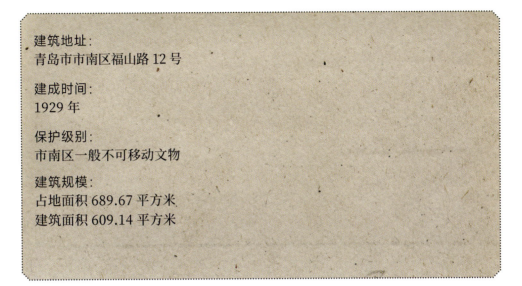

建筑地址：
青岛市市南区福山路 12 号

建成时间：
1929 年

保护级别：
市南区一般不可移动文物

建筑规模：
占地面积 689.67 平方米
建筑面积 609.14 平方米

**建筑概况：**该建筑地上一层，地下一层，红瓦两向坡屋顶，有老虎窗，红色木檐口。花岗岩基座、窗台，墙角有花岗岩装饰。

**历史概况：**原业主为德侨开勒尔，1934 年易手俄侨法依尼茨基，1953 年被青岛市房产局收为公房。

＊ 开勒尔旧宅现貌

建筑地址：
青岛市市南区福山路 15 号

建成时间：
1931 年

保护级别：
市南区一般不可移动文物

建筑规模：
占地面积 不详
建筑面积 不详

**建筑概况：** 该建筑地上三层，地下一层，带阁楼，红瓦坡屋顶，有老虎窗，木檐口。建筑立面底部以花岗岩砌筑墙基，外墙墙体抹灰，墙面开矩形窗，窗台以花岗岩条石做装饰。入口有开敞门廊。

**历史概况：** 1958 年，成仿吾任山东大学校长期间曾在此暂住。1970 年在其西北侧加建平房一处。现为民居。

＊ 成仿吾旧宅现貌

# 福山路17号住宅

建筑地址：
青岛市市南区福山路 17 号

建成时间：
1931 年

保护级别：
市南区一般不可移动文物

建筑规模：
占地面积 1103.88 平方米
建筑面积 400 平方米.

**建筑概况：** 该建筑地上二层，有阁楼，外墙做仿木构架处理，多向坡屋顶，基座由花岗岩石砌筑。

**历史概况：** 1928 年华联甫取得该建筑土地使用权，后为公管房。

※ 福山路 17 号住宅现貌

# 福山路 19 号住宅

建筑地址：
青岛市市南区福山路 19 号

建成时间：
1932 年

保护级别：
市南区一般不可移动文物

建筑规模：
占地面积 1475 平方米
建筑面积 501.94 平方米

**建筑概况：**该建筑多项红瓦坡屋顶设计，顶部开老虎窗，基座至一层墙面以花岗岩石贴面。

**历史概况：**1936 年本拿安斯将房产卖给邓曾宝葵，后由美国副领事使用，1949 年后该房交给外侨事务处，后交给市公安局使用。1953 年钟振东代表邓曾宝葵取得房产。后续不详。

＊福山路 19 号住宅现貌

建筑地址：
青岛市市南区福山路 22 号

建成时间：
1930 年

保护级别：
市南区一般不可移动文物

建筑规模：
占地面积 2213.8 平方米
建筑面积 400.6 平方米

**建筑概况：** 该建筑地上二层，地下一层，有阁楼，多折坡屋面，覆红色牛舌瓦，上开方形老虎窗。原为拉毛墙，后改为水刷墙，建筑造型丰富，屋面坡度较大，出檐较深。北面设有主入口门楼，西立面二层半封闭露台围以宝瓶栏杆，墙角嵌有隅石，部分墙面转角及部分门窗以蘑菇石包镶。

**建筑概况：** 原业主为施特拉塞尔。后易手至那胜莲名下。1952 年，那胜莲将其房屋的一、二层全部出租，地下室及院内平方由原房主一家居住。1959 年，经那胜莲胞弟那胜柏代为申请，列入社会主义改造。

※ 福山路 22 号住宅现貌

八大关、汇泉角、太平角
历史文化街区

# 花石楼

建筑地址：
青岛市市南区黄海路 18 号

建成时间：
1931 年

保护级别：
全国重点文物保护单位

建筑规模：
占地面积 3009 平方米
建筑面积 987 平方米

✳ 历史资料图（图源：《青岛近代城市建筑 1922—1937》）

**建筑概况**：该建筑由建筑师刘耀宸等设计。外墙由花岗岩石砌筑，塔楼顶部为雉堞式女儿墙，是一幢融合了西方多种建筑艺术风格的欧洲古堡式建筑，既有希腊和罗马式风格，又有哥特式建筑特色。

**历史概况**：1929 年 8 月，涞比池申请在黄海路建房："太平山黄海路西南角有 12 号地皮一段，约千余方步，尚属空地，窃以为该处地势临近海滨，风致幽静，极宜于建筑，故拟在该段地内建筑楼房，以作休息处所。"涞比池去世后，此房产由其妻子沃维·涞比池继承。1936 年，沃维·涞比池将房子卖给英国保险公司一位经理埃非·哈利司。1938 年，英国驻青岛总领事馆买下了花石楼，作为英国驻青岛总领事的官邸。

❋ 花石楼现貌

# 东海饭店

**建筑地址：**
青岛市市南区汇泉路 7 号

**建成时间：**
1936 年

**保护级别：**
全国重点文物保护单位

**建筑规模：**
占地面积 6612.03 平方米
建筑面积 12655.5 平方米

✳ 历史资料图（图源：历史明信片）

**建筑概况：** 东海饭店由开办明华银行的张炯伯和滋美洋行合资建设，英国上海新瑞和洋行设计，上海锦生记营造厂施工，钢筋混凝土结构，楼高六层，局部七层。一层与二层为水平伸展的基座，设有门厅、餐厅、交际厅等，基座上方为四层客房，临汇泉路并与之垂直形成长短两翼。主入口位于两翼交会之处，加高一层，通过形体变化与纵向窗带加以强调。一层与二层采用自由的平面布局，西面直接滨水的一侧在一、二层的屋顶设有多处露台，以宽大的台阶彼此衔接，形成在水平方向上优雅伸展的姿态。建筑"L"形的上部将酒店房间转 45°，并与相邻房间错位布局，再结合阳台的弧形实墙围护，使立面形成波纹样的光影效果。纤细的铁艺阳台栏杆扶手、下方平行的影线与平整的抹灰墙面都和简洁的建筑立面形成强烈的对比。

**历史概况：** 东海饭店是 20 世纪 30 年代青岛最大的饭店和最高的建筑物，也是外国人在青岛设计最早的现代化大型公共建筑。"七七事变"前，国内除上海、广州等几个大城市外，其他城市大楼建筑均无如此齐全的设施，故被称为"东亚一景""东方海上明珠"。"日据"青岛期间，曾更名"亚细亚饭店"。1947 年 12 月由国民政府接收，恢复"东海饭店"名称。

＊ 东海饭店现貌

＊ 20 世纪 30 年代，东海饭店

# 德霖亨别墅

建筑地址：
青岛市市南区嘉峪关路 7 号

建成时间：
1939 年

保护级别：
全国重点文物保护单位

建筑规模：
占地面积 1194.12 平方米
建筑面积 441.6 平方米

※ 历史资料图（图源：《关图统鉴——青岛八大关建筑调查与编研书表》）

**建筑概况：** 该建筑为砖木石结构，地上二层，局部有阁楼和地下室。四向红瓦坡屋顶出檐深远，檐口四周加深绿色排水管，东立面屋顶上开有三角形老虎窗，南立面屋顶阁楼开设露台。西立面开窗错落有致，富有节奏感和装饰性。东南角二层为足尺进深和开间的观景大露台，局部外挑，围栏下部围混凝土栏板，上设红色铁艺护栏。建筑整体造型典雅简练，极具构成主义艺术特征。

**历史概况：** 原业主为德霖亨，后一度为华北烟草株式会社社长、韩侨林薰所有，故又被称为林薰别墅。1940 年，林薰仰仗日军势力强行盘接山东烟草公司，该建筑曾成为其华北烟草株式会社青岛支店的一部分。

※ 德霖亨别墅现貌

# 雅尔码特霍惟智别墅

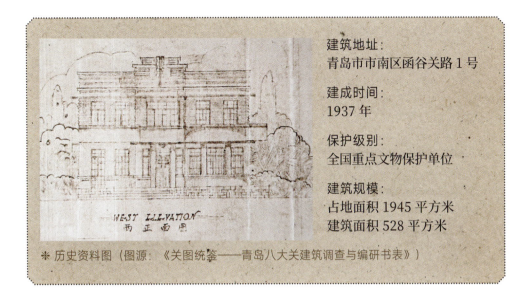

建筑地址：
青岛市市南区函谷关路 1 号

建成时间：
1937 年

保护级别：
全国重点文物保护单位

建筑规模：
占地面积 1945 平方米
建筑面积 528 平方米

\* 历史资料图（图源：《关图统鉴——青岛八大关建筑调查与编研书表》）

**建筑概况：** 该建筑由建筑师穆留金设计。建筑造型与装饰受新艺术风格影响。钢骨水泥砖石结构，地上二层，平屋顶，红色拉毛墙面，立面装饰有凸出的白色水平线脚，窗洞装饰白色窗套。主入口位于建筑西立面，用两根圆柱及波浪形雨篷板强调。西南角凸出半圆形体量，二层为露台。西北角和南立面中部二层均有一处带圆角的露台。建筑立面装饰元素丰富，美观精致，是一座极富现代气息的近代国际式风格别墅。

**历史概况：** 原业主为雅尔码特霍惟智，其他不详。

\* 雅尔玛特霍惟智别墅现貌

# 函谷关路5号、7号住宅

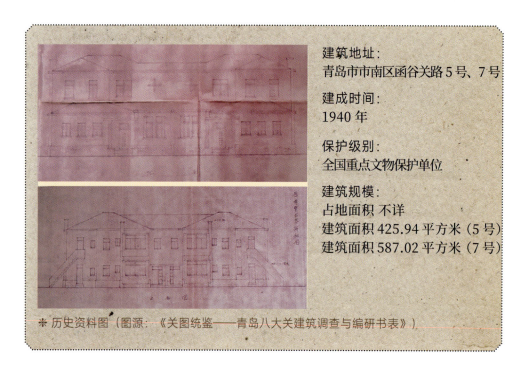

建筑地址：
青岛市市南区函谷关路5号、7号

建成时间：
1940年

保护级别：
全国重点文物保护单位

建筑规模：
占地面积 不详
建筑面积 425.94 平方米（5号）
建筑面积 587.02 平方米（7号）

＊ 历史资料图（图源：《关图统鉴——青岛八大关建筑调查与编研书表》）

**建筑概况：**该建筑为两栋并联别墅。函谷关路5号的原建筑为地上二层，花岗岩筑基，红瓦坡顶，少量平顶。北立面中部一层为双弧形，二层为露台，围栏取宝瓶栏杆式。两侧分别设建筑主入口，具有现代感的方柱支撑起上层的挑台，窗户排列整齐，窗下大多有粗石的花岗岩石条装饰。函谷关路7号为中轴对称布局，地上二层。主入口门厅设在北立面中部，东北角有室外的三跑楼梯通向二层。外墙勒脚为蘑菇石砌筑，墙身采用浅绿色砂浆抹面，红瓦坡顶由两个四坡顶和中部双坡顶顺向相连而成，开有三角形老虎窗。南立面后加建两层矩形体量，平屋顶。整体设计简洁，属现代主义风格。

**历史概况：**初为日本在青岛的企业东亚制粉株式会社公司宿舍，其他不详。

＊ 函谷关路5号、7号住宅现貌

# 周宇光别墅

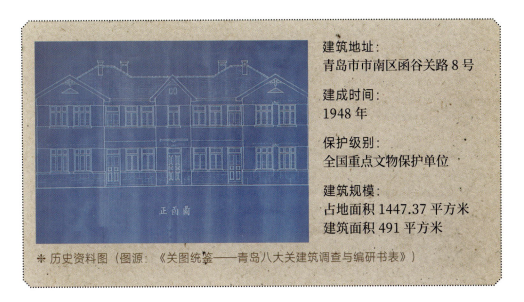

建筑地址：
青岛市市南区函谷关路 8 号

建成时间：
1948 年

保护级别：
全国重点文物保护单位

建筑规模：
占地面积 1447.37 平方米
建筑面积 491 平方米

＊ 历史资料图（图源：《关图统鉴——青岛八大关建筑调查与编研书表》）

　　**建筑概况：** 该建筑由建筑工程师魏庆萱设计，新聚祥营造厂施工。建筑地上二层，平面规则对称，多向坡屋顶，东西两侧屋面上均有一对三角形老虎窗，覆红瓦。外墙勒脚为花岗岩砌筑，墙身面层交替采用水刷石和拉毛分色做法，形成带状装饰，窗户排列整齐，窗台用条石装饰。南立面中部一层凸出矩形体量作为入户门厅，南立面设计有三面山墙，中间小山墙上有两个纵向的椭圆小窗，两侧山墙上均开设三角形窗户。

　　**历史概况：** 原业主为周宇光，其他不详。

＊ 周宇光别墅现貌

# 马哈力大·安大斯别墅

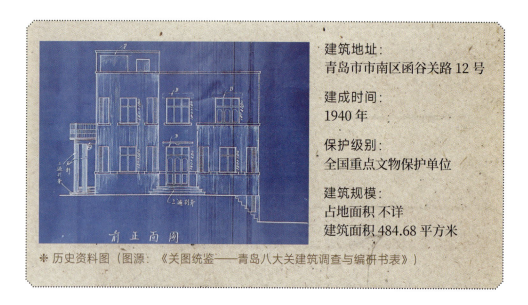

建筑地址：
青岛市市南区函谷关路 12 号

建成时间：
1940 年

保护级别：
全国重点文物保护单位

建筑规模：
占地面积 不详
建筑面积 484.68 平方米

＊历史资料图（图源：《关图统鉴——青岛八大关建筑调查与编研书表》）

　　**建筑概况：** 该建筑由建筑师黄佳模、栾延玠设计。建筑主体为地上二层，局部一层和三层，局部设地下室。三层上面为红瓦四坡顶，南面开设有三角形老虎窗，其余部分为平顶。花岗岩砌筑勒脚和半地下室的墙体，墙身为素面砂浆抹面，南立面和西立面均设有出入口，都由多级台阶引入门前。其西侧凸出两层半圆形露台，东侧凸出一层半圆形露台，上下层窗间墙及檐部有数道横向装饰缝。

　　**历史概况：** 原业主为立陶宛侨民马哈力大·安大斯，其他不详。

＊马哈力大·安大斯别墅现貌

# 陆廷撰别墅

建筑地址：
青岛市市南区函谷关路 30 号

建成时间：
1936 年

保护级别：
全国重点文物保护单位

建筑规模：
占地面积 1294.08 平方米
建筑面积 189 平方米

✳ 历史资料图（图源：《关图统鉴——青岛八大关建筑调查与编研书表》）

**建筑概况：** 该建筑由建筑师苏夏轩、孙荣樵、翟克振设计。砖石结构，地上二层，田园风格别墅，南立面采用纯正田园风特色建筑艺术装饰：一组红砖砌成精巧的券式三联窗，其下装饰漏斗形花台，雕刻细腻的花叶纹颇富质感。

**历史概况：** 原业主为时任济南交通银行经理的陆廷撰，后被亚细亚火油公司租用，其他不详。

✳ 陆廷撰别墅现貌

# 柯力司甘高别墅

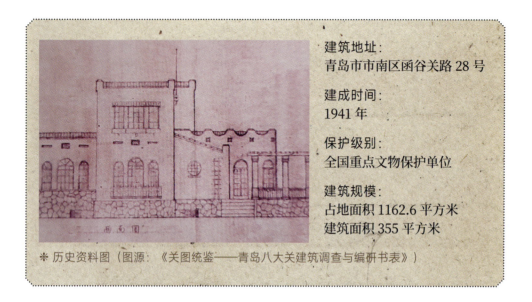

建筑地址：
青岛市市南区函谷关路 28 号

建成时间：
1941 年

保护级别：
全国重点文物保护单位

建筑规模：
占地面积 1162.6 平方米
建筑面积 355 平方米

※ 历史资料图（图源：《关图统鉴——青岛八大关建筑调查与编研书表》）

　　**建筑概况**：该建筑由福生与尤力甫设计。砖混结构，地上二层。庭院较大，欧式风格别墅，建筑居于庭院左后方，自由式布局，红坡屋顶，中间二层，东西两侧一层设室外露天平台。建筑外墙转角砌花岗石，建筑入口用三角形红木条装饰，室内设壁炉。

　　**历史概况**：原业主为白俄罗斯医生柯力司甘高，其他不详。

※ 柯力司甘高别墅现貌

建筑地址：
青岛市市南区荣成路 23 号

建成时间：
1932 年

保护级别：
全国重点文物保护单位

建筑规模：
占地面积 890 平方米
建筑面积 463.1 平方米

❋ 历史资料图（图源：《关图统鉴——青岛八大关建筑调查与编研书表》）

　　**建筑概况：** 该建筑由白俄建筑师拉夫林且夫设计。砖木结构，地上二层，有地下室及阁楼。各立面采用三段式构图，花岗岩砌筑勒脚高至一层顶部，墙身采用砂浆拉毛做法，局部设矩形气窗，转角处点缀红砖拼花仿隅石装饰，立面矩形门窗排列整齐，底部窗台有红砖贴面装饰。建筑主体为红瓦复折式屋顶，各侧开老虎窗，檐口有红色檐板和绿色排水管，西侧凸出体量顶部为露天平台，围栏栏板开矩形洞口简洁利落，面层与墙身一致。东立面一层凸出矩形体量，设直跑石砌楼梯通往二层露台，露台配有白色镂空围栏。西立面设有直跑石砌楼梯通往二层门廊。建筑整体造型丰富，具北欧民居风格特征。

　　**历史概况：** 原业主为白俄罗斯商人姚啡珂，其他不详。

❋ 荣成路 23 号别墅现貌

# 涞比池别墅

建筑地址：
青岛市市南区黄海路16号

建成时间：
不详

保护级别：
全国重点文物保护单位

建筑规模：
占地面积1098.4平方米
建筑面积311.55平方米

**建筑概况：** 该建筑砖木结构别墅，规模较小。建筑主体地上一层，为矩形平面，人字双坡屋顶，正中穿插二层小抱大厦，较小的人字坡屋顶与主体的屋顶十字相交。

**历史概况：** 原业主为涞比池，其他不详。

※ 涞比池别墅现貌

# 毕流柯夫与奢唯劳夫别墅

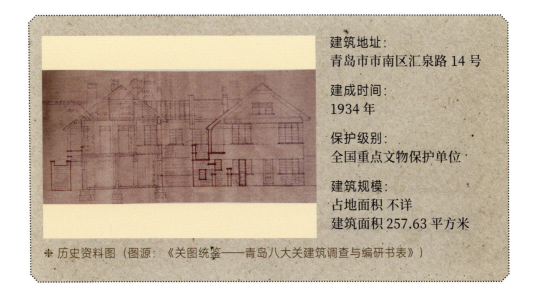

建筑地址：
青岛市市南区汇泉路 14 号

建成时间：
1934 年

保护级别：
全国重点文物保护单位·

建筑规模：
占地面积 不详
建筑面积 257.63 平方米

＊ 历史资料图（图源：《关图统鉴——青岛八大关建筑调查与编研书表》）

**建筑概况：**该建筑由建筑师张少闻与白俄建筑师尤力甫设计。砖木结构，地上二层，有阁楼。主体为两栋连体别墅，北面一栋前半部为二层加阁楼，后半部为三层。南面一栋为二层。风格一致，坡屋顶，竖条纹饰墙面。

**历史概况：**原为苏联汽车工程师毕流柯夫与奢唯劳夫所共有，其他不详。

＊ 毕流柯夫与奢唯劳夫别墅现貌

# 青岛游艇俱乐部旧址

建筑地址：
青岛市市南区汇泉路 5 号

建成时间：
1937 年

保护级别：
全国重点文物保护单位

建筑规模：
占地面积 1468.62 平方米
建筑面积 430.31 平方米

＊ 历史资料图（图源：Google 艺术与文化 _LIFE Photo Collection）

　　**建筑概况**：该建筑由俄侨工程师史密罗夫设计，青岛新聚祥公司承建。建筑主体地上二层，另有高起的塔楼，塔楼楼梯间自上而下贯穿纵向的条形窗，顶部是装饰艺术风格惯用的横向及竖向浅装饰线，建筑主体横向的条窗及塔楼顶部的小窗上部均设置遮阳板。

　　**历史概况**：1936 年 5 月 31 日，沈鸿烈出席奠基仪式，1937 年初建成。青岛游艇俱乐部设有游艇码头、瞭望台、帆船库及更衣室等设施。

＊ 青岛游艇俱乐部旧址现貌

# 戈列宾斯克别墅

建筑地址:
青岛市市南区汇泉路 2 号

建成时间:
1932 年

保护级别:
全国重点文物保护单位

建筑规模:
占地面积 1150 平方米
建筑面积 1208 平方米

※ 历史资料图（图源：美国海军历史和遗产司令部档案）

**建筑概况：** 该建筑由刘耀宸、尤力甫和白纳德共同设计。砖石木结构，具有古典主义倾向，多次改扩建后为地上二层建筑，带阁楼层，局部钢筋水泥结构，整体形体构成及局部装饰具有现代主义风格特征。主体建筑核心体量覆红瓦歇山顶，局部开老虎窗和天窗，主体西、南侧设平屋顶。外立面均采用三段式构图，外墙底部石砌勒脚，墙身采用淡黄色砂浆抹面，矩形门窗洞口排列突破古典主义构图，强调动感、虚实和均衡，底部设条石窗台作装饰。西立面为主入口立面，一层设石砌踏步和门廊，中央顶部高起矩形山花。

**历史概况：** 原业主为可乐地饭店经理、白俄罗斯商人戈列宾斯克，1948 年，美国基督复临安息日会购得此楼。1953 年，由山东省疗养院使用，后用于青岛疗养院。

※ 戈列宾斯克别墅现貌

# 汇泉路6号别墅

建筑地址：
青岛市市南区汇泉路6号

建成时间：
1930年

保护级别：
全国重点文物保护单位

建筑规模：
占地面积3038.36平方米
建筑面积213平方米

＊历史资料图（图源：《关图统鉴——青岛八大关建筑调查与编研书表》）

**建筑概况：**该建筑由建筑工程师姚章桂（初始）、范维滢、王德昌（增筑）设计。地上二层，局部地下一层。各立面采用三段式构图，外墙底部设石砌勒脚，墙身采用砂浆抹面。矩形门窗排列整齐，窗台设条石装饰，局部设条石窗楣，外墙顶部设红色木质护檐板和檐槽、绿色排水管。红瓦坡顶由四坡顶、双坡顶相互穿插而成，局部高起烟囱体。西立面为主入口立面，入口处设石砌踏步。

**历史概况：**1930年，先建靠南部分建筑，1932年增建北侧部分建筑。其他不详。

＊汇泉路6号别墅现貌

# 别尔太别墅

建筑地址：
青岛市市南区汇泉路 20 号

建成时间：
1934 年

保护级别：
全国重点文物保护单位

建筑规模：
占地面积 742.85 平方米
建筑面积 220.56 平方米

＊ 历史资料图（图源：Google 艺术与文化_LIFE Photo Collection）

**建筑概况：**该建筑由德国设计师毕娄哈设计。地上二层至四层，带地下室，平屋顶，西南面设不同高度平台，建筑体型活泼富有变化。外立面装饰简洁，外墙底部设石砌勒脚，墙身采用淡黄色砂浆抹面，顶部高起女儿墙，设多重横向装饰线脚。矩形门窗洞口排列整齐，底部设条石窗台。西立面北侧设凸窗，开竖向长窗，窗洞顶部设出挑雨棚，三层设室外露台。西立面南侧一层设通向室内的室外石砌踏步。南立面西侧向外凸出弧形体量，设出挑雨棚形成横向装饰线条。

**历史概况：**原业主为俄侨别尔太。1946 年，该建筑由国民党励志社青岛分社作为招待所。其他不详。

别尔太别墅现貌

# 柏佐吉别墅

建筑地址：
青岛市市南区嘉峪关路 17 号

建成时间：
1935 年

保护级别：
全国重点文物保护单位

建筑规模：
占地面积 1468.62 平方米
建筑面积 430.31 平方米

＊ 历史资料图（图源：《关图统鉴——青岛八大关建筑调查与编研书表》）

**建筑概况：** 该建筑由建筑师尤力甫设计。砖木结构，主体地上二层，带地下室和阁楼，地下室高出地面。有别于一般红瓦双坡屋顶，该建筑东西两坡坡长不等，西侧采用陡坡变坡度凹曲面屋顶，且向下延伸至勒脚上沿高度。外墙采用粗石花岗岩砌筑勒脚，直至一层窗台，墙身采用拉毛面层，白色抹灰线条装饰墙面转角。窗洞排列整齐，用白色抹灰线条装饰窗套，上沿作倒角处理，下沿用红色石条装饰。立面窗间墙和墙转角点缀粗石拼贴图案。南北立面山墙上各有一个菱形装饰灰塑，其底部还有粗石拼花搭配。建筑南北两侧均设有出入口，南侧门前有数级石阶，台阶两侧护栏由粗石垒砌呈阶梯形。南立面凸出多边形体量作为门廊，顶部为露台。

**历史概况：** 原业主为白俄罗斯人柏佐吉，1946 年转入尤力甫名下。其他不详。

＊ 柏佐吉别墅现貌

＊ 柏佐吉别墅旧貌

# 钧利亚别墅

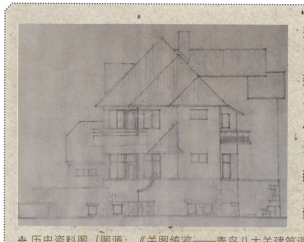

建筑地址：
青岛市市南区嘉峪关路 4 号

建成时间：
1939 年

保护级别：
全国重点文物保护单位

建筑规模：
占地面积 1450.57 平方米
建筑面积 794 平方米

＊ 历史资料图（图源：《关图统鉴——青岛八大关建筑调查与编研书表》）

　　**建筑概况：** 该建筑由白俄罗斯建筑师尤力甫设计。砖混结构，地上二层，有半地下室和阁楼。建筑立面中轴对称，建筑主入口正对庭院入口强化轴线，建筑入口的三角形门楼和阁楼的三角形老虎窗都沿轴线布置。半地下层的外墙，台阶、花池、正门洞口、窗台等部位，大量运用了花岗岩。花岗岩分块设计、加工精细，富有韵律感，其余墙面为混水墙。四坡顶陶瓦屋面。

　　**历史概况：** 原业主为德国女医生钧利亚。第二次"日据"时期，《大青岛报》及改版的《大青岛新民报》曾把社长宅邸搬到这里。

＊钧利亚别墅现貌

# 毕娄哈别墅

建筑地址：
青岛市市南区嘉峪关路 3 号

建成时间：
1935 年

保护级别：
全国重点文物保护单位

建筑规模：
占地面积 1374.13 平方米
建筑面积 115.7 平方米

✻ 历史资料图（图源：《关图统鉴——青岛八大关建筑调查与编研书表》）

**建筑概况：** 该建筑为砖混结构，东面南面一层，向西增至二层，有地下室。近代国际式风格建筑，采用舰楼式造型，线条流畅，东面入口为弧形，南面一层设一半圆形引梯晒台。

**历史概况：** 20 世纪 30 年代，德国建筑师毕娄哈在此居住。其他不详。

✻ 毕娄哈别墅现貌

# 依瓦洛瓦别墅

建筑地址：
青岛市市南区嘉峪关路 6 号

建成时间：
1935 年

保护级别：
全国重点文物保护单位

建筑规模：
占地面积 1432 平方米
建筑面积 303 平方米

＊ 历史资料图

**建筑概况**：该建筑由白俄罗斯建筑师尤力甫设计。砖木结构，地上二层，有阁楼和附属建筑。建筑带有浓厚的俄罗斯乡间别墅风格，采用非对称自由立面，主入口设在南向，门斗上方覆盖着两坡水屋面，富有浪漫色彩。门斗与烟囱为红黏土砖砌而成，与清水墙面形成强烈对比。运用墙面隔段出挑的方式，形成墙面的条纹装饰，其余墙面做抹灰饰面，局部外露花岗岩墙面，以方整石和零散的蘑菇石装饰。

**历史概况**：原业主为白俄教师依瓦洛瓦夫妇。其他不详。

＊ 依瓦洛瓦别墅现貌

# 尤霍茨基别墅

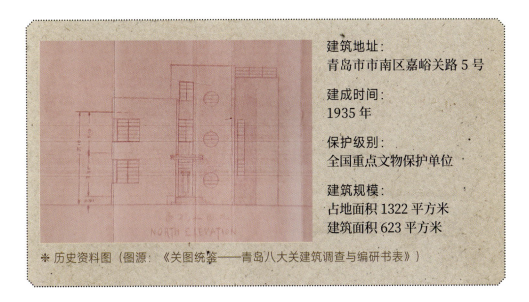

建筑地址：
青岛市市南区嘉峪关路 5 号

建成时间：
1935 年

保护级别：
全国重点文物保护单位

建筑规模：
占地面积 1322 平方米
建筑面积 623 平方米

＊ 历史资料图（图源：《关图统鉴——青岛八大关建筑调查与编研书表》）

**建筑概况**：该建筑为砖混结构，地上三层。近代国际式风格，别墅正立面的三个圆窗，似乎借鉴船舶上的塔楼，此为别墅之亮点。

**历史概况**：原业主和设计师都是已加入中国籍的白俄罗斯建筑师尤霍茨基。1939 年，此楼由祥瑞行经理张柏祥以其子张永虎名义买下，故又称张柏祥别墅。1927 年，山东黄县人张柏祥从辽宁营口迁来青岛，出资开设祥瑞行印务馆，成为印刷行业中的大户。1938 年日本侵占青岛，强行廉价收购瑞祥行，改为新民报印刷部。

＊尤霍茨基别墅现貌

# 杨溯吾别墅

建筑地址：
青岛市市南区嘉峪关路 8 号

建成时间：
1935 年

保护级别：
全国重点文物保护单位

建筑规模：
占地面积 1422.13 平方米
建筑面积 431.8 平方米

※ 历史资料图（图源：《关图统鉴——青岛八大关建筑调查与编研书表》）

**建筑概况：** 该建筑由建筑师郭鸿文设计。砖木结构，地上二层，带地下室和阁楼。花岗岩砌筑勒脚，拉毛墙面，主体为四坡屋顶，东、西、北向各凸出双坡屋顶，南向凸出截顶的两坡式屋顶，开有老虎窗，均覆红瓦。南立面设主入口，窗洞上部窗角做抹角处理。门廊上为露台，露台栏板上的空线条装饰与下面窗户的抹角形式相呼应。东立面南侧悬山屋檐装有红色木质挡风板，北侧一层有一弧形小门厅，门框上方做倒角处理，旁边还有一个圆形小窗，二层弧形露台的护栏外采用横向凸出线条装饰。

**历史概况：** 历史信息不详。

※ 杨溯吾别墅现貌

# 萨德别墅

建筑地址：
青岛市市南区居庸关路 10 号

建成时间：
1941 年

保护级别：
全国重点文物保护单位

建筑规模：
占地面积 1264 平方米
建筑面积 607 平方米

＊ 历史资料图

**建筑概况**：该建筑由尤力甫设计，砖木结构，地上主体二层，部分三层为阁楼局部，地下室一层具有浪漫主义风格特征，形体变化丰富，不同高度的红瓦双坡顶，单坡顶相互穿插，高起烟囱体，并设人字形老虎窗外墙。立面均采用三段式构图，外墙底部设石基勒脚。墙身采用砂浆抹面巨型门窗洞结合屋顶形式及建筑体量，排列构图活泼均衡。局部开圆形窗洞，外墙顶部木质护眼板刷成白漆装饰。沿街南立面尖顶塔楼，提亮高耸塔尖，高度 15.7 米。一层强调横向关系，二、三层强调竖向关系，窗间装饰白色竖向条纹，整体用白绿色马赛克侵蚀墙边。塔楼西侧为二层露台端部为弧形处理，南立面为主入口，立面入口设石，其他部和弧形休息平台顶部的弧形露台兼作雨棚。

**历史概况**：浙江商人孙天目 1932 年领租未建，1940 年由德国侨民萨德营造。

＊萨德别墅现貌

# 姚协甫别墅

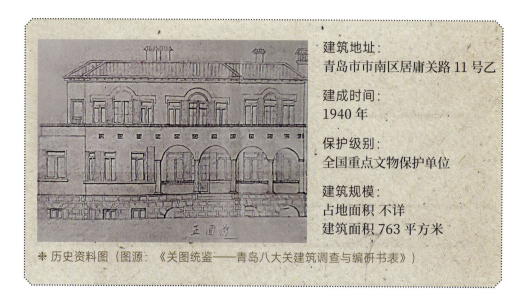

建筑地址：
青岛市市南区居庸关路 11 号乙

建成时间：
1940 年

保护级别：
全国重点文物保护单位

建筑规模：
占地面积 不详
建筑面积 763 平方米

＊ 历史资料图（图源：《关图统鉴——青岛八大关建筑调查与编研书表》）

**建筑概况：** 该建筑由福生和尤力甫设计。砖木结构，地上二层，有阁楼和地下室。西班牙田园风格，建筑造型考究，比例匀称，质感强烈。尤其是南立面，用罗马柱拱券墙体构成一层长廊，并支撑起二层露台。

**历史概况：** 原业主为姚协甫，1939 年，他从谭抒真手中购得地权，转年请照营造住宅。1943 年劳慈取得该地地权，1944 年出让给苏德满。1949 年 6 月该建筑被归公接管，1949 年后，作为宾馆使用。

＊ 姚协甫别墅现貌

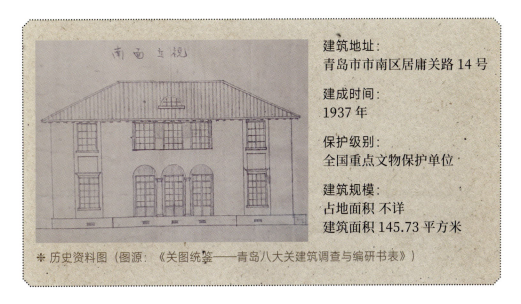

建筑地址：
青岛市市南区居庸关路 14 号

建成时间：
1937 年

保护级别：
全国重点文物保护单位

建筑规模：
占地面积 不详
建筑面积 145.73 平方米

＊ 历史资料图（图源：《关图统鉴——青岛八大关建筑调查与编研书表》）

　　**建筑概况：** 该建筑由帕士阔夫设计，益兴栈营造厂建造。欧式别墅地上两层，形体规整，各立面采用三段式构图，外墙底部设石砌勒角，墙身面层采用砂浆拉毛做法，矩形门窗洞根据立面构图需要组成排列，相应装饰欧式窗帘，窗台或窗套。如南立面中开两层，三窗水平相连，整体窗套构图稳定。红瓦四坡顶南屋面中轴处原开眉形老虎窗，现改为直线型老虎窗，屋面局部高起烟囱，入口立面一层设连续券式门廊。

　　**历史概况：** 原业主为卜雷鸣，其他信息不详。

＊卜雷鸣别墅现貌

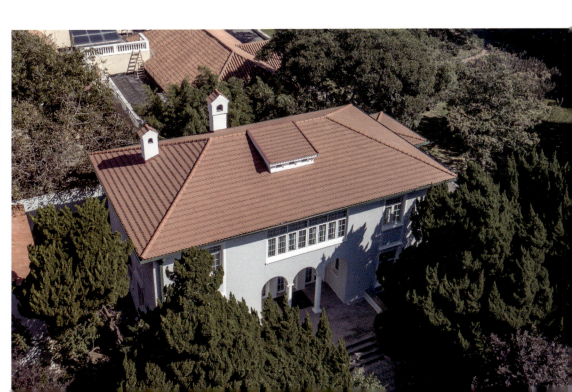

# 沈性静别墅

建筑地址：
青岛市市南区居庸关路 9 号

建成时间：
1937 年

保护级别：
全国重点文物保护单位

建筑规模：
占地面积 不详
建筑面积 217.38 平方米

❋ 历史资料图（图源：《关图统鉴——青岛八大关建筑调查与编研书表》）

　　**建筑概况：**该建筑由建筑师王枚生设计，美化营造厂建造。地上三层，另加坡顶覆盖的阁楼层，各立面均采用三段式构图，外墙底部设石砌勒脚，墙身采用白色砂浆细面抹灰或拉毛做法，以划分立面。矩形门窗洞口排列整齐，洞口底部设条石窗台，三角形山墙面开三连窗。竖向长窗三个一簇而成组排列，红坡顶由四坡顶和两个局部斜切、双坡顶穿插而成，局部开单坡老虎窗。北立面原为主入口立面，一层立柱架空做门廊，现已封闭，顶部做阁楼层，露台周围高起女儿墙做护栏。

　　**历史概况：**业主为沈性静，于 1936 年 11 月至 1937 年 5 月完工。其他信息不详。

❋ 沈性静别墅现貌

# 王崇植别墅

建筑地址：
青岛市市南区临淮关路 2 号

建成时间：
1932 年

保护级别：
全国重点文物保护单位

建筑规模：
占地面积 1532 平方米
建筑面积 145 平方米

**建筑概况：** 该建筑由建筑师刘耀宸和白俄罗斯建筑师拉夫林且夫设计。砖木结构，地上二层，有阁楼。建筑色调明快，大理石基座，墙面纹饰丰富有趣，富有巴洛克艺术的情调。

**历史概况：** 原业主为曾任青岛特别市公务局局长的王崇植。1949 后，别墅归属青岛疗养院。1955 年，剧作家曹禺曾来青岛休养，在这里创作了话剧《明朗的天》。

＊临淮关路 2 号别墅现貌

# 米罗诺夫别墅

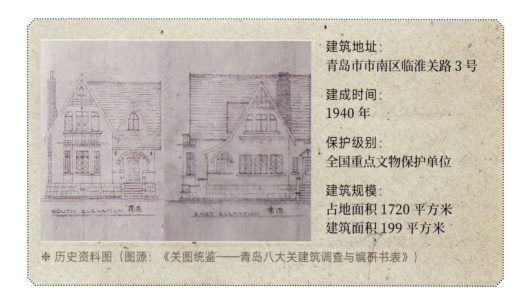

建筑地址：
青岛市市南区临淮关路 3 号

建成时间：
1940 年

保护级别：
全国重点文物保护单位

建筑规模：
占地面积 1720 平方米
建筑面积 199 平方米

＊ 历史资料图（图源：《关图统鉴——青岛八大关建筑调查与编研书表》）

**建筑概况**：该建筑主体结构为砖木石结构，局部钢混楼板，地上主体一层带阁楼层，各立面采用三段式构图，外墙底部设石基勒角，墙身面层采用白色砂浆，拉毛做法，矩形门窗洞口排列整齐，局部开拱窗，拱券外墙。顶部设木质护栏板。红瓦坡顶由三个双坡顶和一侧单坡顶正交而成，局部高起烟囱体，南侧立面为主入口立面，东侧设门廊，其顶部高起三角形老虎窗。南立面西侧的三角形山墙面，山花原有仿木构装饰，山墙面一层设凸窗，其上为二层室外露台。

**历史概况**：原业主为米罗诺夫，其他信息不详。

＊米罗诺夫别墅现貌

# 宁武关路 10 号别墅

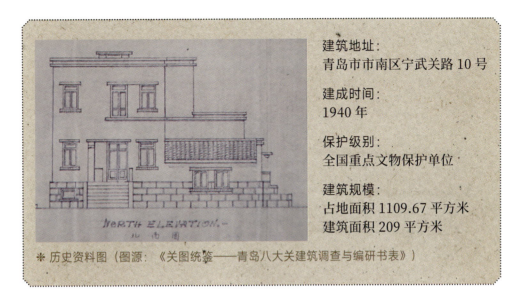

建筑地址:
青岛市市南区宁武关路 10 号

建成时间:
1940 年

保护级别:
全国重点文物保护单位

建筑规模:
占地面积 1109.67 平方米
建筑面积 209 平方米

\* 历史资料图（图源:《关图统鉴——青岛八大关建筑调查与编研书表》）

**历史概况:** 该建筑楼体平面为不规则形, 花岗岩筑基, 不同颜色的外墙与细砖相互交错, 细砖处分布有数个气窗。屋顶高低错落, 二层顶部为露天平台, 以砖红色围栏包围, 围栏上饰有白色三棱线纹。小楼南侧的中央位置是一个圆柱形的塔楼式建筑, 方圆相兼的设计让小楼的外形显得非常别致。

**历史概况:** 历史信息不详。

\* 宁武关路 10 号别墅现貌

建筑地址：
青岛市市南区荣成路 17 号

建成时间：
1930 年

保护级别：
全国重点文物保护单位

建筑规模：
占地面积 不详
建筑面积 不详

**建筑概况：**该建筑为砖混结构，地上二层，东北角为仿堡楼结构。

**历史概况：**系中国建筑师王节尧为自己设计建造的别墅，"精勤堂"是其堂号。

※ 精勤堂别墅现貌

建筑地址：
青岛市市南区荣成路 19 号

建成时间：
1933 年

保护级别：
全国重点文物保护单位

建筑规模：
占地面积 1622.56 平方米
建筑面积 190 平方米

※ 历史资料图（图源：《关图统鉴——青岛八大关建筑调查与编研书表》）

**建筑概况：** 该建筑由建筑师王节尧设计。砖木结构，地上二层，有阁楼及地下室。建筑造型丰富变化，屋面为北欧式高折坡，东北角有蘑菇花岗石砌就的城矩式塔楼，整体呈现出一种中世纪格调。

**历史概况：** 原业主为时任平汉铁路副局长的周钟岐，电影教育家周传基童年时曾居于此。

※ 周钟歧别墅现貌

# 耕馀别墅

建筑地址：
青岛市市南区荣成路 24 号

建成时间：
1931 年

保护级别：
全国重点文物保护单位

建筑规模：
占地面积 不详
建筑面积 235.36 平方米

❋ 历史资料图（图源：《关图统鉴——青岛八大关建筑调查与编研书表》）

**建筑概况：** 该建筑由日本建筑师三井幸次郎设计，砖木结构，地上二层，有阁楼和地下室。

**历史概况：** 原称念劬堂。1949 年后，曾属海军交际处。后被红日宾馆使用，现为一公司租用。

❋ 耕馀别墅现貌

# 高岐峰别墅

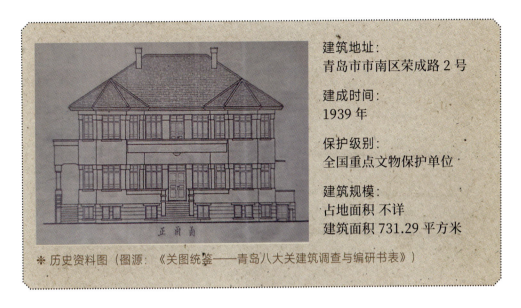

建筑地址：
青岛市市南区荣成路 2 号

建成时间：
1939 年

保护级别：
全国重点文物保护单位

建筑规模：
占地面积 不详
建筑面积 731.29 平方米

＊ 历史资料图（图源：《关图统鉴——青岛八大关建筑调查与编研书表》）

**建筑概况：** 该建筑为砖混结构，地上二层，地下室高出地面。外墙勒脚为粗石砌筑，建筑主体为红瓦四坡顶，南面两侧开间各接一攒尖顶，屋檐出挑较远，檐口及其下安装绿色排水管，墙身上下分段采用砂浆拉毛和砂浆抹面，交接处留白色抹灰装饰缝，层次分明。南立面主入口带足开间宽门廊，入口顶部为二层露台，露台围栏做镂空处理，呈竖向长条状，上下两端做弧形，门廊用类似爱奥尼式立柱支撑。

**历史概况：** 请照建设业主为高岐峰，其他信息不详。

＊高岐峰别墅现貌

# 泉修堂别墅

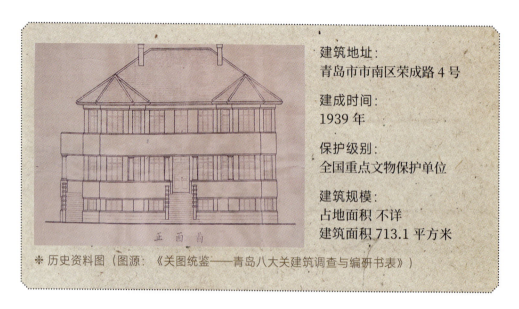

正面图

建筑地址：
青岛市市南区荣成路 4 号

建成时间：
1939 年

保护级别：
全国重点文物保护单位

建筑规模：
占地面积 不详
建筑面积 713.1 平方米

＊ 历史资料图（图源：《关图统鉴——青岛八大关建筑调查与编研书表》）

**建筑概况：** 该建筑具有古典主义府邸风格特征。地上二层，有阁楼和地下室。地下室用房高出地面，处理成基座层。各立面均采用三段式构图，勒脚为花岗岩砌筑，主体红瓦四坡顶，北坡局部接双坡顶，南坡两端开间对称接攒尖顶，檐口有红色木质封檐板和绿色排水管，墙体砂浆抹面，各层窗洞上沿有白色腰线装饰，各窗洞底部设条石窗台，南立面两侧开间对称凸出多边形体量，两个体量之间一层设入口门廊，门廊由四根简化的爱奥尼式柱支撑，门廊上方为二层露台，门廊前设直跑石阶达 15 级，配阶梯形石砌栏板。

**历史概况：** 原称泉修堂。1948 年 7 月，周村教区方济各会堂神职人员，美籍主教品格尔来青岛在此居住。

＊ 泉修堂别墅现貌

# 陈宗光别墅

建筑地址：
青岛市市南区荣成路 5 号

建成时间：
1932 年

保护级别：
全国重点文物保护单位

建筑规模：
占地面积 不详
建筑面积 不详

**建筑概况：** 该建筑由白俄罗斯建筑师拉夫林且夫主持设计，刘耀宸负责设计及绘图。建筑高两层，简洁对称，入口在建筑正中，入口内是门厅、走廊和楼梯间，两边是房间。

**历史概况：** 原业主为陈宗光，1939 年该建筑曾由泉修堂主曹永林申请改建。

※ 陈宗光别墅现貌

# 张伯诚别墅

建筑地址：
青岛市市南区荣成路 2 号甲

建成时间：
1939 年

保护级别：
全国重点文物保护单位

建筑规模：
占地面积 1414.32 平方米
建筑面积 879.19 平方米

＊ 历史资料图（图源：《关图统鉴——青岛八大关建筑调查与编研书表》）

**建筑概况：** 该建筑由建筑师王屏藩设计。由东西两部分组成，东部建筑地上三层，西部地上二层，各立面均采用三段式构图，外墙勒脚为花岗岩砌筑，墙身采用砂浆抹面。东西两部分建筑分别覆四坡顶，局部凸出接一较小的四坡顶，各立面墙顶部外挑檐口，安装绿色排水管，矩形门窗洞口排列整齐。东部三层建筑主入口设在南立面，次入口在东西建筑连接处的西立面，门前有数级台阶，主入口门廊采用三跨连续券，二层露台三开间设柱，次入口门廊采用单跨券柱式构图，券脚直接落在柱头上，立柱采用简化的爱奥尼式柱，门廊上方为矩形的封闭露台。

**历史概况：** 原业主为张伯诚。1946 年，市参议会议长李代芳曾住在这里。

＊ 张伯诚别墅现貌

# 克雷格别墅

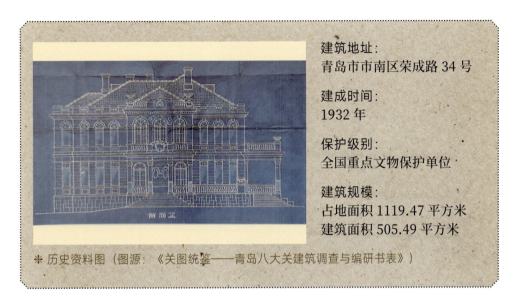

建筑地址：
青岛市市南区荣成路 34 号

建成时间：
1932 年

保护级别：
全国重点文物保护单位

建筑规模：
占地面积 1119.47 平方米
建筑面积 505.49 平方米

＊ 历史资料图（图源：《关图统鉴——青岛八大关建筑调查与编研书表》）

**建筑概况：** 该建筑由白俄罗斯建筑师拉夫林且夫设计。砖木结构，地上二层，有地下室。建筑主体屋顶为三个红瓦四坡屋顶相接而成。外墙勒脚为花岗岩砌筑，墙身采用砂浆抹面，外墙中部设有腰线。各露台围栏配有装饰柱，转折处用花蕊式柱头做装饰。建筑庭院内两侧有环形石三级引梯，再登五级半圆形主梯至一层平台，布局手法类似意大利台地式庭院。西立面三角形山墙面一层凸出设主入口门廊，用四根类似多立克式柱支撑，对应开间一、二层墙上开拱形窗，门廊上方为二层露台。东立面外接转折式双跑楼梯直通二层。建筑二层多维拱形窗，其楣窗分隔方式突出拱形装饰效果。

**历史概况：** 原业主为克雷格，其他信息不详。

＊ 克雷格别墅现貌

# 何思源别墅

建筑地址：
青岛市市南区荣成路 36 号

建成时间：
1931 年

保护级别：
全国重点文物保护单位

建筑规模：
占地面积 1539.4 平方米
建筑面积 271.2 平方米

❋ 历史资料图（图源：《关图统鉴——青岛八大关建筑调查与编研书表》）

**建筑概况：**该建筑为砖木结构，地上二层。同档案图纸对比，西南立面原入口门廊及二层露台空间现封闭作室内空间使用，所遗存的支撑罗马柱两两一组，富有装饰感。西北立面为主入口立面，一侧设由罗马柱支撑的入口门廊，相应二层为室外露台，现均被封闭作室内空间使用。东北、东南立面一层是后期加建。

**历史概况：**原业主为时任山东省教育厅厅长何思源。1929 年，何思源出任国立青岛大学筹委会副主任。1944 年 12 月，任山东省政府主席。1946 年 10 月，调任北平市市长。1948 年，何思源的法国妻子何宜文和孩子一起来青岛避暑，在此居住。

❋ 何思源别墅现貌

# 袁家普别墅

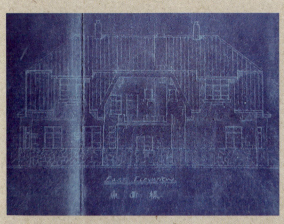

建筑地址：
青岛市市南区荣成路 38 号

建成时间：
1931 年

保护级别：
全国重点文物保护单位

建筑规模：
占地面积 1165.01 平方米
建筑面积 191.43 平方米

﹡ 历史资料图（图源：《关图统鉴——青岛八大关建筑调查与编研书表》）

**建筑概况：** 该建筑由法国建筑师白纳德设计。原建筑只有西侧部分，平面为"十"字形布局，中轴对称，南北向展开。加建建筑紧邻原建筑东侧，为顺应地形，北边平面为三角形。建筑屋顶为复折式坡屋顶，外墙勒脚为花岗岩砌筑，墙身面层采用洒毛灰做法，墙面的转角、窗套、檐口部分采用花岗岩拼贴装饰。

**历史概况：** 原业主为时任南京国民政府山东省财政厅厅长的袁家普。1929 年，袁家普曾任国立青岛大学筹委会委员。

﹡ 袁家普别墅现貌

# 宫玉珊别墅

建筑地址：
青岛市市南区荣成路 6 号

建成时间：
1939 年

保护级别：
全国重点文物保护单位

建筑规模：
占地面积 651.75 平方米
建筑面积 375.58 平方米

**建筑概况：** 该建筑由建筑师刘耀宸与白俄罗斯建筑师拉夫林且夫设计。砖木结构，地上二层，有阁楼，三段式，花岗岩砌筑墙基。建筑色调明快，装饰精美。入口处理简洁，坡顶和阁楼特别突出，屋檐下墙面装饰规整红色露木，衬托白色墙面。红色露木下蜿蜒的白色墙面弧线和二层半圆形露天阳台相呼应。

**历史概况：** 原业主为宫玉珊，其他信息不详。

\* 宫玉珊别墅现貌

　　**建筑概况**：该建筑为砖石木结构，地上二层，有阁楼和地下室，洋溢着古典主义所特有的和谐韵律，东、西立面中部皆为廊柱式，南北两翼各设一堡楼，具有罗马风式建筑的基本特色。

　　**历史概况**：1937 年后，该建筑业主为比利时会计师奇兑如脱。其他历史信息不详。

※ 奇兑如脱别墅现貌

# 王正廷别墅

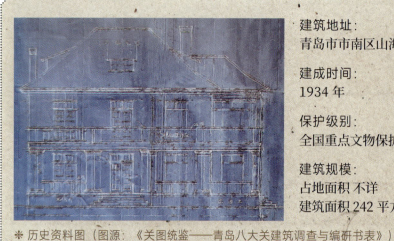

建筑地址:
青岛市市南区山海关路 11 号

建成时间:
1934 年

保护级别:
全国重点文物保护单位

建筑规模:
占地面积 不详
建筑面积 242 平方米

＊ 历史资料图（图源:《关图统鉴——青岛八大关建筑调查与编研书表》）

**建筑概况:** 该建筑由建筑师陈其信、陈泰俊设计, 青岛同利工厂建造。砖石木结构, 地上二层, 带阁楼, 平面规整, 各立面采用三段式构图, 外墙底部设石基, 基座墙身采用淡黄色砂浆, 抹面矩形门, 窗口排列整齐, 底部设条石, 窗台红瓦。坡顶有两个四坡顶的相互穿插组成, 局部开单坡, 老虎窗。南立面一层设有多立克柱支撑的门廊, 柱头柱础装饰简洁, 二层为室外露台, 现局部加建有砖柱支撑的钢混顶棚, 成为半室外空间。

**历史概况:** 王正廷曾在此居住。20 世纪 20 年代, 王正廷为巴黎和会全权代表, 后督办"鲁案", 斡旋接收青岛主权。其他历史信息不详。

＊ 王正廷别墅现貌

# 韩复榘别墅

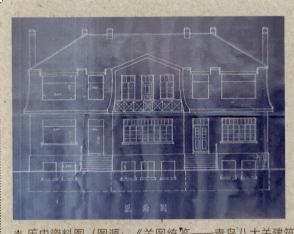

建筑地址：
青岛市市南区山海关路 13 号

建成时间：
1934 年

保护级别：
全国重点文物保护单位

建筑规模：
占地面积 2056 平方米
建筑面积 897.49 平方米

※ 历史资料图（图源：《关图统鉴——青岛八大关建筑调查与编研书表》）

**建筑概况：** 该建筑由建筑师张景文设计。地上二层，地下一层，建筑采用对称式构图，精美大气，红坡屋顶局部高起烟囱体，各立面均采用三段式构图，外墙底部设石砌勒角，开地下室，采光通风，窗洞墙身为红砖砌筑的清水砖墙，体型转角处有花岗石链接式隔石加固并装饰，矩形门窗洞口排列整齐，部分洞口周围设条石窗套。二层墙面采用墙砖挂瓦做法，同红瓦坡顶相连，构成复折屋顶。南立面为主，入口处，立面中央顶部形成三角形复折山墙面，二层为钢混出挑露台，铁艺栏杆做工精美，两侧外墙上对称各设一出入口及室外踏步。

**历史概况：** 韩复榘曾在此居住，1930 年韩复榘任山东省政府主席，督鲁 8 年，曾被称为"山东王"。其他历史信息不详。

※ 韩复榘别墅现貌

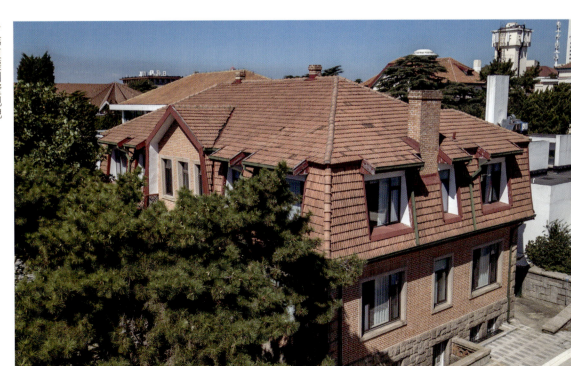

# 高桥商会别墅

建筑地址：
青岛市市南区山海关路 17 号

建成时间：
1941 年

保护级别：
全国重点文物保护单位

建筑规模：
占地面积 1299 平方米
建筑面积 827.22 平方米

※ 历史资料图（图源：《关图统鉴——青岛八大关建筑调查与编研书表》）

建筑概况：该建筑由建筑师陈瑞廷设计。混合式别墅地上二层平屋顶，局部设室外露台和地下室。外墙底部设石基勒角，墙身采用砂浆拉毛做法，局部装饰部位采用白色抹灰，矩形门窗，洞口底部设条石窗，局部开设拱形窗洞，洞口周围设白色抹灰窗套，一二层窗间墙设白色抹灰出条雨棚，外墙顶部高起带壁柱装饰的女儿墙，局部高起，烟囱体栏板装饰。南立面为主入口，立面入口处设门廊，圈面墙采用马赛克瓷砖贴面装饰，门廊上方为二层室外露台，砖砌栏板，富有装饰感。主入口东侧鼓出圆形提亮开，拱形窗洞，成为东侧立面构图的一部分。东侧立面主体建筑一层圆腹，半室外敞廊，现封闭作为室内空间使用。敞廊上方为室外露台。

历史概况：原业主为日本高桥商会。高桥商会是青岛第一次"日据"时期的日本商会组织，经营涉及矿业、木材、棉花棉布进出口等。其他历史信息不详。

※ 高桥商会别墅现貌

# 约翰·高尔斯登别墅

461

建筑地址：
青岛市市南区山海关路 1 号

建成时间：
1933 年

保护级别：
全国重点文物保护单位

建筑规模：
占地面积 2726 平方米
建筑面积 583.23 平方米

❋ 历史资料图（图源：《关图统鉴——青岛八大关建筑调查与编研书表》）

**建筑概况：** 该建筑地上主体二层，设地下室，局部一或三层，形成多层次露台，各立面外墙底部设有石砌勒角，开地下室采光通风窗口。墙身采用砂浆抹面，外墙装饰线、角、壁柱、女儿墙、栏杆等装饰构件。壁柱将艾奥尼柱式中的弧线元素处理为直角，柱头柱础装饰精美。外墙顶部装饰有多重线角的粗檐条口，南立面设主入口，采用对称式构图，两侧向外凸出弧形体量。且有通高壁柱，装饰中央内凹体量。入口顶部开有多重线角装饰的圆形窗洞，两侧用多立克壁柱装饰。西立面一层设门廊，为室内与花园过渡空间。

**历史概况：** 原业主为约翰·高尔斯登，其他历史信息不详。

❋ 约翰·高尔斯登别墅现貌

# 玛丽·达尼列夫斯基夫人别墅

建筑地址：
青岛市市南区山海关路 21 号

建成时间：
1933 年

保护级别：
全国重点文物保护单位

建筑规模：
占地面积 1299 平方米
建筑面积 827.22 平方米

※ 历史资料图（图源：Google 艺术与文化 _LIFE Photo Collection）

**建筑概况**：该建筑由拉夫林且夫设计，越东建筑工程行建造。折中主义风格，别墅地上一层带阁楼层，局部设地下室，各立面采用三段式构图，外墙底部设石砌勒角，建筑形体转角处隔石头做装饰，矩形门窗洞排列整齐，洞底设条石窗台，外墙顶部设木质。护沿板红瓦坡顶由两个附着式坡顶正交而成，局部高起岩层体。入口门廊沿部装饰有多重欧式线角，门廊上方为二层室外露台和欧式壁柱。南立面东部开设弧形次入口，门廊配有欧式立柱、栏杆、线角等装饰元素。山墙中央设有出入露台的拱形门洞，券洞装饰有拱券形灰塑，东立面设通往阁楼层的室外楼梯。

**历史概况**：1935 年，电影《劫后桃花》把此楼作为主要取景地。

※ 玛丽·达尼列夫斯基夫人别墅现貌

# 白少夫别墅

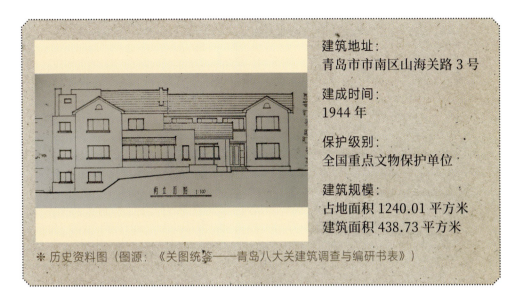

建筑地址：
青岛市市南区山海关路 3 号

建成时间：
1944 年

保护级别：
全国重点文物保护单位

建筑规模：
占地面积 1240.01 平方米
建筑面积 438.73 平方米

※ 历史资料图（图源：《关图统鉴——青岛八大关建筑调查与编研书表》）

**建筑概况：** 该建筑由建筑师周敖设计。地上二层，局部设地下室，平面呈不规则形。建筑屋顶可分为南北两部分，中间为上人屋面，屋顶铺设马赛克面砖，北部建筑屋顶近似"L"形，东部向南均为双坡，采用红色瓦面铺装，东、西、南面均设弧形山花，使用曲线型线条装饰，中间设有圆形花瓣图案。南侧中部局部一层上座平台设灰色的混凝土制栏杆，并外挂楼梯与平台连接。西部接双坡与南向坡面垂直相交，北侧屋面设烟囱。南部建筑屋顶与上人屋面南侧连接处为单坡屋面，其余坡面为双中部上人屋面，通过外挂木质楼梯与地面和北部建筑屋顶连接。

**历史概况：** 原业主为德国商人白少夫，其他历史信息不详。

※ 白少夫别墅现貌

# 丁慰农别墅

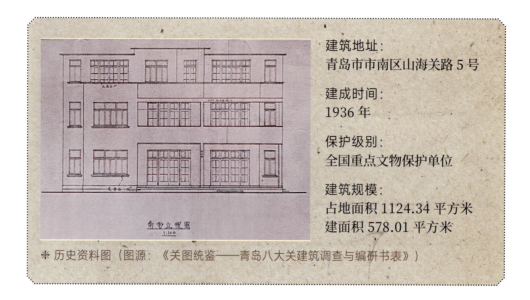

建筑地址：
青岛市市南区山海关路 5 号

建成时间：
1936 年

保护级别：
全国重点文物保护单位

建筑规模：
占地面积 1124.34 平方米
建面积 578.01 平方米

※ 历史资料图（图源：《关图统鉴——青岛八大关建筑调查与编研书表》）

**建筑概况：** 该建筑由建筑师叶奎叔、蒋振南（茂康建筑事务所）设计，新世纪营造厂建造。建筑二至三层局部设地下室，立面简洁，平面类似锯齿形，具有现代主义风格特征。中部及东南部体量为平屋顶，后部两翼体量均为四坡顶，均采用红瓦铺装，中部建筑平屋顶设女儿墙，立柱略高于栏板。东侧和南侧两层设锯齿平面露台，雨棚用木架支撑，上部搭设玻璃板露台，围墙上部架设铁艺栏杆。建筑主体为素面砂浆饰面，勒脚和窗台均采用花岗石砌筑，西北角立面上有两排逐级向上的矩形窄窗，丰富了建筑的立面构图。

**历史概况：** 原业主为丁慰农，1939 年曾被改建，1949 年后用于接待。其他历史信息不详。

※ 丁慰农别墅现貌

465

# 欧万仁别墅

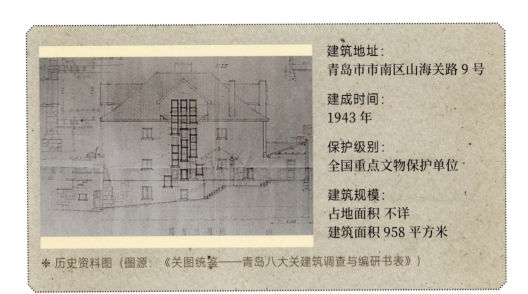

建筑地址：
青岛市市南区山海关路 9 号

建成时间：
1943 年

保护级别：
全国重点文物保护单位

建筑规模：
占地面积 不详
建筑面积 958 平方米

\* 历史资料图（图源：《关图统鉴——青岛八大关建筑调查与编研书表》）

**建筑概况：** 该建筑由尤力甫设计。地上二层，带地下室及阁楼，平面呈不规则形，具有现代风格特征。建筑屋顶主体为四坡顶四坡面，中部均有，向上外接双坡屋脊均低于主屋脊，均采用红色瓦面铺装。南屋面主屋脊处中部设有一个烟囱，外墙面层为灰白色素面砂浆，落角为花岗石砌筑。建筑南立面中部外凸三层设露台，对比原设计图，西立面一层建筑原坡屋顶改为平屋顶，中部向外凸出，采用隔墙分为三道玻璃门。北侧中部楼梯间位置开设三道竖向长窗，高低错落。东立面中部外古城门廊下设两跑十阶梯形楼梯。楼梯休息平台有两根方形柱支撑，搭设的雨棚两侧设阶梯状石砌栏杆，门廊两侧用四根方柱支撑。

**历史概况：** 原业主为欧万仁，美国海军第七舰队司令柯克、西太平洋舰队司令白吉尔抗战胜利后曾在此居住。其他历史信息不详。

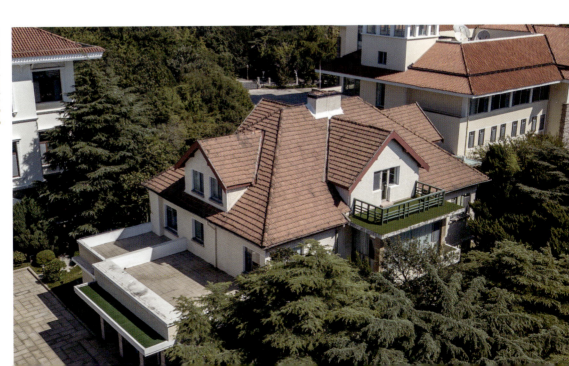

\* 欧万仁别墅现貌

# 金城银行别墅

建筑地址：
青岛市市南区韶关路 22 号

建成时间：
1935 年

保护级别：
全国重点文物保护单位

建筑规模：
占地面积 1188.17 平方米
建筑面积 304 平方米

＊ 历史资料图（图源：《关图统鉴——青岛八大关建筑调查与编研书表》）

**建筑概况：**该建筑由建筑师徐垚设计。砖木结构，地上二层，有阁楼和地下室。建筑中轴对称，两翼突出，大倾角折坡屋面与露木贴饰外墙十分醒目，系典型的北欧风格建筑。

**历史概况：**原为金城银行所有，其经理孙汝为请照营造。

＊ 金城银行别墅现貌

# 苏联公民协会旧址

建筑地址：
青岛市市南区韶关路 26 号

建成时间：
1942 年

保护级别：
全国重点文物保护单位

建筑规模：
占地面积 827 平方米
建筑面积 449.36 平方米

＊ 历史资料图（图源：《关图统鉴——青岛八大关建筑调查与编研书表》）

**建筑概况：**该建筑由建筑师王屏藩设计。砖木结构，地上三层，有阁楼。建筑屋面采用不对称多折坡形式，阁楼呈等腰三角形尖塔式，整体造型新奇别致。

**历史概况：**原业主为德国商人白少夫，后让渡与俄侨娅伏丁斯卡娅夫人。1946年 4 月，青岛苏联公民协会在此设立。随着苏联侨民日益减少，1955 年 4 月 18 日，青岛苏联公民协会正式闭会。

＊ 苏联公民协会旧址现貌

# 雷华士别墅

SOUTH-EAST ELEVATION

＊ 历史资料图

建筑地址：
青岛市市南区韶关路 28 号

建成时间：
1937 年

保护级别：
全国重点文物保护单位

建筑规模：
占地面积 1162.2 平方米
建筑面积 236.33 平方米

**建筑概况：** 该建筑由白俄罗斯建筑师穆留金设计。钢骨水泥砖石结构，地上二层，带阁楼。建筑主体为切角双坡顶，东侧接人字坡顶，覆红色板瓦，开矩形老虎窗，檐口设红色护檐板和绿色排水管。花岗岩砌筑勒脚，墙身面层采用砂浆拉毛做法，顶部做多重线脚装饰。主入口在东南立面，四层石阶引至门前，门廊由两根方柱支撑，柱头顶部有弧形装饰，门廊上方为二层露台，露台有花岗岩高脚花盆装饰围栏。西南立面设次入口，门廊为方形封闭空间，顶部露台与主入口样式一样。各立面山墙开半圆形窗。

**历史概况：** 原业主为英国人雷华士。1948 年，这里一度由"青岛要塞司令部"使用。

＊ 雷华士别墅现貌

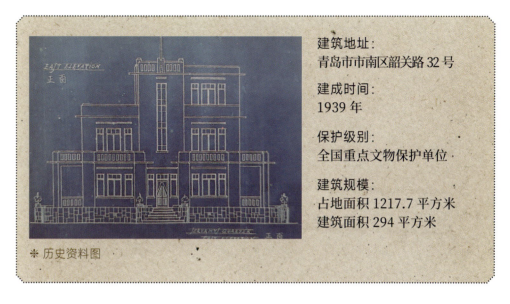

建筑地址：
青岛市市南区韶关路 32 号

建成时间：
1939 年

保护级别：
全国重点文物保护单位

建筑规模：
占地面积 1217.7 平方米
建筑面积 294 平方米

❋ 历史资料图

**建筑概况：** 该建筑由建筑师唐霭如设计。砖石结构，地上三层。建筑主体为平屋顶，周围高起女儿墙，一至三层房屋面积逐级递减，形成多层次退台。墙身采用素面砂浆抹面，利用"点晃晃"手艺进行装饰，花岗岩砌筑勒脚。矩形门窗排列整齐，转角处用竖向白色抹灰线条进行装饰。东立面一层墙体局部弧形，转角为切角，各层有水平向出挑雨棚板，强调水平构图。但中部入口开间，由六层半圆形石阶引入室内，二、三层开竖向通高窄窗，强调垂直构图。

**历史概况：** 历史信息不详。

❋ 韶关路 32 号别墅现貌

# 韶关路49号别墅

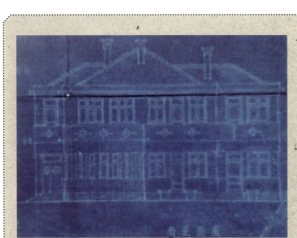

建筑地址：
青岛市市南区韶关路49号

建成时间：
1945 年

保护级别：
全国重点文物保护单位

建筑规模：
占地面积 1294.2 平方米
建筑面积 380.78 平方米

＊历史资料图（图源：《关图统鉴——青岛八大关建筑调查与编研书表》）

　　**建筑概况：**该建筑由建筑师赵子仁、宋子良设计。建筑地上二层，地下一层。立面呈三段式构图，花岗岩砌筑勒脚，墙身采用砂浆抹面，绿色凸出腰线做装饰。各层露台配有瓶状围栏，各矩形窗洞装饰古典绿色的窗套，使整个建筑富有典雅的气息。建筑南立面西南角凸出半圆形体量，东南角退后一个进深，形成锯齿形边界及前后两个入口，用弧形门廊包围和统一。其中，主入口处设开券式门洞，由一对多立克双柱支撑，其余部分用方柱支撑。

　　**历史概况：**该建筑原业主为于立庭。其他历史信息不详。

＊韶关路49号别墅现貌

# 韶关路50号别墅

建筑地址：
青岛市市南区韶关路50号

建成时间：
1934年

保护级别：
全国重点文物保护单位

建筑规模：
占地面积1010.69平方米
建筑面积162平方米

❋ 历史资料图

**建筑概况：** 该建筑由建筑师范维滢设计。砖混结构，地上二层，地下室局部高出地面。中轴对称布局，具现代主义风格特征。外墙勒脚为花岗岩砌筑，墙身采用砂浆抹面，平屋顶，周围高起女儿墙，出挑檐板与遮阳板合并，成为立面主要装饰，局部用多重线脚装饰。东立面两侧转角处切角处理，主入口内凹，由四层石阶入内。二层部分在南侧缩进一个进深，形成退台。竖向矩形窗排列整齐。造型简洁精致。

**历史概况：** 该建筑原业主为番利夏波尔特夫人。其他历史信息不详。

❋ 韶关路 50 号别墅现貌

# 崇德堂别墅

建筑地址：
青岛市市南区太平角二路 12 号

建成时间：
1931 年

保护级别：
全国重点文物保护单位

建筑规模：
占地面积 不详
建筑面积 不详

**建筑概况：** 该建筑为砖木结构，地上二层，局部一层，折中式别墅。

**历史概况：** 原称崇德堂，后转卖与美华地产公司。其他历史信息不详。

※ 崇德堂别墅现貌

# 安藤荣次郎别墅

建筑地址：
青岛市市南区太平角二路3号

建成时间：
1932年

保护级别：
全国重点文物保护单位

建筑规模：
占地面积1984.9平方米
建筑面积 不详

**建筑概况：** 该建筑为砖木结构，地上一层，日本维新式别墅。

**历史概况：** 原业主为青岛取引所理事长安藤荣次郎。其他历史信息不详。

＊ 安藤荣次郎别墅现貌

# 栾宝德与林凤歧别墅

建筑地址：
青岛市市南区太平角二路 4 号

建成时间：
1932 年

保护级别：
全国重点文物保护单位

建筑规模：
占地面积 3616.9 平方米
建筑面积 不详

**建筑概况**：该建筑由建筑师黄佳模设计。砖木结构，地上三层，局部二层，欧式别墅。

**历史概况**：原为时任四方机厂厂长的栾宝德与副厂长林凤歧所共有。

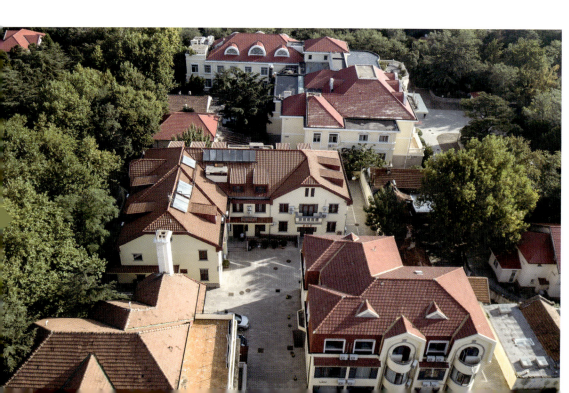

※ 栾宝德与林凤岐别墅现貌

# 朋其明别墅

建筑地址：
青岛市市南区太平角三路 12 号

建成时间：
不详

保护级别：
全国重点文物保护单位

建筑规模：
占地面积 不详
建筑面积 不详

**建筑概况：**该建筑为欧式单层别墅，砖木结构，两坡屋顶，屋顶边缘略微做向上折的处理。

**历史概况：**原业主为外侨朋其明，1940 年后，房屋为俄罗斯商人李池斯基所有。

※ 朋其明别墅现貌

# 赵亨生别墅

建筑地址：
青岛市市南区太平角六路 2 号

建成时间：
1929 年

保护级别：
全国重点文物保护单位

建筑规模：
占地面积 3551.76 方米
建筑面积 不详

建筑概况：该建筑为砖石木结构，地上一层，有地下室及阁楼。建筑外观轮廓线错落有致。

历史概况：原业主为韩拉比。1931 年 9 月，时任宝隆洋行经理的丹麦人赵亨生将此房屋购入名下。同年 11 月，赵亨生出任丹麦驻青岛首任名誉领事，之后两度出任丹麦驻青岛领事。

※ 赵亨生别墅现貌

# 德国驻青岛领事官邸别墅

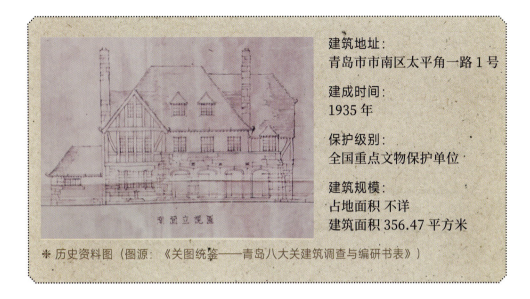

建筑地址：
青岛市市南区太平角一路1号

建成时间：
1935 年

保护级别：
全国重点文物保护单位

建筑规模：
占地面积 不详
建筑面积 356.47 平方米

✳ 历史资料图（图源：《关图统鉴——青岛八大关建筑调查与编研书表》）

**建筑概况：**该建筑由建筑师徐垚设计。主体地上二层，带阁楼，西北角有附属建筑。主体为复折陡坡屋顶，南北坡面分别开设两个并排斜脊老虎窗，均覆红瓦。建筑立面采取三段式构图，一层外墙用粗石砌筑，另有高高耸起的三处大烟囱。南立面一层带有多个连续拱券门洞的开放式门廊，门廊上方宽大露台的护栏也用粗石砌筑，使建筑立面构图更丰富。东、南、北三角形山墙采用半木结构和装饰。

**历史概况：**曾为德国驻青岛领事官邸。1949 年后，长时间作为宾馆使用。

✳ 德国驻青岛领事官邸别墅现貌

# 英国驻青岛领事官邸别墅

建筑地址：
青岛市市南区太平角一路 9 号

建成时间：
1930 年

保护级别：
全国重点文物保护单位

建筑规模：
占地面积 489.57 平方米
建筑面积 211.08 平方米

＊ 历史资料图

**建筑概况**：该建筑由建筑师张新斋设计。砖木结构，地上二层，方形门窗，屋顶为斜面样式，正面屋檐为起伏波浪造型。墙面做木构架处理，基座砌筑花岗岩石，南立面西端有烟囱，四周绿树环绕。

**历史概况**：初为傅道孚私宅，1941 年曾作为英国驻青岛领事高昌禄官邸。1948 年 5 月，罗密阁（美国牧师）取得该处建筑所有权，后由青岛市房管局接管。

＊ 英国驻青岛领事官邸别墅现貌

# 梅维亮别墅

建筑地址：
青岛市市南区太平角三路3号

建成时间：
1932 年

保护级别：
全国重点文物保护单位

建筑规模：
占地面积 不详
建筑面积 470 平方米

**建筑概况：**该建筑由尤力甫主持设计，张少闻设计绘图。砖木结构，地上二层。建筑设计具有现代建筑造型特点，院内有精心设计的园林。

**历史概况：**原业主为胶海关税务司英侨梅维亮。其他历史信息不详。

※ 梅维亮别墅现貌

# 李馥荪别墅

建筑地址：
青岛市市南区太平角四路 8 号

建成时间：
1928 年

保护级别：
全国重点文物保护单位

建筑规模：
占地面积 不详
建筑面积 262 平方米

**建筑概况：**该建筑由尤力甫主持设计，张少闻设计绘图。砖木结构，地上二层。

**历史概况：**原业主为美国传教士毕克。1931 年，转售给银行家李馥荪。

❋ 李馥荪别墅现貌

# 高添多尔别墅

建筑地址：
青岛市市南区太平角五路 2 号

建成时间：
1931 年

保护级别：
全国重点文物保护单位

建筑规模：
占地面积 1542.84 平方米
建筑面积 644 平方米

**建筑概况**：该建筑由日本建筑师小山良树设计。砖石木混合结构，地上二层，建筑带有明显的日本风格。

**历史概况**：原业主为日本人高添多尔。后转与坂井贞一进行增建，增建部分的设计师为松本敦史。

※高添多尔别墅现貌

# 米哈伊洛夫别墅

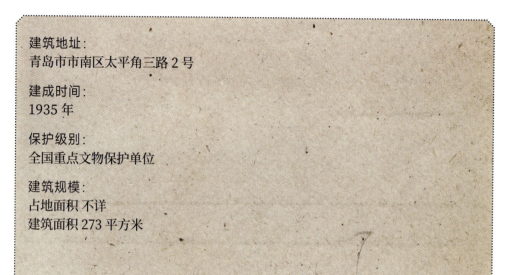

建筑地址：
青岛市市南区太平角三路 2 号

建成时间：
1935 年

保护级别：
全国重点文物保护单位

建筑规模：
占地面积 不详
建筑面积 273 平方米

**建筑概况：** 该建筑由建筑师刘铨法设计。砖木结构，地上二层，二层全部遮蔽于孟莎式屋顶之下。

**历史概况：** 原业主为米哈伊洛夫，曾活跃于以俄侨为骨干的青岛业余交响乐团。其他历史信息不详。

＊米哈伊洛夫别墅现貌

# 孙介别墅

建筑地址：
青岛市市南区太平角五路 4 号

建成时间：
1931 年

保护级别：
全国重点文物保护单位

建筑规模：
占地面积 1900.65 平方米
建筑面积 484 平方米

**建筑概况**：该建筑由白俄罗斯建筑师拉夫林且夫设计，刘耀宸绘图，祥记工厂营造。建筑坡屋顶，砖木结构，地上二层。

**历史概况**：原业主为孙介。原建筑山墙及檐下设计有仿半木装饰，经改建已不存在。

＊
孙介别墅现貌

# 卜杨氏别墅

建筑地址：
青岛市市南区太平角五路 3 号

建成时间：
1929 年

保护级别：
全国重点文物保护单位

建筑规模：
占地面积 3617.56 平方米
建筑面积 不详

**建筑概况**：该建筑为砖木结构，地上二层。

**历史概况**：原业主为上海圣约翰大学美籍教师卜杨氏。

＊卜杨氏别墅现貌

戴世珍别墅

485

建筑地址：
青岛市市南区太平角一路 18 号

建成时间：
1930 年

保护级别：
全国重点文物保护单位

建筑规模：
占地面积 2257.9 平方米
建筑面积 201 平方米

**建筑概况：** 由法国建筑师白纳德设计。建筑砖木结构，地上二层。

**历史概况：** 原业主为美国基督教圣公会牧师戴世珍。

＊戴世珍别墅现貌

# 基督教北美长老会旧址

建筑地址：
青岛市市南区太平角一路 15 号

建成时间：
1931 年

保护级别：
全国重点文物保护单位

建筑规模：
建筑面积 447.44 平方米
占地面积 668.85 平方米

**建筑概况**：该建筑由尤力甫设计。

**历史概况**：原业主为基督教北美长老会牧师芮道明。1946 年至 1943 年 9 月，励志社青岛分社从芮道明处租用该房屋，作为"励志社青岛招待所"使用。1949 年后，该房屋移交给青岛疗养院。1957 年后，疗养院将该房屋拨给交际处（青岛市机关事务管理局前身）作为招待场所使用。

※ 基督教北美长老会旧址现貌

# 梵都森别墅

建筑地址：
青岛市市南区太平角一路 17 号

建成时间：
不详

保护级别：
全国重点文物保护单位

建筑规模：
占地面积 不详
建筑面积 201 平方米

**建筑概况：** 该建筑为砖木结构，地上一层，有环形花园。

**历史概况：** 原业主为美国牧师梵都森。有研究称其建于 1919 年，系太平角现存最早的别墅建筑。

※ 梵都森别墅现貌

# 比利时驻青岛领事馆旧址

建筑地址：
青岛市市南区太平角一路 21 号

建成时间：
1930 年

保护级别：
全国重点文物保护单位

建筑规模：
占地面积 不详
建筑面积 221 平方米

建筑概况：该建筑为砖木结构，地上二层。

历史概况：原业主为美国女牧师希尔恩。1947 年 3 月 6 日，比利时驻青岛领事馆在此办公。

※ 比利时驻青岛领事馆旧址现貌

# 太平角一路23号别墅

建筑地址：
青岛市市南区太平角一路 23 号

建成时间：
1940 年

保护级别：
全国重点文物保护单位

建筑规模：
占地面积 1458.05 平方米
建筑面积 403.06 平方米

**建筑概况：** 该建筑为砖木结构，地上二层。阁楼为三角尖塔式。

**历史概况：** 原业主为一美国人。1949 年后，该房屋移交给青岛疗养院。1957 年后，疗养院将该房屋拨给交际处（青岛市机关事务管理局前身）作为招待场所使用。

※ 太平角一路 23 号别墅现貌

# 太平角一路 27 号乙别墅

建筑地址：
青岛市市南区太平角一路 27 号乙

建成时间：
1930 年

保护级别：
全国重点文物保护单位

建筑规模：
占地面积 849.96 平方米
建筑面积 234.56 平方米

**建筑概况：** 该建筑为砖木结构，地上二层，局部一层。非对称自由立面，穿插式坡顶。

**历史概况：** 历史信息不详。

❋ 太平角一路 27 号乙别墅现貌

# 司美斯别墅

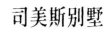

建筑地址：
青岛市市南区太平角一路 29 号

建成时间：
1940 年

保护级别：
全国重点文物保护单位

建筑规模：
占地面积 不详
建筑面积 281 平方米

**建筑概况：**该建筑为砖木结构，地上二层，另有地下室。外墙为船板型水泥墙面，入口大门上做石拱券装饰。

**建筑概况：**原业主为司美斯。1935 年，转归巴黎工业电机厂所有，其经理汉佛乐经常来此避暑。

※ 司美斯别墅现貌

# 沈鸿烈别墅

建筑地址：
青岛市市南区正阳关一支路 7 号

建成时间：
1936 年

保护级别：
全国重点文物保护单位

建筑规模：
占地面积 不详
建筑面积 不详

**建筑概况：** 该建筑为砖石结构，地上三层，红瓦坡屋顶，砖墙外抹灰，转角以交错的花岗岩隅石装饰。

**建筑概况：** 原业主为时任青岛市市长的沈鸿烈，以"胡应持"名义办理房产登记。

＊沈鸿烈别墅现貌

493

# 宋硕别墅

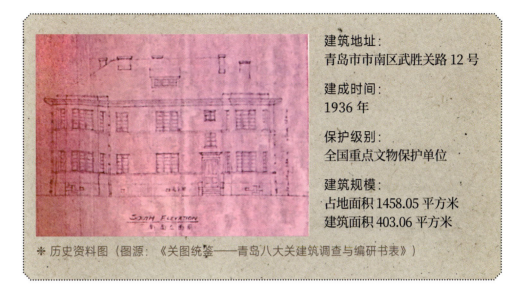

建筑地址：
青岛市市南区武胜关路 12 号

建成时间：
1936 年

保护级别：
全国重点文物保护单位

建筑规模：
占地面积 1458.05 平方米
建筑面积 403.06 平方米

＊ 历史资料图（图源：《关图统鉴——青岛八大关建筑调查与编研书表》）

　　**建筑概况：** 该建筑由尤力甫、关颂声设计。地上二层，砖木结构。外墙勒脚为蘑菇石砌筑，墙身面层采用拉毛做法。建筑主体红瓦四坡屋顶，南坡开设矩形老虎窗，檐口红色木板封边，部分加设深绿色排水槽。南立面两侧开间凸出对称的多边形体量，其顶部起矩形女儿墙高出檐口和屋面。窗户排列整齐、檐部、窗户下沿均有白色装饰线脚，丰富立面层次。

　　**历史概况：** 原业主为宋硕。其他历史信息不详。

＊ 宋硕别墅现貌

# 克立比克依别墅

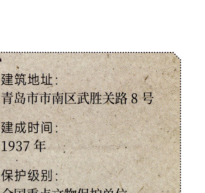

建筑地址：
青岛市市南区武胜关路 8 号

建成时间：
1937 年

保护级别：
全国重点文物保护单位

建筑规模：
占地面积 不详
建筑面积 363 平方米

＊ 历史资料图（图源：《关图统鉴——青岛八大关建筑调查与编研书表》）

　　**建筑概况：** 该建筑由建筑师唐霭如设计。地上三层，砖混结构。墙身采用砂浆抹面，平屋顶，集仿主义风格。南立面西侧设主入口，门前石阶两侧各摆放一只白色宝瓶式护栏。窗户排列整齐，除西立面上有两扇拱形窗外，其余为竖向矩形窗。

　　**历史概况：** 原业主为克立比克依，建设担保人为爱尔恩斯克。

＊ 克立比克依别墅现貌

# 美南浸信会别墅

建筑地址：
青岛市市南区香港西路 26 号

建成时间：
1934 年

保护级别：
全国重点文物保护单位

建筑规模：
占地面积 不详
建筑面积 363 平方米

**建筑概况：** 该建筑由建筑师张少闻和俄国建筑师尤力甫设计。现代风格建筑，东南立面正中楼梯间的设计强调竖向线条。

**历史概况：** 美南浸信会为青岛早期基督教组织，别墅为传教士居所。

※ 美南浸信会别墅现貌

# 挪威驻青岛领事馆旧址

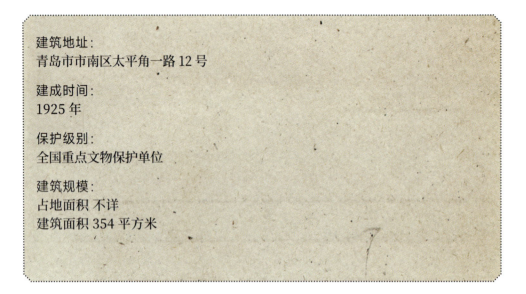

建筑地址：
青岛市市南区太平角一路 12 号

建成时间：
1925 年

保护级别：
全国重点文物保护单位

建筑规模：
占地面积 不详
建筑面积 354 平方米

**建筑概况：**该建筑为砖石结构，地上二层，红瓦坡对称式屋顶，砖墙外抹灰，立面设条形矩形窗。

**历史概况：**该建筑原业主为美国长老会牧师卜有存。1938 年和 1948 年，挪威驻青岛领事馆曾两度迁入此楼办公。1948 年 11 月，芬兰驻青岛领事馆亦曾迁至此楼办公。1987 年房屋有所改建。

※ 挪威驻青岛领事馆旧址现貌

# 周志俊别墅

建筑地址：
青岛市市南区香港西路 40 号

建成时间：
1931 年

保护级别：
全国重点文物保护单位

建筑规模：
占地面积约 200 平方米
建筑面积 243.11 平方米

**建筑概况：**该建筑由尤力甫设计。砖石结构，地上二层，局部一层。一层的建筑材料为方形花岗岩，西边为二层，坡屋顶。

**历史概况：**原业主为华新纱厂总经理周志俊，以其化名"周明父"名义请照建造。

※ 周志俊别墅现貌

# 卢树芬别墅

建筑地址：
青岛市市南区区香港西路 8 号

建成时间：
1936 年

保护级别：
全国重点文物保护单位

建筑规模：
占地面积 不详
建筑面积约 300 平方米

**建筑概况：** 该建筑由马腾建筑工程司建筑师苏夏轩设计，申泰营造厂施工。该建筑地上二层，局部一层，屋顶设大露台。

**历史概况：** 原业主为兴业地产公司卢树芬。

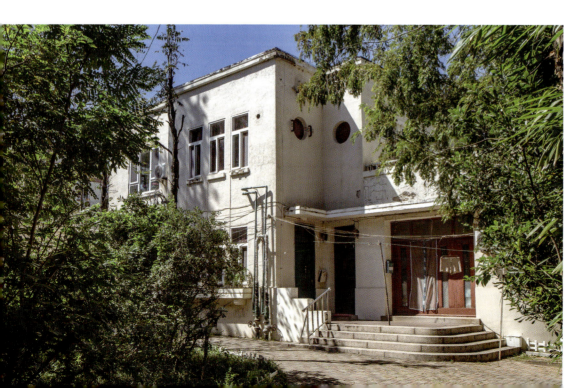

※ 卢树芬别墅现貌

建筑地址：
青岛市市南区湛山二路 1 号

建成时间：
1931 年

保护级别：
全国重点文物保护单位

建筑规模：
占地面积 不详
建筑面积 408 平方米

**建筑概况：** 该建筑由日本建筑师大西久雄设计。建筑高二层，有地下室及附属建筑，石材砌筑墙体，木屋架。

**历史概况：** 原业主为英国人魏希德。1935 年转让给英国人贺清，在原楼房东面增建，形成联体别墅。增建部分由唐霭如设计。

※ 魏希德别墅现貌

# 湛山二路 16 号别墅

建筑地址：
青岛市市南区湛山二路 16 号

建成时间：
1932 年

保护级别：
全国重点文物保护单位

建筑规模：
占地面积 不详
建筑面积 不详

**建筑概况**：该建筑由拉夫林且夫设计，祥记工厂施工。错落式屋顶，立面富于变化。

**历史概况**：原业主为孙介，其他历史信息不详。

＊湛山二路 16 号别墅现貌

# 湛山二路2号甲别墅

建筑地址：
青岛市市南区湛山二路 2 号甲

建成时间：
1931 年

保护级别：
全国重点文物保护单位

建筑规模：
占地面积 2100.72 平方米
建筑面积 656.92 平方米

**建筑概况：** 该建筑由德国建筑师哈林斯设计。

**历史概况：** 原业主为谭育普。谭育普曾创办青岛青年中学，在青岛举办英文培训，倡导寓教于乐的教学方式。1993 年，由使用单位在原建筑西侧进行了扩建。

湛山二路 2 号甲别墅现貌

建筑地址：
青岛市市南区湛山二路4号

建成时间：
1947年

保护级别：
全国重点文物保护单位

建筑规模：
占地面积 不详
建筑面积 80.71平方米

建筑概况：该建筑为一层日式平顶建筑。

历史概况：1949年后一直由青岛市机关事务管理局管理使用。其他历史信息不详。

※ 湛山二路4号别墅现貌

# 杜兴别墅

建筑地址：
青岛市市南区湛山路 3 号

建成时间：
1943 年

保护级别：
全国重点文物保护单位

建筑规模：
占地面积 不详
建筑面积 不详

**建筑概况**：该建筑由翟德尔设计。建筑为砖木结构，高二层，朝向东南面的正立面有两个缓坡复折屋顶的山墙面，山墙下面是二层露台的栏杆。

**历史概况**：早期业主为杜兴，其他历史信息不详。

※ 杜兴别墅现貌

建筑地址：
青岛市市南区湛山二路2号

建成时间：
1932 年

保护级别：
全国重点文物保护单位

建筑规模：
占地面积 不详
建筑面积 375.34 平方米

**建筑概况：** 该建筑为二层欧式建筑，四面乳白色墙体高耸直立，体现出哥特式建筑风格，波浪面墙体较有特色。

**历史概况：** 1940 年为英国商人伦纳德的居所，其他历史信息不详。

※ 湛山二路2号别墅现貌

# 柯福满夫人别墅

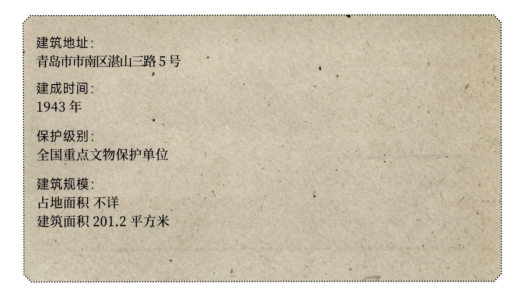

建筑地址：
青岛市市南区湛山三路 5 号

建成时间：
1943 年

保护级别：
全国重点文物保护单位

建筑规模：
占地面积 不详
建筑面积 201.2 平方米

**建筑概况：**该建筑为砖木结构，地上二层，四坡红瓦屋顶，墙体底部以花岗岩砌筑基座，一、二层间的墙面有雉堞式纹饰。

**历史概况：**原业主为柯福满夫人，其他历史信息不详。

※ 柯福满夫人别墅现貌

# 王民生别墅

建筑地址：
青岛市市南区湛山三路 2 号

建成时间：
1928 年

保护级别：
全国重点文物保护单位

建筑规模：
占地面积 1922.78 平方米
建筑面积 208.74 平方米

　　**建筑概况**：该建筑为砖木结构，地上二层，多折坡红瓦屋顶，主入口二层开大拱窗。

　　**历史概况**：原为王民生私人别墅。初建时为一层，后加建为地上二层。

※ 王民生别墅现貌

# 湛山三路16号别墅

建筑地址：
青岛市市南区湛山三路 16 号

建成时间：
1943 年

保护级别：
全国重点文物保护单位

建筑规模：
占地面积 不详
建筑面积 不详

**建筑概况：** 该建筑为砖木结构，四坡屋顶，入口设在湛山三路与太平角三路交叉口的街角，入口向前突出，设有一个弧形薄壳雨棚，上设一面上方中部略微凸起的矩形山墙。

**历史概况：** 历史信息不详。

＊湛山三路 16 号别墅现貌

# 赵亨生别墅

建筑地址：
青岛市市南区湛山三路 12 号

建成时间：
1932 年

保护级别：
全国重点文物保护单位

建筑规模：
占地面积 不详
建筑面积 454 平方米

**建筑概况：** 该建筑由法国建筑师白纳德与白俄罗斯建筑师尤力甫设计。

**历史概况：** 原业主为曾任丹麦驻青岛领事赵亨生。

＊赵亨生别墅现貌

# 海格门别墅

建筑地址：
青岛市市南区湛山四路 1 号甲

建成时间：
1930 年

保护级别：
全国重点文物保护单位

建筑规模：
占地面积 不详
建筑面积 225 平方米

　　**建筑概况：**该建筑由德记营造厂的建筑师白纳德设计，并由德记营造厂施工。建筑砖木结构，地上二层，入口设计为突出的门廊，覆盖着两坡顶，门洞上方是石砌的拱券，并装饰有拱心石。

　　**历史概况：**原业主为海格门，其他历史信息不详。

＊海格门别墅现貌

# 湛山三路6号别墅

建筑地址：
青岛市市南区湛山三路6号

建成时间：
1941年

保护级别：
全国重点文物保护单位

建筑规模：
占地面积865.12平方米
建筑面积108.88平方米

**建筑概况**：该建筑为砖木结构，地上一层，红瓦折坡大屋顶，屋顶中心开有气窗，主入口立面左右对称布局。

**历史概况**：历史信息不详。

＊ 湛山三路6号别墅现貌

建筑地址：
青岛市市南区湛山四路 3 号

建成时间：
不详

保护级别：
全国重点文物保护单位

建筑规模：
占地面积 不详
建筑面积 356.75 平方米

**建筑概况**：该建筑为砖木结构，地上二层，多折坡红瓦屋顶，墙体底部以花岗石砌筑墙基，外墙转角砌花岗石作为装饰，入口处挑方形立柱。

**历史概况**：1945 年，业主为德侨路德罗夫。其他历史信息不详。

❋ 路德罗夫别墅现貌

# 魏德凯别墅

建筑地址：
青岛市市南区湛山四路 1 号乙

建成时间：
1941 年

保护级别：
全国重点文物保护单位

建筑规模：
占地面积 不详
建筑面积 230 平方米

**建筑概况**：该建筑由德记营造厂建筑师白纳德设计，并由德记营造厂施工。别墅砖木结构，地上二层，法式孟莎屋顶，屋面在其折坡的位置断开，形成上面的屋顶外檐遮盖住下面折坡部分的效果。

**历史概况**：原业主为魏德凯，后来转让与匈牙利工程师阿窦严。

＊魏德凯别墅现貌

# 白纳德别墅

建筑地址：
青岛市市南区湛山五路 6 号

建成时间：
1929 年

保护级别：
全国重点文物保护单位

建筑规模：
占地面积 不详
建筑面积 265 平方米

**建筑概况：** 该建筑由法国建筑师白纳德设计。面向大海的主立面构图丰富，墙角成弧形，与檐角形成对比，体现了圆融的设计思想。室内装饰多用实木，混合有东方和巴洛克艺术情调。

**历史概况：** 原业主为白纳德。

※ 白纳德别墅现貌

# 巴约翰别墅

建筑地址：
青岛市市南区湛山四路 7 号甲

建成时间：
1928 年

保护级别：
全国重点文物保护单位

建筑规模：
占地面积 不详
建筑面积 330 平方米

**建筑概况：** 该建筑为砖木结构，地上二层。别墅朝向街面的立面两侧为向前突出的山墙，上面覆盖缓坡的两坡屋顶，中间部分略后退，首层设入口，二层为三座并联的竖条窗，上面为半圆弧的拱窗，拱窗的轮廓用突出的白边装饰。

**历史概况：** 原业主为英商巴约翰，其他历史信息不详。

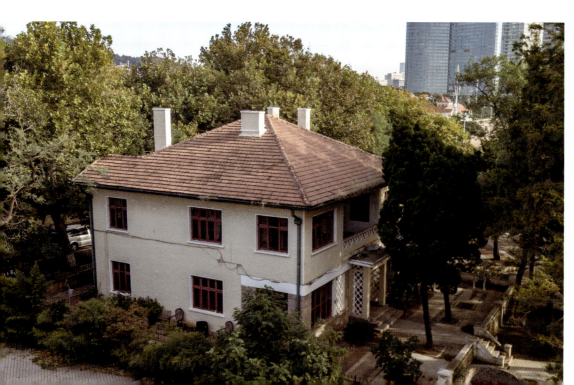

＊ 巴约翰别墅现貌

# 凯密伦别墅

建筑地址：
青岛市市南区湛山一路2号甲

建成时间：
1928年

保护级别：
全国重点文物保护单位

建筑规模：
占地面积 不详
建筑面积 208.15平方米

**建筑概况：** 该建筑为砖木结构，地上二层，多面组合式屋顶，二、三层开设矩形大飘窗。

**历史概况：** 原业主为美国商人凯密伦，其他历史信息不详。

＊凯密伦别墅现貌

# 杜华德别墅

建筑地址：
青岛市市南区湛山一路 2 号丙

建成时间：
1925 年

保护级别：
全国重点文物保护单位

建筑规模：
占地面积 不详
建筑面积 644.18 平方米

**建筑概况：** 该建筑由德国建筑师李希德设计。欧式别墅，砖木结构，地上一层，有地下室和阁楼。

**历史概况：** 原业主为美国浸信会牧师杜华德，其他历史信息不详。

※ 杜华德别墅现貌

# 湛山一路3号别墅

建筑地址：
青岛市市南区湛山一路3号

建成时间：
1928年

保护级别：
全国重点文物保护单位

建筑规模：
占地面积1265平方米
建筑面积180平方米

**建筑概况：** 该建筑为砖木结构，平面呈不规则形，立面花岗岩石砌筑墙基至窗台，外墙打毛刷白色涂料，红瓦坡屋顶。石砌筑墙基至入口平台，红瓦坡屋顶，入口西北向，两级台阶，台阶和平台都用彩色乱石铺成。

**历史概况：** 历史信息不详。

※ 湛山一路3号别墅现貌

# 湛山一路5号别墅

建筑地址：
青岛市市南区湛山一路5号

建成时间：
1926年

保护级别：
全国重点文物保护单位

建筑规模：
占地面积 不详
建筑面积 157.85平方米

**建筑概况：** 该建筑由德国建筑师李希德设计。地上一层，局部有阁楼，有半地下室，石砌筑墙基至入口平台，外墙打毛刷浅色涂料，白色木质窗，东、南各有一入口，东、西两侧还各有两个校门，由此可进入地下室。一栋砖混结构，石砌筑墙基至入口平台，外墙打毛刷深黄色涂料，红瓦坡屋顶，北面有两个入口，西侧有楼梯直通二楼。

**历史概况：** 原业主为美国浸信会牧师杜华德。1947年，此房屋让渡与苏联公民协会，设为苏联公民俱乐部。

＊湛山一路5号别墅现貌

# 安顺堂别墅

建筑地址：
青岛市市南区紫荆关路 11 号

建成时间：
1933 年

保护级别：
全国重点文物保护单位

建筑规模：
占地面积 不详
建筑面积 566 平方米

**建筑概况：**该建筑由白俄罗斯建筑师拉夫林且夫设计。砖石结构，地上二层，有阁楼与地下室。建筑为坡屋顶，正面朝北，设有半圆形平面的门前柱廊，上为镂空女儿墙围成的半圆形露台，东北、西北角各设一个带攒尖屋顶的亭子。建筑门、窗窗棂采取模拟自然界植物曲线的造型，侧面墙基上高起的窗座装饰采用碎石板，营造出曲线的造型。

**历史概况：**原业主为安顺堂。目前建筑历经较多改建，原设计中的许多细部特征均已丧失。

※ 安顺堂别墅现貌

# 紫荆关路6号别墅

建筑地址：
青岛市市南区紫荆关路6号

建成时间：
1940年

保护级别：
全国重点文物保护单位

建筑规模：
占地面积　不详
建筑面积　不详

**建筑概况**：该建筑为砖木结构，地上一层，多折式红瓦屋顶，墙体底部以花岗石砌筑墙基，立面呈椭圆体块与方形体块拼接。

**历史概况**：历史信息不详。

※ 紫荆关路6号别墅现貌

# 阿尔宾斯基别墅

建筑地址：
青岛市市南区正阳关路 6 号

建成时间：
1934 年

保护级别：
全国重点文物保护单位

建筑规模：
占地面积 1352.64 平方米
建筑面积 566 平方米

**建筑概况：** 该建筑为砖石结构，地上二层，有阁楼。建筑位于正阳关路和荣成路交叉口的一个高地上，建筑设在庭院前方，起到空间统领的作用。

**历史概况：** 原业主为法国造纸工程师阿尔宾斯基。1949 年，他曾非正式代理法国驻青岛领事事务。

※ 阿尔宾斯基别墅现貌

# 秦福君堂别墅

建筑地址：
青岛市市南区正阳关路8号

建成时间：
1940年

保护级别：
全国重点文物保护单位

建筑规模：
占地面积1549.05平方米
建筑面积361.1平方米

※ 历史资料图（图源：《关图统鉴——青岛八大关建筑调查与编研书表》）

**建筑概况**：该建筑由建筑工程师刘耀宸设计。地上二层，平面呈不规则形。建筑屋顶主体为四坡顶，红色瓦面铺装。建筑外墙墙身为淡黄色素面砂浆饰面，加设横向线条装饰，勒脚为花岗岩砌筑。建筑南立面正门上方的山墙最为凸出，山墙上有三个并排菱形的花纹装饰。东侧二楼有圆弧露台，配有绿色铁艺围栏。西南拐角从一楼至顶部均呈弧形设计，给建筑增添别致感。西立面凸出体块顶部开设圆形小窗，墙面加设长条装饰。

**历史概况**：由李定丰代表秦福君堂请照建设。

※ 秦福君堂别墅现貌

# 正阳关路10号别墅

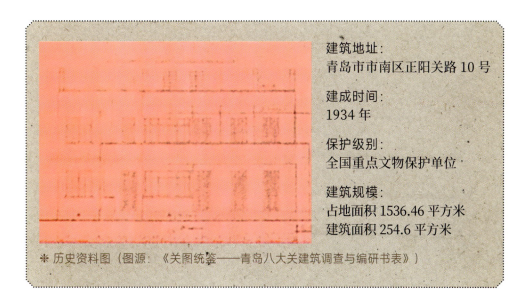

建筑地址：
青岛市市南区正阳关路10号

建成时间：
1934年

保护级别：
全国重点文物保护单位

建筑规模：
占地面积1536.46平方米
建筑面积254.6平方米

＊历史资料图（图源：《关图统鉴——青岛八大关建筑调查与编研书表》）

**建筑概况：** 该建筑地上二层，平屋顶，顶部中间部分为三层，具有现代主义风格特征。建筑平面近似"L"形，外墙勒脚为花岗岩砌筑，墙身采用砂浆洒毛灰饰面。入口处一道单墙支起门廊，门前有数级石阶。南立面东拐角呈弧形设计，南北立面均有水平条状长窗，尤其北立面有通高竖向窗。

**历史概况：** 历史信息不详。

＊正阳关路10号别墅现貌

# 墨香堂别墅

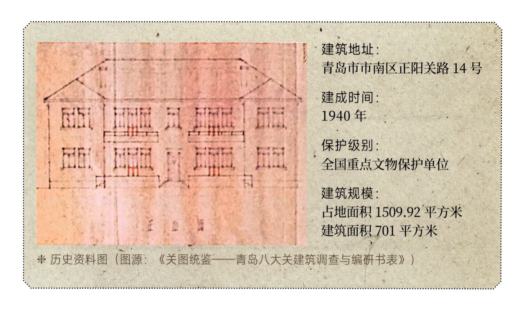

建筑地址：
青岛市市南区正阳关路 14 号

建成时间：
1940 年

保护级别：
全国重点文物保护单位

建筑规模：
占地面积 1509.92 平方米
建筑面积 701 平方米

＊ 历史资料图（图源：《关图统鉴——青岛八大关建筑调查与编研书表》）

　　**建筑概况：** 该建筑由建筑师毕锦文设计，创新营造厂施工。砖木结构，地上二层，平面呈中轴对称，具有新艺术风格特征。建筑屋顶为四坡顶，北侧中部略有外凸，南侧两端略向南外凸。建筑外墙面为浅色洒毛灰，勒脚为花岗岩砌筑。建筑南立面开设主入口，拱形门洞采用花岗岩门套。主入口两侧一、二层均设露台，凸出建筑两端墙面，露台做弧形倒角，砌筑围墙，二层露台悬挑，围墙上加设白色铁艺栏杆。

　　**历史概况：** 历史信息不详。

＊ 墨香堂别墅现貌

# 王守成别墅

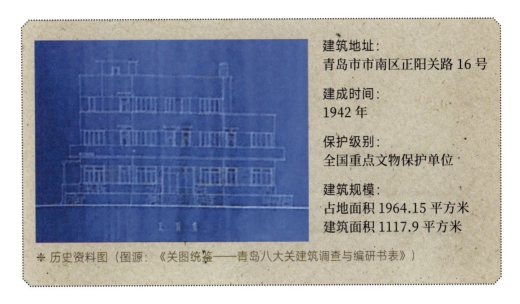

建筑地址：
青岛市市南区正阳关路 16 号

建成时间：
1942 年

保护级别：
全国重点文物保护单位

建筑规模：
占地面积 1964.15 平方米
建筑面积 1117.9 平方米

※ 历史资料图（图源：《关图统鉴——青岛八大关建筑调查与编研书表》）

**建筑概况：** 该建筑为砖石结构，主体楼地上三层，西侧顶部加建一层，屋顶均为平屋顶，设有多个烟囱。建筑平面呈不规则形，外墙墙身为素面砂浆抹面，勒脚和窗台板均为花岗岩砌筑。南立面中轴对称，中部三开间凸出，中间开设主入口，二层悬挑通廊式露台兼做一层门廊和雨棚，加设白色铁艺栏杆，强调了横向线条。

**历史概况：** 历史信息不详。

※ 王守成别墅现貌

# 卞正庭别墅

建筑地址：
青岛市市南区正阳关路 18 号

建成时间：
1943 年

保护级别：
全国重点文物保护单位

建筑规模：
占地面积 1242.13 平方米
建筑面积 250 平方米

＊ 历史资料图（图源：《关图统鉴——青岛八大关建筑调查与编研书表》）

　　**建筑概况：** 该建筑由俄国建筑师帕士阔夫设计，并担任监理施工。主体高一层，中间凸出主体四坡屋面形成阁楼层，阁楼层屋顶为东西向双坡屋顶，南北两端为山墙面，均采用红色瓦面铺装。建筑外墙面采用素面砂浆，勒脚为花岗岩砌筑，建筑转角均有链式隅石装饰。搭设现代红色彩钢瓦。北立面山墙二层开设门联窗，洞口上都整体起券，使用楔形拱心石装饰，东西两侧一层建筑窗平拱及薄壁柱样窗套。

　　**历史概况：** 原业主为卞正庭。

＊ 卞正庭别墅现貌

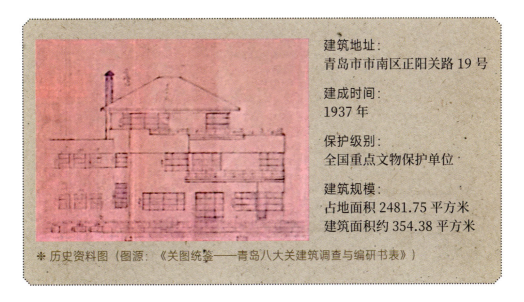

# 吴云巢别墅

建筑地址:
青岛市市南区正阳关路 19 号

建成时间:
1937 年

保护级别:
全国重点文物保护单位

建筑规模:
占地面积 2481.75 平方米
建筑面积约 354.38 平方米

※ 历史资料图（图源:《关图统鉴——青岛八大关建筑调查与编研书表》）

**建筑概况:** 该建筑由尤力甫设计。建筑高二至三层，局部设地下室。平面呈不规则形。三层屋顶为四坡顶，采用红瓦面铺装，二层建筑为平屋顶，加设女儿墙，部分铺设黑色防水材料，部分布置机械设备。建筑外墙面为浅色洒毛灰，勒脚为石材贴面，檐口凸出横向白色装饰条。东立面北侧设主入口，门廊用圆形柱支撑，上部檐口加设齿状装饰物，铺设现代红色彩钢瓦，南侧墙面窗口上部设白色拱形装饰灰塑，白色窗台有多道线脚。建筑北立面中部呈弧形外凸，门廊为 1983 年加建。建筑南部加建二层建筑，东立面开设主入口，两侧圆形柱用来支撑门厅。窗台下部牛腿状构件既发挥支撑作用又兼具装饰效果，丰富了建筑立面。

**历史概况:** 原业主为曾在北京大学教授法文的吴云巢（吴郁生之子）。

※ 吴云巢别墅现貌

# 坡濮别墅

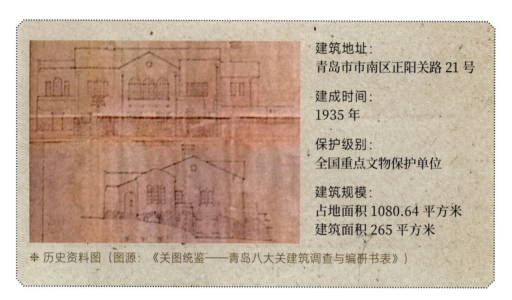

建筑地址：
青岛市市南区正阳关路 21 号

建成时间：
1935 年

保护级别：
全国重点文物保护单位

建筑规模：
占地面积 1080.64 平方米
建筑面积 265 平方米

＊ 历史资料图（图源：《关图统鉴——青岛八大关建筑调查与编研书表》）

**建筑概况：** 该建筑由尤力甫设计。地上一层，设有地下室，在南面露出地面。平面呈不规则形，具西班牙民居风格特征。建筑主体屋顶为双坡，外凸部分也均为双坡，屋顶采用红瓦面铺装。建筑外墙面层为素面砂浆，抹灰结束后刮出竖向长条纹路，使得墙面更有质感，蘑菇石砌筑勒脚并延伸至地下室窗洞中部。建筑南立面中部外凸墙面开设三个并排的圆拱窗，西侧有一小窗台，采用绿色铸铁曲线形栏杆。东侧地下层做弧形外凸，一层设露台，砌筑围墙，弧形旋转楼梯连接地面与地上一层。建筑东立面一层南侧开设主入口，门洞顶部起券。东立面一层北侧也有出入口，使用直跑楼梯连接地面。

**历史概况：** 原业主为丹麦机师坡濮，以锦升记名义请照建造。

＊ 坡濮别墅现貌

# 王元弟别墅

建筑地址：
青岛市市南区正阳关路 33 号

建成时间：
1941 年

保护级别：
全国重点文物保护单位

建筑规模：
占地面积 1404.2 平方米
建筑面积约 964 平方米

✳ 历史资料图（图源：《关图统鉴——青岛八大关建筑调查与编研书表》）

**建筑概况：** 该建筑由德国建筑师毕娄哈设计。地上二层，砖混结构，建筑平面东西长，南北窄，对称布局，坡屋顶。

**历史概况：** 原业主为王元弟。

✳ 王元弟别墅现貌

# 车尔尼果瓦别墅

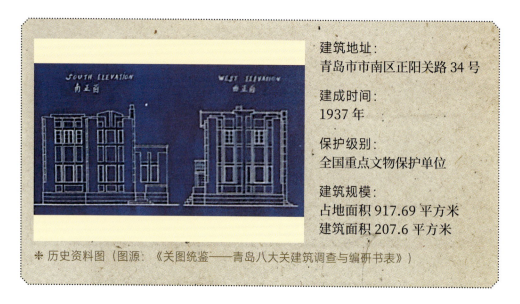

建筑地址：
青岛市市南区正阳关路 34 号

建成时间：
1937 年

保护级别：
全国重点文物保护单位

建筑规模：
占地面积 917.69 平方米
建筑面积 207.6 平方米

＊ 历史资料图（图源：《关图统鉴——青岛八大关建筑调查与编研书表》）

**建筑概况：**该建筑由建筑师拉夫林且夫、唐霭如设计。建筑主体二层，平面近似矩形，外墙面层为素面砂浆。建筑主体屋顶为两个双坡屋顶呈"T"字形交接，屋脊高度一致，均采用红瓦面铺装。建筑东部接平屋顶，铺设黑色防水材料，背部设双跑楼梯。建筑南立面西侧女儿墙高度一致，东侧女儿墙为阶梯状。南立面和西立面窗间墙做竖向长条状装饰缝，拐角处设横向线条装饰缝。

**历史概况：**原业主为车尔尼果瓦，其他历史信息不详。

＊车尔尼果瓦别墅现貌

# 义聚合钱庄别墅

531

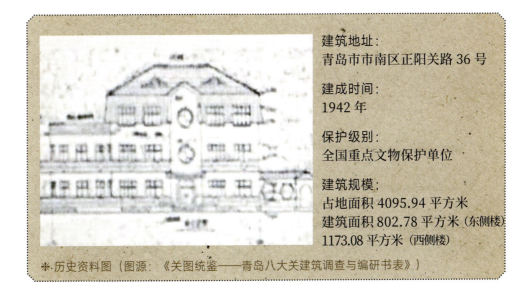

建筑地址：
青岛市市南区正阳关路 36 号

建成时间：
1942 年

保护级别：
全国重点文物保护单位

建筑规模：
占地面积 4095.94 平方米
建筑面积 802.78 平方米（东侧楼）
1173.08 平方米（西侧楼）

❉·历史资料图（图源：《关图统鉴——青岛八大关建筑调查与编研书表》）

　　**建筑概况：**该建筑由建筑师赵吟棣、赵诗麟、赵子仁设计。砖混结构，地上三层。庭院较大，建筑居于庭院中心偏后方，为一正方体和一变形长方体的组合。正方体是建筑主要部分，三层，红坡折线屋顶，中轴对称，主入口外凸，采用圆形窗以强化轴线突出主入口。二层为变形长方体，平屋顶，依附于三层建筑西侧，变形部分采用半圆形墙面。

　　**历史概况：**原业主为义聚合钱庄，请照建设者为其副经理王艿斋。

❉ 义聚合钱庄别墅现貌

# 正阳关路39号别墅

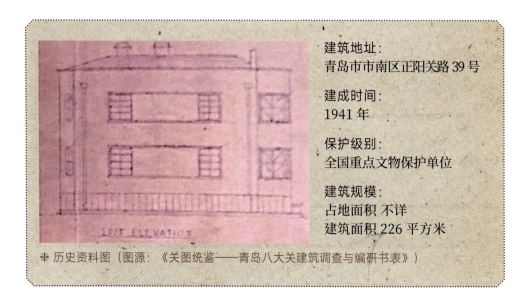

建筑地址：
青岛市市南区正阳关路 39 号

建成时间：
1941 年

保护级别：
全国重点文物保护单位

建筑规模：
占地面积 不详
建筑面积 226 平方米

＊ 历史资料图（图源：《关图统鉴——青岛八大关建筑调查与编研书表》）

**建筑概况：** 该建筑地上二层，局部设地下室，具有现代主义风格特征。屋顶主体为四坡顶，采用红瓦面铺装。建筑东北角向北呈弧形外凸，建筑东南角向南矩形外凸，均为平屋顶，建筑外墙为素面砂浆抹面，勒脚为花岗岩砌筑，部分墙面加设白色横向线脚装饰。建筑北立面中间开设主入口，门洞上部起类似伊斯兰建筑风格的三叶型券，加设铁艺曲线形装饰物。

**历史概况：** 原业主为爱高际。

＊正阳关路 39 号别墅现貌

# 谭骏声别墅

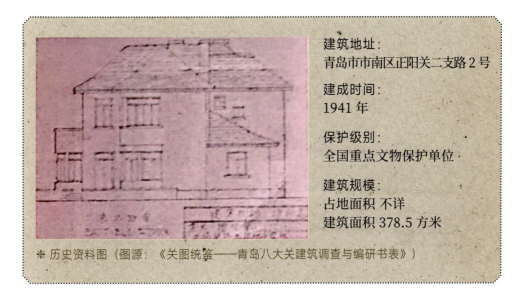

建筑地址：
青岛市市南区正阳关二支路2号

建成时间：
1941 年

保护级别：
全国重点文物保护单位

建筑规模：
占地面积 不详
建筑面积 378.5 方米

✳ 历史资料图（图源：《关图统鉴——青岛八大关建筑调查与编研书表》）

**建筑概况：** 该建筑由音乐家谭抒真设计。建筑主体为三层，东西两侧均依次接二层和一层。屋顶为四坡顶，东北角向北外凸接三坡顶，采用红瓦面铺装。建筑外墙为素面砂浆抹面，勒脚被抹灰覆盖。建筑南立面主体建筑一至三层呈弧形外凸，第三层原设计为露台。二层山墙上开设拱形窗。

**历史概况：** 原业主为谭骏声。1942 年后，此楼让渡与意大利人克法理洛。

✳ 谭骏声别墅现貌

其他
街区历史建筑

# 青岛特别高等专门学堂旧址

建筑地址：
青岛市市南区朝城路 4 号

建成时间：
1909 年

保护级别：
全国重点文物保护单位

建筑规模：
占地面积 53776.5 平方米
建筑面积 不详

❋ 历史资料图（图源：德国巴伐利亚州立图书馆）

**建筑概况：**青岛特别高等专门学堂（德华大学）的南立面，主入口处稍加强调重复的光面花岗岩窗框使建筑在轴线上显现出富有韵律的节奏感，被强调的体块结构也使建筑显得十分紧凑。礼堂和图书馆设于教学楼的后方，之间有廊连接。礼堂的圆顶山墙为典型的青年派风格。校区北侧是两幢带内院的学生寄宿公寓，东侧还设有实习工厂和供德籍教师使用的服务楼和住宅。

**历史概况：**自 1905 年起，德国政府开始调整对华文化策略，并积极着手筹措办学。1909 年 10 月 25 日，中德合办的大学以"青岛特别高等专门学堂"的名义正式开学，当年就有 80 名学生入学。学堂的学制分预科和本科，预科为 5 年，是以德语为主的前期教育。进入本科阶段，设有 4 个专业：法律、自然工程、医学和农林，学习 6 个学期，经考试合格后即可毕业。1913—1914 年，已有学生 400 人，以及 15 名专 / 兼职的德国教师和 7 名中国教师。1914 年 8 月，学校被迫停办，未能毕业的学生后转往上海同济工学堂和医学堂就读。"日据"青岛后，守备军司令部设山东铁道管理部于此。1922 年 12 月，中国接收青岛主权后，在此设立胶济铁路管理局。1949 年后，该建筑为济南铁路局青岛分局。现为济南铁路局青岛车务段、济南铁路公安局青岛铁路公安处、青岛铁路经营集团有限公司等单位使用。

537

＊青岛特别高等专门学堂旧址现貌

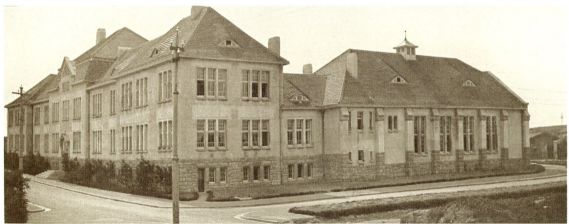

＊20 世纪初，青岛特别高等专门学堂全貌

# 车站饭店旧址

✳ 历史资料图（图源：历史明信片）

**建筑地址：**
青岛市市南区兰山路 28 号

**建成时间：**
1902 年

**保护级别：**
市南区一般不可移动文物

**建筑规模：**
占地面积 3455 平方米
建筑面积 2406.82 平方米

**建筑概况：** 该建筑地上二层，局部三层，附带塔楼与地下室。建筑立面以花岗石砌筑基座，建筑西北转角处，嵌入一座附带风向标的巴洛克式八角塔楼，塔楼下方三面外墙等距设置三组双联窗，塔楼与火车站钟楼形成绝佳的对景。两侧山墙顶部设三角形山花，中轴处的装饰性圆窗、双联拱形竖窗，以及山墙边缘的涡卷纹饰，均体现出巴洛克风格。

**历史概况：** 该建筑初为德国商人所有，后业主为胶州籍商人柴瑞舟（名维桢，字瑞舟、瑞周）。该建筑塔楼下方、面向街角的部分用于对外出租开设餐厅。1914年"日据"青岛时期，该楼出租给日本侨民。1927 年，柴瑞舟在一次公开竞拍中，将该房产售与他人。1949 年后，该楼收归国有。20 世纪 50 年代，该建筑改为铁路职工宿舍。1988 年青岛火车站改建工程开始后，火车站老楼及周边街区被陆续拆除，车站饭店旧址成为兰山路上唯一保存至今的"德租"时期建筑。

539

＊ 车站饭店旧址现貌

＊ 20 世纪初，车站饭店

建筑地址：
青岛市市南区观城路 65 号

建成时间：
1904 年

保护级别：
青岛市文物保护单位

建筑规模：
占地面积 7078.1 平方米
建筑面积 1623.71 平方米

﹡历史资料图（图源：维基百科）

**建筑概况**：督署屠宰局旧址现存办公楼地上二层，附设半地下室和红瓦坡屋顶阁楼，主入口位于东侧，南侧设次入口。外立面对称布局，南、北立面二层檐口处起四面山墙，以木制桁架装饰，同时在墙基、墙角及门窗框装饰有花岗岩，临街正立面有石砌拱形敞廊及木制敞廊。屠宰局主楼平面呈"山"字形，外墙为砖木结构，车间采用工字钢柱形式，花岗岩砌筑墙基座，红瓦坡顶，墙面有花岗岩砌门窗套，山墙上以花岗岩组成仿桁架形式，位于中央的水塔为四坡尖顶塔楼。

**历史概况**：1904 年 3 月，胶澳督署投资 70 万金马克建设屠宰场。"日据"青岛后，督署屠宰局称为青岛屠牛场或青岛屠兽场。1922 年 12 月青岛回归后，屠宰场由中国政府接收，改名为"胶澳商埠宰畜公司"。1945 年 8 月日本投降后，南京国民政府接收屠宰场，更名为"青岛畜产股份有限公司"。1949 年后，改名为"青岛屠宰场"。1953 年 4 月改属中国食品出口公司青岛分公司。1957 年 7 月改称青岛肉类加工厂，隶属青岛市商业局。1971 年，改名为"青岛肉类联合加工厂"。1990 年，原主厂房被拆除。

＊ 督署屠宰局旧址

＊ 20 世纪初，督署屠宰局

# 哈利洋行海水泵站旧址

建筑地址：
青岛市市南区太平路 12 号

建成时间：
1901 年

保护级别：
传统风貌建筑

建筑规模：
占地面积 不详
建筑面积 不详

＊ 历史资料图（图源：维基百科）

**建筑概况：** 该建筑为地上一层，花岗岩砌筑墙基，双坡屋顶，西面设一尖顶塔楼，塔楼下设有长条窗。

**历史概况：** 哈利洋行商人普拉姆贝克从烟台到达青岛后，在 1898 年 9 月 2 日开始的第一轮土地拍卖中买下总兵衙门后侧的一片土地，并建设了一座临时平房，用于开设百货店、仓储、居住。后来，普拉姆贝克又在栈桥西侧，霍亨索伦街（今兰山路）与汉堡街（今河南路南段）路口西北角购地，并建设了一座营业、办公兼居住的综合楼，并在今太平路河南路路口南侧、今栈桥公园内建设一座海水泵站。1901 年 3 月 1 日竣工。该楼至 20 世纪后半叶仍作为泵站使用，现已改作他用。

＊ 哈利洋行海水泵站旧址现貌

# 礼和洋行青岛分行旧址

建筑地址：
青岛市市南区太平路 41 号

建成时间：
1900 年

保护级别：
市南区一般不可移动文物

建筑规模：
占地面积 963.71 平方米
建筑面积 1513 平方米

＊ 历史资料图（图源：多伦多大学 - 罗巴特图书馆）

**建筑概况：** 该建筑为地上二层，带有地下室和阁楼，砖石木结构。花岗岩砌筑墙基，墙体为多孔砂浆抹面，建筑南立面呈中轴线对称，两翼屋顶隆起山花，屋檐有凸起的装饰线。沿街墙面外突，中间顶部起山墙，长方形窗户上方做拱券式窗套。整体结构严谨，朴实庄重。

**历史概况：** 礼和洋行青岛分行设立于 1898 年，在青岛主要经营进出口代理、航运代理、木材贸易。抗战时期，曾为新民会青岛分会所在地，另有资料称该建筑此时曾为东京建物株式会社青岛出张所。1950 年，太平路小学分校在此设立，次年独立为河南路小学。2000 年后，该建筑曾为一所私立幼儿园所使用。

＊ 礼和洋行青岛分行旧址现貌

# 青岛广播电台旧址

建筑地址：
青岛市市南区单县路 30 号

建成时间：
1929 年

保护级别：
市南区一般不可移动文物

建筑规模：
占地面积 1200 平方米
建筑面积 1449.15 平方米

＊ 历史资料图（图源：抗日战争与近代中日关系文献数据平台）

**建筑概况：** 该建筑基座由花岗岩石砌筑，双向红瓦坡屋顶，壁柱式墙面，主体地上二层，设阁楼。一层局部有横向粗石装饰，这使得该建筑与周边的房子保持了材料上的一致性。弯角处上覆红瓦。

**历史概况：** 该处地址初为青岛特别高等专门学堂的实习工厂，尚未竣工，青岛即被日本占领。1930 年，市政府在此开办了民众教育馆设有讲演部、康乐部、图书馆部、科学部、总务部等部门，还设有报刊阅览室和图书阅览室。1937 年底，民众教育馆因抗战爆发停办。后一直为广播电台使用。

＊ 青岛广播电台旧址现貌

建筑地址：
青岛市市南区太平路 75 号

建成时间：
1912 年

保护级别：
市南区一般不可移动文物

建筑规模：
占地面积 不详
建筑面积 不详

＊历史资料图（图源：《青岛并山东铁道沿线风景》）

**建筑概况**：该建筑为砖木结构，地上二层，四面坡红瓦屋顶。建筑立面底部以花岗岩砌筑墙基，建筑主体体量方正，立面呈中轴对称，两端的角楼和山墙分别向外凸出，增加了使用面积和观景角度。该建筑坐北朝南，与一街之隔的德华大学前排建筑基本平行。临街的庭院入口设长长的石台阶，向上通往楼前条石铺地的观景平台，在此可远眺青岛湾景色。平台围挡设计成上覆条石的中式传统宝瓶栏栅，立柱和角柱雕饰有动植物吉祥纹样，体现出业主的审美标准和中西合璧的趣味。

**历史概况**：初为商人刘锦藻的私宅。现为民居。

＊静寄庐旧址现貌

# 日本居留民团宿舍旧址

建筑地址：
青岛市市南区费县路 35—47 号

建成时间：
不详

保护级别：
市南区一般不可移动文物

建筑规模：
占地面积 1583.8 平方米
建筑面积 979.48 平方米

**建筑概况**：该建筑为砖木结构，坐北朝南。地上二层，有阁楼及地下室。多项红瓦坡屋顶，平面规整，立面简洁，有院落，基座砌花岗岩石，入口处屋檐下用鹅卵石砌墙，留有气窗口。

**历史概况**：原为日本青岛居留民团长森泽磊五郎之房产，该房于 1949 年由房管局接管。其他历史信息不详。

＊日本居留民团宿舍旧址现貌

# 文兴里

建筑地址：
青岛市市南区东平路 37 号

建成时间：
不详

保护级别：
市南区文物保护单位

建筑规模：
占地面积 不详
建筑面积 不详

**建筑概况：** 文兴里结合了传统四合院与欧式住宅相结合的建筑样式，具有鲜明的地域特色。这是由五个不同里院组成的建筑群，一条胡同从中间将其分成东西两部分，东为戊、己两院，入口装有厚重的木制大门。西为庚、辛、壬三院，入口为砖砌拱门。

**历史概况：** 文兴里的壬院原业主为綦官晟，辛院为平度商人官复三出资建造。现为民居。

※ 文兴里现貌

建筑地址：
青岛市市南区团岛一路 71 号

建成时间：
最初建于 1900 年
现存建筑建于 1919 年

保护级别：
全国重点文物保护单位

建筑规模：
占地面积 不详
建筑面积 不详

＊ 历史资料图（图源：维基百科）

**建筑概况**：团岛灯塔塔身为圆柱形，花岗岩砌筑，内设盘旋楼梯，上部为穹顶灯罩，内设电力弧光灯，为白色联闪灯光，塔高 35 米，在天气晴朗时射程可达 16 海里。除导航作用外，团岛灯塔还用于记录进出船只数量以及气象、海流等状况，供研究参照。

**历史概况**：德国租借胶澳不久，便将团岛灯塔列入首要建设项目之中。德方先将团岛与陆地之间的浅滩填为陆地，之后设立了 12 盏绿灯作为临时导航灯。1900 年建成的团岛灯塔于 1914 年 8 月，由于灯塔阻碍了团岛炮台（游内山炮台）的射界，遂被德国工兵炸毁。1919 年 8 月，团岛灯塔重建。

＊ 团岛灯塔旧址现貌

# 台西镇炮台旧址

建筑地址：
青岛市市南区团岛三路 22 号

建成时间：
1893 年

保护级别：
青岛市文物保护单位

建筑规模：
占地面积 不详
建筑面积约 800 平方米

❋ 历史资料图（图源：《青岛并山东铁道沿线风景》）

**建筑概况：** 台西镇炮台现有较大规模掩蔽部西处，南北偏西纵行排列，两处相距数米，四周环绕壕沟和高堤墙。南掩蔽部共有八大间，一大二小的三处门均朝向西。北掩蔽部规模与南掩蔽部相近，亦有八大间、四窗四门（中间为两大门、两端各一小门）。掩蔽部的顶部有高架的观察哨位，至今还有能固定通信天线用的钢缆桩。掩蔽部两端处各有一大间圆形房间，无门无窗也不与其他房间相连。西北端的圆形房间顶部有一个六棱形的垂直出口并有铁扶手通往房间底部，上窄下宽，底部有一圈混凝土平台环绕。东南端的圆形房间深 6 米，无窗，有无连接小门不详，房间正中有一砖砌圆柱体直达屋顶，上有直径 6 米的伞状屋盖。

**历史概况：** 台西镇炮台是清军总兵章高元所筑三大炮台之一，原名西岭炮台，未竣工即被德军侵占，后经德军改建扩大规模，改称"台西镇炮台"，是德军在青岛的五大海防炮台之一。

❋ 台西镇炮台旧址现貌

# 青岛避病院旧址

**建筑地址：**
青岛市市南区嘉祥路 3 号

**建成时间：**
1918 年

**保护级别：**
青岛市文物保护单位

**建筑规模：**
不详

✳ 历史资料图（图源：历史明信片）

　　**建筑概况：** 该建筑由一栋主楼和两栋长条形平房组成。主楼单层，花岗岩蘑菇石砌筑墙基，正立面朝向东南方，三段式对称布局，主入口为拱门，位于中央，上方起三角形山墙，以花岗岩条石和网格纹样装饰，两翼开有花岗岩条石装饰的双联长窗。坡屋顶以牛舌瓦覆盖，设有波浪形老虎窗。

　　**历史概况：** 此处地址最初为清军章高元驻防建设的广武前营，1906 年，胶澳总督府在高地营内设立了临时检疫所，1914 年日军占领青岛后，临时检疫所改为青岛日本陆军病院所属的传染病收容所，1917—1918 年改扩建为可容纳 100 名病人的避病院（传染病院）。1922 年 12 月，中国收回青岛主权后，传染病院改称胶澳商埠传染病院。1929 年，胶澳商埠传染病院改名为青岛特别市市立传染病院。1958 年 8 月，青岛市海滨医院迁入原传染病院址，改名为"青岛市台西医院"。1983 年 7 月，台西医院更名为"青岛市第五人民医院"。1986 年 8 月 11 日命名为"山东省青岛中西医结合医院"。现为青岛市海慈医疗集团（西院区）。

＊ 青岛避病院旧址现貌

# 湛山炮台旧址

建筑地址：
青岛市市南区镇江路 48 号

建成时间：
1914 年

保护级别：
山东省文物保护单位

建筑规模：
占地面积 不详
建筑面积约 700 平方米

**建筑概况：** 该建筑由大、中、小三个堡垒组成，都是由厅室、通道或暗道等构成，用以贮存弹药、发电、给养和驻兵等。墙壁很厚，全埋或半掩蔽于地下，相距较近，互为犄角。大型主堡垒面西，南北走向。主堡垒外观呈弧顶状，挖山而建，掩埋地下，西侧墙面半露地面，是两层钢筋混凝土结构，双门四窗，右侧有射击口。

**历史概况：** 为步兵堡垒遗址，亦称"二号炮台"。是德军第一期（1898—1907 年）防御计划中建成的永久性军事要塞。因位于小湛山的东北方向，也称"小湛山北堡垒"。现主堡垒以西的小、中堡垒已被拆除。

＊湛山炮台旧址现貌

# 徐州路碉堡遗址

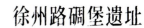

建筑地址：
青岛市市南区徐州路 6 号

建成时间：
1939 年

保护级别：
市南区文物保护单位

建筑规模：
占地面积约 25 平方米
建筑面积约 16 平方米

**建筑概况：** 炮楼为圆柱形，用花岗石砌成，直径 5 米，高 5.6 米。石头大小不一，石缝磨制光滑严密，留有多处射击孔。

**历史概况：** 1939 年，日军在修建陆军医院时，在浮山所村北的北山顶（现徐州路、江西路附近）共建了五处炮台，其中一处对准浮山所西门，另一处对准浮山所北门。北山顶炮楼地势高，可以看清浮山所全貌。抗战胜利后，日军投降并撤离青岛，日本陆军医院改为国民党军陆军医院。1949 年后，该医院被军方使用。五处炮台现存闽江路、徐州路两处。

＊徐州路碉堡遗址现貌

# 湛山寺

建筑地址：
青岛市市南区芝泉路 2 号

建成时间：
1945 年

保护级别：
青岛市文物保护单位

建筑规模：
占地面积 52487.64 平方米
建筑面积 不详

✳ 历史资料图（图源：历史明信片）

**建筑概况：** 湛山寺位于湛山西南、太平山东麓，为市区唯一的佛寺。寺院山门有两石狮，传为明代遗物，寺前设石砌莲花池，为放生处。寺院采用典型的中国古典庙宇轴线式布局手法，全寺分中、西、东三个院落，建筑皆为中国传统寺庙建筑，明柱外露，木石结构。中院有天王殿、大雄宝殿、三圣殿、藏经楼。寺西院有倓虚法师纪念堂、三学堂和斋堂。东院设有安养院和素香斋。寺东南有药师琉璃光如来宝塔。

**历史概况：** 1931 年夏，湛山寺由南京国民政府交通部长叶恭绰、中东铁路稽查局长陈飞青和佛学家周叔迦等倡议，并得到时任青岛市市长胡若愚、沈鸿烈及胶济铁路委员长葛光廷、青岛市佛学会会长王湘汀的支持和赞助，1932 年，委托时任哈尔滨极乐寺住持倓虚法师主持兴建。第一期工程 1934 年 4 月开工，兴建了三圣殿、僧寮及围墙、放生池，同年 9 月落成，12 月 8 日举行了开光仪式。1935 年续建了讲经堂、方丈寮、执事寮、厨房、库房、茶房、浴室等。第二期工程 1937 年动工，兴建了大雄宝殿和旧东院（后改为男居士念佛堂），1938 年竣工。第三期工程 1937 年动工，兴建了藏经楼及药师塔，1938 年落成。第四期工程 1941 年动工，兴建了天王殿和新东院（后改为女居士念佛堂），1943 年竣工。第五期工程 1944 年动工，兴建了山门及台阶，1945 年竣工。

❋ 湛山寺现貌

❋ 20 世纪 40 年代，湛山寺大殿

# 参考文献

王栋 . 青岛影像 1898—1928：明信片中的城市记忆 [M]. 青岛：中国海洋大学出版社，2017.

青岛市住房和城乡建设局 . 关图统鉴：青岛八大关建筑调查与编研年表 [M]. 长沙：湖南地图出版社，2021.

袁宾久 . 青岛德式建筑 [M]. 北京：中国建筑工业出版社，2009.

金山 . 青岛近代建筑 1922—1937[M]. 上海：同济大学出版社，2016.

青岛市文物局 . 今古和声 [M]. 北京：文物出版社 ,2011.12.

宋连威 . 青岛城市老建筑 [M]. 青岛：青岛出版社，2005.01.

A.E. 希姆森，H.S. 希姆森，H.A. 施塔克 . 阿尔弗莱德·希姆森回忆录 [M]. 青岛：青岛出版社 . 2016.

徐飞鹏，张复合，村松伸，等 . 中国近代建筑总览·青岛篇 [M]. 北京：中国建筑工业出版社 . 1992.

青岛市人民政府新闻办公室 . 青岛老建筑 [M]. 吉宇嘉，梁红，邹卫宁，译 . 青岛：青岛出版社，2018.

青岛市文物局，青岛市史志办公室 . 青岛文物志 [M]. 北京：中国出版社，2004.

青岛市史志办公室，青岛市建设委员会 . 青岛优秀建筑志 [M]. 青岛：青岛出版社，2006.

鲁海 . 青岛老楼故事 [M]. 青岛：青岛出版社 . 2016.

鲁海 . 名人故居 [M]. 青岛：青岛出版社 . 2004.

李明 . 中山路：一条街道和一座城市的历史 [M]. 青岛：中国海洋大学出版社 . 2009

青岛城市建设档案馆 . 大鲍岛：一个青岛本土社区的成长记录 [M]. 济南：山东画报出版社 . 2013.

青岛市勘察测绘研究院 . 青岛历史城区信息浏览查询系统 [OL].http://47.104.173.218:8080/historyCity/#/login.2022.

# 编后

经过近两年的漫长工作，这本书终于即将付梓。

与其说是"编写"，不如说是汇编。它汇集了近年来多方面的调查研究积累，既来自相关职能部门，也来自学院与民间。有些资料的甄别、查证、补充，得益于不断丰富的各种资源。有些图片资料尽管"模糊不清"，确也是费力所得。

应该看到，它们的不断完整与丰满，既立基于学术责任，更是源于对城市文化、对建筑遗产的热爱。

可以说，正是这些历史资源的存在，鼓舞了一代又一代人的研究热情。

对历史的梳理与研究，是要总结过去，也是在思考现在与未来。

现在和未来将为历史留下什么？寄望能成为这份研究资料的弦外之音。

至于其不足和错漏之处，一定在所难免。欢迎来自各界的批评指正，也期待将来能有更充分的改正与修订。

编者
2023 年 11 月

图书在版编目（CIP）数据

青岛市南区历史建筑通览 / 青岛市市南区历史城区
保护发展局编；良友书坊文化机构编写. -- 青岛：中
国海洋大学出版社, 2023.11
　ISBN 978-7-5670-3686-4

　Ⅰ.①青... Ⅱ.①青... ②良... Ⅲ.①古建筑 - 介绍
- 青岛 Ⅳ.①K928.71

中国国家版本馆CIP数据核字(2023)第212408号

## 青岛市南区历史建筑通览
QINGDAO SHINANQU LISHIJIANZHU TONGLAN

| | |
|---|---|
| 出版发行 | 中国海洋大学出版社 |
| 社　　址 | 青岛市香港东路23号 |
| 邮政编码 | 266071 |
| 出 版 人 | 刘文菁 |
| 网　　址 | http://pub.ouc.edu.cn |
| 责任编辑 | 郑雪姣 |
| 电　　话 | 0532-85901092 |
| 电子邮箱 | zhengxuejiao@ouc-press.com |
| 策划出品 | 青岛日报报业集团良友书坊 |
| 印　　制 | 青岛新华印刷有限公司 |
| 版　　次 | 2023年11月第1版 |
| 印　　次 | 2023年11月第1版印刷 |
| 印　　数 | 1-1000 |
| 成品尺寸 | 210 mm × 285 mm |
| 印　　张 | 37 |
| 字　　数 | 730千 |
| 定　　价 | 360.00元 |

如发现印装质量问题，请致电 0532-87872799，由印刷厂负责调换